中國學術思想史論叢（二）

錢穆作品精華

錢穆

東大圖書公司

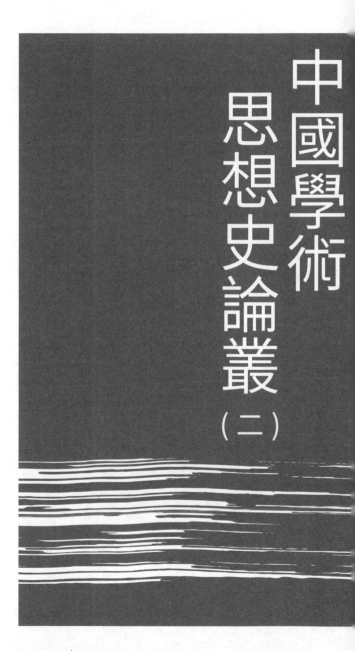

序

余早年即好治孔孟儒家言，最先成論語孟子《要略》兩書，因考孟子生平，遂成《先秦諸子繫年》。惟讀書漸多，愈不敢於孔孟精義輕有發揮。晚年，始成《論語新解》及《孔子傳》，雖對孔子思想續有啟悟，然常自慚，於孔聖人深處，恐終未有登堂入室之望。於孟子僅略闡其性善義。惟於《易傳》《中庸》，認為當出脫周秦漢間，則信之甚篤。於《大學》，僅闡其格物義，偶有撰述，皆收本集中。於其他先秦諸子，深信《老子》書晚出，凡所論辨，集為《莊老通辨》一書。又有《莊子纂箋》，此為余治道家言之所得。余又深信名家源於墨，除《墨子》與《惠施》兩小書外，此編第三冊所收皆是。余又為擬〈陰陽家言發微〉，迄未下筆，僅於〈劉向歆父子年譜〉中，略述其意。此文當收八本書之第二編。又有《中國思想史》一書，於上所提，皆粗有涉及。荒陋所得於先秦諸子方面者，僅止於此。又曾撰〈荀子篇節考〉，乃在蘇州中學任教時所成，曾刊載於吳江某生所編某雜誌中，自謂昔人治荀書，獨未於此有注意，惜行篋中缺此篇，附識於此，誌敝帚之自珍焉。

中華民國六十五年冬至日錢穆自識於臺北外雙溪之素書樓，時年八十有二。

中國學術思想史論叢（二）

目次

儒家之性善論與其盡性主義

儒家思想形成中國民族歷史演進之主幹，這是無疑的。廣播在下層的是社會風俗，英華結露而表顯在上面的是歷史上各方面的人物。而傳衍悠久，蔚為一民族之文化。中國民族之前途，其唯一得救之希望，應在其自己文化之復興。要復興中國民族傳衍悠久之文化，儒家思想的復興，應該仍是其最要之主源，似乎也是無疑的。已往的儒家思想，未必能適應當前的環境，而振拔其困難。然而儒家思想是中國民族性之結晶，是中國民族文化之主脈。並不是儒家思想造成了中國民族之歷史與其文化，乃是中國民族內性之發揮而成悠久的歷史與文化者，其間最要的一部分，則為儒家思想。梅樹總得開梅花，中國民族若尚有將來之歷史與文化，好如雪後老梅，只要生氣尚在，其再度的開花敷蕚，無疑的依然是梅花。縱使不是去年的，而去年的梅花早已老謝，本也沒有再上枝頭的可能。作者發願將中國二千年來儒家思想之內蘊，從各方面為之發揮引申，闡述宣布。不過像拾起地下墜花，仔細端詳，來揣測枝頭新葩的面影之依稀而已。

我想在儒家哲家發微的總題下分別寫定各題，現在先舉儒家之性善論與其盡性主義。

儒家思想，是強烈的情感主義者，而很巧妙地交融了理智的功能。儒家思想，是強烈的個己主義者，而很巧妙地調和了人我內外的衝突。儒家思想，是強烈的現實主義者，而很巧妙地滲透了一切神天不可知界的消息。現在暫從其性善論和盡性主義方面加以闡發。

性善性惡，是先期儒家一個極重要的爭論，而結果則全折入於性善論之一途。性善論實在是儒家思想一個中心的柱石。荀子是主張性惡的，他說：

「古者聖人以人之性惡，以為偏險而不正，悖亂而不治，故為之立君上之勢以臨之，明禮義以化之，起法正以治之，重刑罰以禁之，使天下皆出於治，合於善也，是聖王之治而禮義之化也。今嘗試去君上之勢，無禮義之化，去法正之治，無刑罰之禁，倚而觀天下民人之相與也，若是則夫彊者害弱而奪之，眾者暴寡而譁之，天下之悖亂而相亡，不待頃矣。用此觀之，然則人之性惡明矣。」（〈性惡〉篇）

這可算是性惡論一個極堅強的證據。然而我們試從反面想來，人類本就是「彊者害弱」，「眾者暴寡」的，本沒有所謂「聖王之治」「禮義之化」。何以忽然生起聖王禮義來，這不得不歸功於所謂聖人，而聖人究竟也只是人類中的一分子。孟子說：

「聖人與我同類者。」

這就變成性善論了。所以主張性惡論者，不得不把聖人和人分作兩等看，而性善論者，則聖人和人仍是同等。所以性善論者主張平等，而性惡論者卻不得不主張階級。性善論者主張自由與啟發，而性惡論者卻不得不主張束縛和服從。性善論者主張「明善誠身」，性惡論者卻不得不主張「化性起偽。」其間是非，此處暫勿深論，而性善論終究是儒學正論，則可無疑。孟子論性善也有一番極好的論證，正和上引荀子之說，遙相對立。他說：

「蓋上世嘗有不葬其親者，其親死則舉而委之於壑。他日過之，狐狸食之，蠅蚋姑嘬之，其顙有泚，睨而不視。夫泚也，非為人泚，中心達於面目。蓋歸反虆梩而掩之。掩之誠是也，則孝子仁人之掩其親，亦必有道矣。」

這可算是性善論一個最親切的明證。本來，儒家的性善論，正從歷史的進化上著眼。(這一點，清儒焦循《孟子正義》裏頗有發揮。)孟子又說：

「堯舜性之也，湯武反之也。」

「性之」「反之」是怎樣說的呢？譬如上舉其顙有泚的人，他非為人泚，中心達於面目，正是他天性的流露，所以叫「性之」。旁人見其如此，恍然大悟，想到從前父死不葬，定為狐狸所食，蠅蚋所嘬，他以後再逢母喪，定必效法那人虆梩而掩。這所謂「反之」。反之者，謂反之吾心而見其誠然。人類在先本不知有烹飪，茹毛飲血，解其饑渴而止。後來漸漸地發明火食了，一人偶先熟食，眾人羣起而效。至於易牙，而為天下人口之所同嗜。易牙便成天下人口味的標準。人類在先本不知有美觀，男女裸相逐，得遂其性而止。後來漸漸地發生美感了，一人偶然修飾，眾人羣起而效，至於子都，遂為人類體貌美之標準。飲食之味，男女之美，隱隱地都有一個標準。無論你知與不知，那個標準卻長是潛藏在你心裏。一人偶然的把那標準發現了，提供出來，人人覺得愜心當意；那一人便是所謂聖人。聖人只是「先得吾心之所同然」。他的長處，便在把人類心裏一種潛藏的標準發現而提供給大眾，好讓大眾覺悟追求和享受。口味有標準，美色有標準，音聲有標準，至於行為的全體，自然也應有標準。那種標準，並不是別人創立了，來強迫我去服從。捨了我的天真，而虛偽地去模倣。那種標準，正為其是我內心潛藏著的標準，一旦如夢方醒地給人叫醒，所以才覺可貴，所以才得為人類公認的標準。孟子說：

「口之於味，有同嗜也，易牙先得我口之所嗜者也。……至於聲，天下期於師曠。……至於子都，天下莫不知其姣也。……故曰：口之於味也，有同嗜焉。耳之於聲也，有同聽焉。目之於色也，有同美焉。至於心，獨無所同然乎。心之所同然者，何也，謂理也，義也。聖人先得我心之所同然耳。」

又說：

「規矩，方圓之至也，聖人，人倫之至也。」

規矩便是方圓的標準，聖人便是人倫的標準。聖人得此標準到手，也只是他天性自然的流露。孟子又說：

「舜居深山之中，與木石居，與鹿豕遊，其所以異於深山之野人者幾希。及其聞一善言，見一善行，若決江河，沛然莫之能禦也。」

正是指點出這層意思。南宋陸象山和朱晦菴為著討論教人先從尊德性或道問學入門的問題而爭執。象山要問晦菴，「堯舜以前曾讀何書來？」這實是透性之見。但究嫌太狹窄了。把人性只關閉在各自個己的圈子內，定要性之，不重反之，這也未是。孟子說：「堯舜性之，湯武反之」，正是說堯舜乃上古之聖人，在他們以前文化未啟，一切都是他們創作，他們在天性流露的分數上多了些，所以說是性之。湯武已是中古之聖人，在他們那時，文化已稍稍有個基礎，可是當著桀紂亂世，文化的標準又迷惘了，湯武卻能反之於己，重把上古聖人創建的標準提供出來，他們是反身而見其誠然的分數多了些，所以說他們是反之。然而入細講來，堯舜亦未嘗非反之。譬如舜居深山，與木石居，與鹿豕遊，還是一個深山的野人。可是即在深山野人裏面，並不是沒有天性流露。舜所聞到的善言，見到的善行，不消說只是深山野人之天性流露，並不是荀子之所謂「聖王之法，禮義之化」。可是舜卻一經啟發，即便沛然若決江河，自己走向善的路上去。西國有一寓言說：

「一稚獅自幼即乳於羣鹿，長而忘其為獅。一旦見雄獅踞山而吼，稚獅隨鹿震怖。雄獅憐之，詔其臨潭自照。稚獅顧見己貌，無殊雄獅，長吼奮躍而去。」

這雖寓言，正可說明反之的情景。那稚獅本自潛藏有獅的賦性，苦不自覺。一旦遇見雄獅，臨潭自照，如夢之醒，如瞽之視，自然「若決江河，沛然莫之能禦」了。

孟子又說：

「萬物皆備於我矣，反身而誠，樂莫大焉。」

湯武反之的反，即是反身而誠的反。所以又說：「堯舜性之，湯武反之。」後人誤解了反字，以為要從大人反復到孩童赤子，要從文物昌明的後世，反復到木石鹿豕的深山，主張自由進化主義的性善論，一變而為消極退化的了。至於「萬物皆備於我」一語，也為後人誤解。原來物字正是標準的意思。譬如說「有物有則」，「則」是方式，是模樣，是標準，「物」字的意義也是一例。（此層顧亭林《日知錄》也說過。）孟子的話，用今語譯來，正是說「一切的標準，都本潛在我的內心，我只一反省而見其誠然，覺得那標準正合我心所要求的一種趨嚮，——那便是外部的規範和內部的自由，訢合一體，——這自然是快樂的了」。

《中庸》上也說：

「自誠明謂之性，自明誠謂之教。」

自誠明，相當於孟子之所謂「性之」。自明誠，相當於孟子的所謂「反之」。那一性一反之間，天人交融，外內相發，明誠一體，便完成了人類的進化。人類只本著那天性，自然能尋向上去，走上進化的大道，所以說是性善了。捨卻這條路徑，人類亦別無進化之可能。

以上是儒家的「性論」和「性善論」，以下再說儒家的「盡性論」和「止至善論」。

儒家事事愛立一個標準，性的標準便是善。達乎至善，才算是盡其性。未達乎至善，便是未盡其性。孟子說：

「口之於味也，目之於色也，耳之於聲也，鼻之於臭也，四肢之於安佚也，性也，有命焉，君子不謂性也。仁之於父子也，義之於君臣也，禮之於賓主也，知之於賢者也，聖人之於天道也，命也，有性焉，君子不謂命也。」

口之於味，耳之於聲，目之於色，四肢之於安佚，明明是性，君子何以不謂之性？正因儒家論性，有一個最高可能的標準，那個標準便是善，便是仁義禮知。性分所有，不一定全是仁義禮知，全是善。但是仁義禮知之善，終是在性分以內。儒家便在人性中抉擇出仁義禮知的善來作為盡性的最高可能的標準。正如人類並不全是堯舜孔子，而堯舜孔子要為人類中的一人。儒家便在人類中抉擇出堯舜孔子幾個聖人來作為做人最高可能的標準一樣。再換一個淺顯的例來說：種種甜酸苦辣都是味，普通卻愛在味的裏邊建立一個最高的標準，便是易牙的烹調。嫫母籧篨也是色，普通卻愛在色的裏邊建立一個最高的標準，便是子都的風采。儒家亦和普通一般的見解，同樣的提出善做性的標準，提出堯舜做人的標準。可是飲食定要易牙般的烹調，擇配定要子都西施樣的美麗，這是不可能的，所以食色雖屬天性，儒家卻並不強調那標準來勸人追求。因此說「性也有命焉，君子不謂性也」。至於堯舜般的善言善行，並非不可能，雖說也有困難，到底可以戰勝，所以儒家鼓勵著人們說：

「人皆可以為堯舜。」

勸人努力向上追求，達到那最高可能的標準。不要自暴自棄，懈怠了。所以說「命也有性焉，君子不謂命也」。

孟子盡性主義的見解，到《大學》裏才盡量地發揮。《大學》自然是孟子以後的著作。《大學》開首的三綱領說：

「大學之道，在明明德，在親民，在止於至善。」

這明明德、親民、止至善三綱，依實看來，只是一事。(這層王陽明說過)明我之明德，即所以親民，而此明我之明德以親民，便是至善了。讓我舉一實例來說：譬如「孝」，便是我之明德，德是性之充實而又表著的名詞。人性本有「孝」，及其充實而表著於外，遂形成一種德。明德的明，只是美大之義。孝應有一個對象——父，父亦便是「民」。明我之明德，便是親民。只此行為，即名至善。止於至善，即是盡性。

朱子說：

「止是至而不遷之義。」

我們要到達那至善的標準而更不遷移，才得為止至善。《大學》上又說：

「為人君止於仁，為人臣止於敬，為人子止於孝，為人父止於慈，與國人交止於信。」

仁、敬、孝、慈、信，都是至善。我們只求到達那至善的標準而更不遷移。這話看來似易，其實則難。周公以文王為父，其孝易。舜以瞽瞍為父，其孝則難。舜以堯為君，其敬易。周公以成王為君，其敬則難。盡性的境界，決不是一蹴即幾的。所以《大學》上又提出八條目的步驟來。

「古之欲明明德於天下者，必先治其國。欲治其國者，必先齊其家。欲齊其家者，必先修其身。欲修其身者，必先正其心。欲正其心者，必先誠其意。欲誠其意者，必先致其知。致知在格物。」

那裏面格物致知的訓解，為宋明以來諸儒熱烈的爭點。據我看，格物的「物」字，正是孟子萬物皆備於我的「物」，是一種方式，模樣，標準的意思。《禮記》裏說：

「仁人不過乎物」，「孝子不過乎物。」

物正是規範，標準。不過乎物，便是格物。仁人無論如何不踰越他仁的標準，孝子無論如何不離棄他孝的規範。這便是止於至善。

物字在《禮記》裏，又有一個特殊的訓詁，便是「射者所立之位」。

古人以射觀德，所以講到行為方面，往往以射為譬。《中庸》上說：

「射有似乎君子，失諸正鵠，則反求諸其身。」

論到射，一面是射者所立之位，一面是要射的正鵠。射不中的，決不能責諸鵠的，也不能怪自己所站的地位，只是他射法之不精。一切行為正亦如此。譬如孝，父便是正鵠，子是射者所立之位。子孝其父而得父之懽心，便是一射中的。舜孝瞽瞍，瞽瞍卻反蓄意殺舜，這是舜射不中的，失諸正鵠。設使舜回頭說：「你樣的父，也不配受兒子的孝順」，或者擺出「帝壻」的眉眼來傲視其父。在瞽瞍自然仍舊是個瞽瞍，在舜卻也不成其為一個孝子。正如射者不中鵠的，便把箭垛子搗毀了，另立一個新垛子。或者把自己地位變動了，另移一個新地位。不好說他是「誠意」要學射。

而射的方法，他也必終於沒有「知」得。要證明你自己是誠意的學射，要知得射的方法，只有立在你原定的地位上耐心射那原定的垜子。立在你原定的地位上耐心射那原定的垜子，便是〈大學〉所謂格物。物是射者原定的地位。物又是一個標準，便是射者所懸的鵠的。只有格物的精神，才能致知。致知便是曉習射的方法和藝能，便可致得射的知識。射的知識致得了，射的方法藝能精熟了，才見你習射的誠意。否則你雖說愛射，終不見你愛射的誠意之表示，怎叫人信呢？正如子孝其父，須有孝父的方法和知識。人們遇到萬不同的父母，誰也不應移動他為子的地位，只有在知識方法上變通，如何能得吾親的懽心，如何能致吾孝心於吾親，此所謂致知在格物。孝的知致了，父母也順了，我孝的誠意也表白了，證實了。人們常說：「我未嘗不願孝我之親，只恨我親難服侍，到底不配得孝子的侍奉。我也只好灰心了。」這裏如何能證實你孝的誠意呢？我們惟有責他孝的方法不周到，孝的知識不完全。惟有勸他依然站在子的地位，依然耐心地孝你的父母，而於方法上再仔細地考究。這便是《大學》格物致知的真解。也便是盡性止至善的真工夫。

在革命潮流自由空氣很澎湃濃厚的近代，看了儒家止至善的理論，難免不生反感。然而儒家也自有其理由。東鄰之子踰牆偷窺西鄰的處女，西鄰的男子忿不過，鑽隙而往東鄰，以摟其家之姊妹們，這是報復。報復直到近世還常通行，所謂默認的公道。《中庸》上說過：

「寬柔以教，不報無道，南方之強也，君子居之。」

人世間的起先，原是一個無道的局面。人們專以報復為公理，世界永無走入大道之一日。程伯子曾說：「世間只是一個感應。」人們只自居反應的地位，把感動的責任放棄了。為父的要遇到孝子纔肯做慈父，為子的要遇到慈父纔肯做孝子，無道報無道，誰先走向有道的路呢？混濁之世，永無清士。淫佚之邦，永無節女。孟子說的：

「待文王而後興者，庶民也。豪傑之士，雖無文王猶起。」

孟子又說過：

「君子以仁存心，以禮存心。仁者愛人，有禮者敬人。愛人者人恆愛之，敬人者人恆敬之。有人於此，其待我以橫逆，則君子必自反也。我必不仁也，必無禮也，此物奚宜至哉。其自反而仁矣，而有禮矣，其橫逆猶是也，君子必自反也，我必不忠。自反而忠矣，其橫逆猶是也，君子曰：此亦妄人也已矣，如此則與禽獸奚擇哉？於禽獸又何難焉？」

這真是行有不得則反求諸己的真榜樣，這纔是格物的真工夫，纔是豪傑無所待而興起的真行徑。

如此纔能至於至善而不遷，如此纔是儒家明善誠身的真哲學。

《中庸》裏也說過：

「誠者，天之道也。誠之者，人之道也。誠者不勉而中，不思而得，從容中道，聖人也。誠之者，擇善而固執之者也。博學之，審問之，慎思之，明辨之，篤行之。有弗學，學之弗能，弗措也。有弗問，問之弗知，弗措也。有弗思，思之弗得，弗措也。有弗辨，辨之弗明，弗措也。有弗行，行之弗篤，弗措也。人一能之，己百之。人十能之，己千之。果能此道矣，雖愚必明，雖柔必強。」

擇善固執便是格物，博學、審思、明辨、篤行便是致知。格物致知都是誠意的工夫。故儒家的性善論決不是現成的，而是不斷作為的。他要把天性的自然與人道的當然打成一氣，調和起來，這是儒學的見解。

而且儒家所謂格物止至善，在世俗看來，不免譏為是「愚」的，「柔」的，而儒家則自認為「明」而且「強」。何以呢？人們善意的為著他人，而即以完成其自己，這樣聰明而公平的辦法，到底是沒有不勝利的。子孝其父，孝自然是利他的，為著父母，而同時是利己的，完成了他自我的固有之性向而得滿足。人己的隔閡，很巧妙地打通了。而且儒家立在「人心同然」的見地上，以為人類情感是可以相通的。「愛人者人恆愛之，敬人者人恆敬之」，雖說有與禽獸奚擇的人，到底慈父可以感得到有孝子，孝子可以感得到有慈父。所以說：

「忠恕違道不遠。」

「能盡其性，則能盡人之性。」

兒子誠意的孝，也是本乎他天性自然的傾向，便是他的忠。父母沒有不希望兒子孝的，「所求乎子以事父」，便是他的恕。兒子忠實地孝，便是盡己之性。兒子孝了，滿足父母希望子孝的天性，還能激發父母慈愛兒子的天性，便是盡人之性。儒家抱著這樣一個見解和理論，所以說：

「君子素其位而行，不願乎其外。素富貴行乎富貴，素貧賤行乎貧賤，素夷狄行乎夷狄，素患難行乎患難，君子無入而不自得焉。」

素位而行，也便是格物止至善的工夫。所以君子只是「寬柔以教，不報無道」。不報無道，所以盡己之性。寬柔以教，便是盡人之性了。總之儒家只要處在感的地位上，去造成一個最高可能的善的世界。

盡物之性，也只是一個恕。電可以為人拉車，為人點燈。為人通話，為人傳信。也只是盡了電的性。要利用自然，還須先為自然服務。稻喜水，麥喜旱，農夫的耕耰，全得依順著五穀的好惡性向。農人對五穀的勤勞，也正如子孝其父，臣敬其君一樣，才得有豐收的希望。這也是忠恕一貫之理，還須盡己之性打通到盡物之性。惰農楛耕，己性不盡，物性也便不盡。己物還是一貫。《中庸》上說：

「誠者，非自成己而已也，所以成物也。成己，仁也，成物，智也。性之德也，合外內之道也。故時措之宜也。」

這樣闊大圓融的理論，似乎比《荀子‧天論》篇裏的勘天主義實在要強些。《左傳》上也說「正德」「利用」「厚生」，正德不僅是正我之德。正德也便是《中庸》的所謂盡物之性。物正其德，乃可以利用而厚我之生。厚生又略當《中庸》的盡己之性。己與物交互為利，交互為用，也正和己與人的交互為利交互為用一樣。惟儒家講人己與物的交互利用，卻並不從功利上估量，而從性分上闡發。這是儒家思想一要點。《中庸》又說：

「道並行而不相背，萬物並育而不相害。」

這正是儒家理想上一個善意的世界，要人類努力用止至善的工夫去企求。

人己的調和，人物的調和，歸極於人與天的調和，那便是《中庸》所謂「贊天地之化育」「與天地參」。《孟子》上說：

「可欲之謂善，有諸己之謂信，充實之謂美，充實而有光輝之謂大，大而能化之之謂聖，聖而不可知之謂神。」

這是人神的合一。可算是儒家實踐倫理的最高境界。而實際還只從善字栽根。善只是一個可欲，只是人們自己內有的性向。故從《大學》言之，從明明德一串向前而為修身、齊家、治國、平天下。從《中庸》言之，從盡己之性，一串向前而為盡人性與盡物性，贊天地之化育，與天地參。從《孟子》言之，從內心可欲之善，一串向前而為變化不可知之聖與神。從近代語言說之，只要把握你自己性分內在的一種真誠之情感，用恰當的智慧表達出來。也因智慧恰當的表達，而完成了你自己的性分。這是《中庸》所謂「自明誠」「自誠明」，明誠交融，達到天物人己一貫的地位，才是盡性，才是止至善。這裏是儒家思想最基本的淵泉，也是儒家思想最大的規模。

此稿草於民國二十二年，載《新中華月刊》一卷七期。

《易傳》與《小戴禮記》中之宇宙論

國人學者，頗謂中國根本無哲學，儻有之，亦以屬於人生哲學者為主，而宇宙論則付闕如。竊謂斯二義，當分別而論。中西學術途徑異趣，不能盡同。嚴格言之，謂中國無如西方純思辯之哲學，斯固洵然。若謂中國有人生哲學而無宇宙論，則殊恐不然。人生亦宇宙中一事，豈可從宇宙中孤挖出人生，懸空立說。此在中國思想習慣上，尤不樂為。故謂在中國思想史上，人生與宇宙，往往融合透洽，混淪為一，不作嚴格區分，以此見與西方哲學之不同，是猶可也。謂中國有人生論而缺宇宙論，則斷乎非事實。

亦可謂宇宙論之起源，乃遠在皇古以來。其時民智猶僿，而對於天地原始，種物終極，已有種種之擬議。言其大體，不外以宇宙為天帝百神所創造與主持。人生短促，死而為鬼，則返於天帝百神之所。此可謂之素樸的宇宙論。中西諸民族，荒古以來，傳說信仰，大率如是，並無多異。迨於羣制日昌，人事日繁，而民智亦日啟。斯時也，則始有人生哲學，往往欲擺脫荒古相傳習俗相沿的素樸宇宙論之束縛，而自闢藩囿。但亦終不能淨盡擺脫，則仍不免依違出入於古人傳說信仰之牢籠中，特不如古人之篤信而堅守，此亦中外各民族思想曙光初啟之世所同有的景象。其在中國，儒家思想，厥為卓然有人生哲學之新建。然孔子不云乎？曰：「天生德於予。」又曰：「天之將喪斯文也，後死者不得與於斯文也。天之未喪斯文也，匡人其如予何？」又曰：「丘之禱久矣。」又曰：「敬鬼神而遠之。」然則孔子於古代素樸的天神觀，為皇古相傳宇宙論之主要骨幹者，固未絕然擺棄也。墨家繼起，主天志明鬼，無寧為重返於古代素樸的宇宙論，而依附益密。獨至莊周老聃氏起，然後對於此種古代素樸的宇宙論，盡情破壞，剖擊無遺。蓋中國自有莊老道家思想，而皇古相傳天帝百神之觀念始徹底廓清，不能再為吾人宇宙觀念之主幹。故論中國古代思想之有新宇宙觀，斷當自莊老道家始。竊嘗觀之西土，如斯賓諾沙費爾巴哈諸人，其破帝蔑神之論，極精妙透闢矣，然彼輩已起於中古以後，而其議論意趣，尚猶不能如我土莊周老聃之罄竭而暢盡。則道家思想之為功於中國哲學界，洵甚卓矣。

宇宙論與人生論既必相倚為命，而中國古代道家之新宇宙觀，又甚卓絕而高明，故自有道家思想，而各家所持之宇宙觀，乃亦不得不隨之以俱變。墨家天志明鬼，與道家新義絕相遠，其求變較難，故墨家之後起為名家，乃從另一路求發展。儒家之於天帝百神，本不如墨家之篤守，故其變較易。但如《荀子》之〈天論〉篇，乃欲一依儒家之人文，盡破道家之自然，其論偏激，乃不為後人所遵守。陰陽家則欲和會儒道兩家而別創立其一套宇宙論。其說今亦失傳，已不能詳。但似仍守古昔素樸的天帝觀，而以儒家稱道歷史上之人帝相附會，於是有五天帝五人帝之強相配合，其說淺陋而陷於迷信，實猶遠不如皇古相傳素樸的宇宙論之較近情理。惟自戰國晚世，下迄秦皇漢武之間，道家新宇宙觀既確立，而陰陽家言又不符深望，其時之儒家，則多采取道家新說，旁及陰陽家而更務為變通修飾，以求融會於孔孟以來傳統之人生論，而儒家面目亦為之一新。予嘗謂當目此時期之儒家為新儒，以示別於孔孟一派之舊儒，而其主要分辨，即在其宇宙論方面。至於人生論之舊傳統，則殊無所大異於以前也。

故論戰國晚世以迄秦皇漢武間之新儒，必著眼於其新宇宙觀之創立。又必著眼於其所采老莊道家之宇宙論而重加彌縫補綴以曲折會合於儒家人生觀之舊傳統。其鎔鑄莊老激烈破壞之宇宙論以與孔孟中和建設之人生論凝合無間，而成為一體，實此期間新儒家之功績也。

予論此時期之新儒，以《易傳》與《小戴禮記》中諸篇為代表。蓋《易傳》、《小戴》諸篇之產生，大率正在此期。請即專就此二書中之新宇宙觀，觀其所以與孔孟傳統人生理論如何融凝合拍之處，以為吾說之證成。

古代素樸的宇宙論，以天帝百神為之主，而道家思想則破帝蔑神，歸極於自然，偏傾於唯物。今《易傳》與《小戴記》中之宇宙論，亦正大率近似乎主自然與唯物者。古籍《詩》、《書》凡言天，即猶言上帝。天帝至尊，創制萬物，不與物為伍。即《論》、《孟》言天亦然，亦不與物為伍。及莊周老聃書，乃始天地並言，則天亦下儕於地為一物，與上世天帝至尊創制萬物之意迥別矣。《易傳》、《戴記》亦每天地並言，如曰：「天尊地卑，乾坤定矣。」「法象莫大乎天地。」（《易傳》）「大樂與天地同和，大禮與天地同節。」（〈樂記〉）「致中和，天地位焉，萬物育焉。」（《中庸》）此類不勝盡舉。此《易傳》、《戴記》中之宇宙觀，接近道家，異於上世之證，一也。

天既與地為伍，下儕於一物，則彼蒼者天，與塊然者地亦無以異。天帝之創制不存，宇宙何由而運轉，種物何由而作始乎？此在莊周老聃，則曰是特一氣之聚散耳。陰陽家承之，始詳言一氣之分而為陰陽，陰陽之轉而為四時，散而為五行。陰陽家宇宙論之前一段，明承道家來。其後一段五德終始，五人帝，始配合之於儒家言。《周易》上下經，本不言陰陽，《十傳》始言陰陽。故曰：「易以道陰陽」，其實乃據《十傳》言。其言陰陽，即天地也。《戴記》亦每以陰陽四時五行與天地並言，此皆兼承道家與陰陽家，而頗以道家為主，其勝於陰陽家而得目為新儒者在此。故凡其言天地陰陽，則皆以指其為一氣之積與化而已。故《易傳》曰：「乾，陽物也。坤，陰物也。」又曰：「廣大配天地，轉變配四時，陰陽之義配日月。」又曰：「法象莫大乎天地，變通莫大乎四時。」而《戴記》則謂「禮之大體，體天地，法四時，則陰陽，順人情」。（〈喪服四制〉）又曰：「人者，其天地之德，陰陽之交，鬼神之會，五行之秀氣也。」又曰：「人者，天地之心，五行之端也。聖人作，必以天地為本，以陰陽為端，以四時為柄，鬼神以為徒，五行以為質。」又曰：「夫禮，必本於太一，分而為天地，轉而為陰陽，變而為四時，列而為鬼神。」又曰：「天秉陽，垂日星，地秉陰，竅於山川，播五行於四時。」（〈禮運〉）凡此皆並言天地陰陽四時五行，以見天地亦不過為陰陽四時五行，為一種畸物的，即謂其偏傾於物質自然現象，而不認有所謂超萬物之上而創制萬物之天帝，此又《易傳》、《戴記》之宇宙觀，接近道家，異於上世之證，二也。

《易傳》、《戴記》采取道家陰陽氣化畸物的自然的宇宙觀，既如上述。而《易傳》、《戴記》中之人生論，則確乎猶是儒家正統。儒家論人生，近於畸神畸性的，偏傾於人文的，人類心靈之同然，而異於專主自然者而言。其精神意味，與道家畸物的自然的宇宙觀，扞格不相入。而儒家思想，又貴乎天人之融合一致，此則在道家亦然。凡中國思想之主要精神，蓋無不然。故曰：「易與天地準，故能彌綸天地之道。」又曰：「乾坤其易之蘊耶，乾坤成列而易立乎其中矣。乾坤毀則無以見易，易不可見，則乾坤或幾乎息矣。」（《易傳》）此言易道與天地融合也。其言禮猶其言易，故曰：「天尊地卑，君臣定矣。卑高以陳，貴賤位矣。動靜有常；大小殊矣。方以類聚，物以羣分，則性命不同矣。在天成象，在地成形，如此則禮者天地之別也。天氣上齊，地氣下降，陰陽相摩，天地相蕩，鼓之以雷霆，奮之以風雨，動之以四時，煖之以日月，而百化興焉，如此則樂者天地之和也。」（〈樂記〉）此節言禮樂與天地合一，即承《易傳》言易道與天地合一之義，而語句亦多襲之《易傳》，可證《戴記》文字多有出《易傳》後者，故特舉以為例。又曰：「賓主，象天地也。介僎，象陰陽也。三賓，象三光也。讓之三也，象月之三日而成魄也。四面之坐，象四時也。」（〈鄉飲酒義〉）此言制禮者效法天地之自然，亦禮與天地合一之義。《易傳》言易者象也，此又蹈襲其說。可證當時言禮本天地，多自易本天地之說來。此言禮樂與天地融合，猶《易傳》言易與天地融合。而凡言禮與言易，其意皆求統包人生之全體。故其言天道，雖大體承襲道家所創畸物的自然的宇宙論，而必加以一番修正與變動，然後可以與儒家傳統人生論訢合無間，此正《易傳》與《戴記》在古代思想史上貢獻之所在也。

故《易傳》與《戴記》之宇宙論，實為晚周以迄秦皇漢武間儒家所特創，又另自成為一種新的宇宙論。此種新宇宙論，大體乃采用道家特有之觀點，而又自加以一番之修飾與改變，求以附合儒家人生哲學之需要而完成。今請再約略述說之如次：

莊老道家所創之宇宙觀，可稱為氣化的宇宙觀，以其認宇宙萬物皆不過為一氣之轉化也。《易傳》、《戴記》承其說，而又別有進者，即就此一氣之轉化，而更指出其不息與永久之一特徵是也。《易傳》曰：「一陰一陽之謂道，繼之者善也，成之者性也」，此所謂一陰一陽，即指陰陽之永久迭運而不息也。故言可大，必兼可久。言富有，必言日新。繼之成之，皆言一化之不息。而宇宙自然之意義與價值亦即在此不息不已有繼有成中見。而《戴記》闡此尤詳盡。〈祭義〉云：「禮樂不可斯需去身，致樂以治心，則易直子諒之心油然生矣。易直子諒之心生則樂，樂則安，安則久，久則天，天則神。天則不言而信，神則不怒而威。」此謂天之所以為天，神之所以為神，皆由其久而後成也。〈哀公問〉篇尤明言之。「哀公曰：『敢問君子何貴乎天道也？』孔子曰：『貴其不已，如日月之東西相從而不已也，是天道也。無為而物成，是天道也。已成而明，是天道也。』」夫無為而物成，斯乃道家所喜言，然所以無為而能物成者，則胥此不已與久者為之。若苟忽焉而即已，倏焉而不久，則將無為而物不成矣。道家喜言無為而物成，儒家又必言物之已成而明，而物之所以已成而得明者，又胥此不已與久者為之也。若苟忽焉而即已，倏焉而不久，則物雖成而即毀，終將昧昧晦晦，雖成猶無成也，又何以得粲然著明，以為法於天下，可傳於後世乎？是則芒乎苟乎，雖已成而不明也。

論此尤詳盡者為《中庸》。《中庸》之言曰：「不息則久，久則徵，徵則悠遠。悠遠則博厚，博厚則高明。博厚所以載物也，高明所以覆物也，悠久所以成物也。博厚配地，高明配天，悠久無疆。如此者，不見而章，不動而變，無為而成。天地之道，可一言而盡也，其為物不貳，則其生物不測。《詩》云：維天之命，於穆不已。蓋曰天之所以為天也。於乎丕顯，文王之德之純，蓋曰文王之所以為文也，純亦不已。」此極言天地之道之盡於不已而久也。博厚所以載，高明所以覆，而苟非悠久，則物且無以成。物之不成，而天覆地載又何施焉？故知天地之道，盡乎此不息不已之久也。而提出此久字者，可謂《老子》已先於《中庸》。

此不息不已之久，《中庸》又特指而名之曰誠。故曰：「至誠無息。」又曰：「誠者，物之終始，不誠無物。」又曰：「誠者，天地之道也。自誠明，謂之性。自明誠，謂之教。誠則明矣，明則誠矣。」又曰：「誠則形，形則著，著則明，明則動，動則變，變則化，唯天下至誠為能化。」道家論宇宙萬物最喜言化。然其言曰：「方生方死，方死方生。」「方將化，烏知不化。方將不化，烏知已化。」則其言化也，倏焉忽焉，馳焉驟焉，其間若不容有久。《易傳》、《戴記》之觀化則異是。蓋觀化而得其久，得其化之不易不已之久，而特名之曰誠。而後此宇宙之意義與價值亦從而變。唯其觀化也而疑若不容有久，故常疑大化之若毗於為虛無。既虛且無，又烏見其有誠？惟其觀化而得其不息不已之久，故常主大化之為實有。實與有者皆誠也。此《戴記》之論宇宙，所由絕異於莊周老聃者也。而孟子之言誠與明，則又先於《中庸》。

《易傳》頗不言誠，顧其指名此不息不已之久者，即所謂易也。故曰：「闔戶為之坤，闢戶謂之乾，一闔一闢謂之變，往來不窮謂之通。」一闔一闢，往來不窮，此即易道之不息不已也。又曰：「乾坤其易之緼邪，乾坤成列而易立乎其中矣。乾坤毀則無以見易，易不可見，則乾坤或幾乎息矣。」此謂易即乾坤也。又曰：「乾，天下之至健也。坤，天下之至順也。」至健之與至順，即所以成其為不息不已之久者也。又曰：「夫乾，確然示人易矣。夫坤，頹然示人簡矣。」其確然頹然以示人者，此即所以成其為誠而明也。故〈易繫〉與《中庸》，其論宇宙大化，殆所謂同歸而殊塗，一致而百慮也。

天地之化既悠久而不息，至誠而實有，不如莊周老聃氏之所主，若為倏忽而馳驟，虛無而假合。老子書出莊周後，其思路已為《易》、《庸》與《莊子》間之過渡，不如莊書之澈底破壞，此當別論，此處姑略言之。則試問此悠久不息至誠實有之化，又何為乎？《易傳》、《戴記》特為指名焉曰：凡天地之化之所為者，亦曰生與育而已。故《易傳》曰：「天地之大德曰生。」又曰：「生生之謂易。」《中庸》則曰：「贊天地之化育。」又曰：「知天地之化育。」曰：「天地位，萬物育。」又曰：「天地之道可一言而盡，其為物不貳，故其生物不測。」曰：「萬物並育而不相害，道並行而不相悖。」「誠者自成也，而道自道也。誠者，非自成而已也，所以成物也。」《易傳》又言之曰：「範圍天地之化而不過，曲成萬物而不遺。」又曰：「夫易，開物成務，冒天下之道，如斯而已者也。」《戴記》又言之曰：「天時有生也，地理有宜也，人官有能也，物曲有利也。」（〈禮器〉）「天道無為而物成。」（〈哀公問〉）又曰：「風霆流行，庶物露生。」（〈孔子閒居〉）凡此所謂生育開成，即天地不息不已悠久至誠之化之所有事。自莊周言之，則曰：「浸假而化予之右臂以為彈，浸假而化予之尻以為輪。」自老聃言之，則曰「天地不仁，以萬物為芻狗」。蓋莊老言化，皆倏忽而馳驟，虛無而假合，雖天地無所用心焉，此所以謂之自然也。《易傳》、《戴記》言化，則有其必具之徵，與其所必至之業。此徵與業為何？曰生曰育曰開曰成是也。故雖亦無為而自然，而可以見天地之大德矣。故《中庸》曰：「小德川流，大德敦化，此天地之所以為大也。苟不固聰明聖知達天德者，其孰能知之。」故《易傳》、《戴記》之言化，主於生而謂之德，其所以絕異於莊周老聃氏之言者又一也。

顧《易傳》、《戴記》言化，雖曰有生育開成之大德，亦非謂有仁慈創制之上帝。《中庸》曰：「成者自成也，而道自道也。」又曰：「無為而成。」〈哀公問〉亦云：「天道無為而自成。」《易傳》亦言之曰：「乾主大始，坤作成物。」故天地何自始，即始於天地至健之性。天地何由成，即成於天地至順之德。曰：「天地之大德曰生。」大德猶言常性。凡天地之生成化育，此皆天地之自性而自命之。故曰：「一陰一陽之謂道，繼之者善也，成之者性也。」（《易傳》）又曰：「天命之謂性，率性之謂道，修道之謂教。」（《中庸》）凡《易傳》、《戴記》之所謂性，猶莊周老聃之所謂自然。天地自有此性，故天地自成此道。《易傳》曰：「天地設位而易行乎其中矣。成性存存，道義之門」，此之謂也。往者莊周老聃自然的宇宙觀，至是遂一變而為秦漢以下儒家德性的宇宙觀，亦可謂之性能的宇宙觀，此又《易傳》、《戴記》之功也。

故天地一大自然也。天地既不賦有神性，亦不具有人格，然天地實有德性。萬物亦然。萬物皆自然也，而萬物亦各具德性。（即各具其必有之功能）言自然，不顯其有德性。言德性，不害其為自然。自然之德性奈何？曰不息不已之久。曰至健至順之誠。曰生成化育之功。此皆自然之德性也。以德性觀自然，此為《易傳》、《戴記》新宇宙論之特色，所以改進道家畸物的自然宇宙論以配合於儒家傳統的人文德性論者，即在籀出此自然所本具之德性，以與人事相會通也。

天人之際，所以為之溝貫而流行其間者，則有鬼神焉，此上世素樸的宇宙論則然也。人死為鬼或為神，而物之奇瑰偉大非常特出者，如山川河海之類，亦各有神。以上帝為萬物之造主，而萬物則變為鬼神，以回歸於上帝。自道家自然的畸物的宇宙論既出，上帝失其存在，鬼神亦不復有。天地皆一物，人死曰物化。大化渾淪，既不見有生死，更何論於死後之鬼神。然世界既無鬼神，則人生短促，物各散殊，天人死生物我之際，更無溝貫流通之妙存乎其間。孰主張是，孰綱維是，此皆氣化之偶然，而其勢轉將無異於機械之必然，此與儒家人文的德性的觀點大悖。故《易傳》、《戴記》言宇宙，雖不言天帝造物，而尚主有鬼神。惟其所謂鬼神者，亦如其言天地，僅為德性的，而非人格的。鬼神亦為自然氣化中所本具之兩種德性。《易傳》、《戴記》中之鬼神論，實為其宇宙論中至關重要之一部分，抑且為其宇宙論與人生論所由融通透洽至關重要之一部分，是又不可以不兼論也。

《易傳》曰：「易與天地準，故能彌綸天地之道。仰以觀於天文，俯以察於地理，是故知幽明之故。原始反終，故知死生之說。精氣為物，遊魂為變，是故知鬼神之情狀。」氣字由莊老始言之，精字亦然。老子所謂「其中有精，其精甚真」是也。此皆分析宇宙萬物之最後成分，而名之曰精與氣。《易傳》精氣為物之說，顯襲諸莊老。而遊魂為變，則《易傳》作者自足成之。朱子曰：「陰精陽氣，聚而成物，神之伸也。魂遊魄降，散而為變，鬼之歸也。」是則鬼神即陰陽之變化，一氣之聚散。故張橫渠曰：「鬼神者，二氣之良能也。」宋儒張朱論鬼神，皆承《易》義，與往古素樸的鬼神觀不同。而論鬼神之義最明備者，則在《戴記》之〈祭義〉篇。「宰我曰：吾聞鬼神之名，不知其所謂。子曰：氣也者，神之盛也。魄也者，鬼之盛也。合鬼與神，教之至也。眾生必死，死必歸土，此之謂鬼。骨肉斃於下陰，為野土，其氣發揚於上，為昭明焄蒿悽愴。此百物之精也，神之著也。」朱子曰：「昭明是光耀底，乃光景之屬。焄蒿是袞然底，其氣蒸上，感觸人者。悽愴是凜然底，乃人精神悚然，如《漢書》所謂神君至其風肅然之意。」又曰：「以一氣言，則鬼者陰之靈也。神者陽之靈也。以一氣言，則至而伸者為神，反而歸者為鬼。其實一物而已」。又曰：「精氣就物而言，魂魄就人而言，鬼神離乎人而言。」此處朱子說鬼神離乎人而言，即言鬼神非有人格性也。又曰：「天地公共底謂之鬼神。」又曰：「鬼神蓋與天地通。」此即謂鬼神之為鬼神，乃彌綸周浹於天人物我死生之間，而為之實體，為之共性。故就物而言則為精氣。《易傳》曰「精氣為物」。精猶質也。精乃氣之至精微者，因其至精，遂若有質。是精氣猶言氣質也。惟此所謂氣質，與宋儒所言氣質微異。因宋儒朱張言氣質，已落於粗言之。而《易傳》之言精氣，則並無鄙視氣質之意。物必賦有氣質，乃始成其為物。而就人而言則曰魂魄。魂指氣言，魄指精言。合魂與魄而成為人，猶之合精與氣而成為物也。〈禮運〉曰：「體魄則降，知氣在上。」蓋謂人之死，體魂則降而下，知氣則升而上。其降而下者，即所謂骨肉死於下陰，為野土者也。其升而上者，乃其人生前之知氣，即所謂發揚於上，為昭明焄蒿悽愴者也。〈郊特牲〉亦曰：「魂氣歸於天，形魄歸於地，故祭，求諸陰陽之義也」。凡物莫不具精氣，凡人莫不具魂魄。精氣魂魄，其實則為一物。即鬼神是也。如是則豈不無我無物，無生無死，而通為一體，此一體即所謂之鬼神。鬼神即陰陽也。故求之鬼神，亦求之陰陽而已。鬼神何以能有感通之德，因其本在陰陽一體之內，豈有不相感通。故人之死，實非澌滅而無在也。其形魄歸於地，骨肉蔽於下陰為野土。人體生於天地萬物而仍歸於天地萬物，故曰鬼，鬼者歸也。既謂之歸，其非澌滅無存可知。然人為萬物之靈，方其生時，有知氣焉。及其死亡，一若其知氣亦消散無存矣，不知其仍升浮發揚於上，而使生者感其昭明焄蒿悽愴。則死者之知氣，實亦仍存於天地間，而有其靈通感召之作用者。此意《中庸》言之最透澈，曰：「鬼神之為德也，其盛矣乎！視之而弗見，聽之而弗聞，體物而不可遺。」朱子說之曰：「鬼神無形無聲，然物之始終，莫非陰陽合散之所為，是其為物之體而物所不能遺也。」曰鬼神之為德，猶言其性情功能。不僅死者之骨肉，仍有其性能存於天地之間。即死者之知氣，亦有其性能之存於天地之間，而永不澌滅。此可見秦漢間儒家言鬼神，亦就其陰陽而指其德性言之。今謂其宇宙論乃是一種德性的宇宙論，則其鬼神論亦是一種德性的鬼神論。不必實有鬼神之人格，而實有鬼神之德性。此種德性，彌綸周浹於天地萬物之中，而即為天地萬物之實體，此即謂萬物莫勿具此德性也。而就此德性觀之，則更無所謂物我死生天人之別。物我死生天人之別，皆屬表面。論其內裏，則莫非以具此德性而始成為物我死生天人。故物我死生天人至此便融成一體，一切皆無逃於此體之外，故曰鬼神體物而不可遺也。惟其體物而不可遺，故使人覺其洋洋乎，如在其上，如在其左右。蓋盈天地莫非此一種鬼神之體之德性所流動而充滿，而人亦宇宙中萬物之一物，亦自具此體，具此德性。而人之為人，尤為天地萬物中之最靈。故人之於鬼神，其相感應靈通為尤著。故人與鬼神自能在同一體同一德性上相感格相靈應，此種感格靈應之驗，則在人之祭祀之時尤為親切而昭著。此義在《戴記》〈祭義〉、〈祭統〉諸篇發揮至明備。〈禮運〉亦言之，曰：「人者，其天地之德，陰陽之交，鬼神之會，五行之秀氣也。」其實此處所謂天地鬼神五行，亦莫非陰陽，亦莫非一氣之化，此即道家氣化的宇宙論之所創，惟秦漢間儒家於此陰陽一氣之化之中，而指出其一種不息不已之性能，而目之曰誠。又於此陰陽一氣之化之中而指出其一種流動充滿感格靈應之實體而稱之曰鬼神，故人生即一誠之終始，亦即一鬼神之體之充周而浹洽。故曰：「人者，鬼神之會。」然則又何待於人之死而後始見其有所謂鬼神哉。《易傳》所謂「通乎晝夜之道而知」，所謂「幽明之故，死生之說，鬼神之情狀」，皆當由此參之。故〈禮運〉又言之，曰：「禮必本於天，殽於地，列於鬼神。」〈禮器〉亦言之，曰：「禮也者，合於天時，設於地財，順於鬼神，合於人心。」〈樂記〉又言之，曰：「樂者敦和，率神而從天。禮者別宜，居鬼而從地。故聖人作樂以應天，制禮以配地。禮樂明備，天地官矣。」又曰：「禮樂之極乎天而蟠乎地，行乎陰陽而通乎鬼神。」又曰：「禮樂偩大地之情，達神明之德。」凡此皆當時禮家所由謂惟禮可以盡人道，通鬼神，而合天地之所以然也。故〈祭義〉又曰：「因物之精，制為之極，明命鬼神，以為黔首則。百眾以畏，萬民以服。」夫謂之明命鬼神，猶其謂制禮作樂。要之為一事，而特以名之曰鬼神而已。故必謂鬼神為實有者固非，必謂鬼神為實無者，亦未然也。鬼神即陰陽，即陰陽之德性與實體，而就其特具感通靈應之迹者而明命之曰鬼神。盈天地，莫非鬼神之體之所充周而流動。若非明於鬼神之道，則何由知天地之所以為天地，而物我死生天人之際，亦將扞格難通，不明其一體之所在。而如〈禮運〉所謂聖人耐以天下為一家，中國為一人者，亦必無由以至。故欲明天地之全體與大德，不可不通鬼神之真義。而禮者，即所以事鬼神而求有以通之之道也。則又無惑乎當時儒家之所以尊言夫禮矣。凡此皆秦漢間儒家所以言鬼神之大道也。以此較之上世素樸的鬼神論，其違越固已甚遠，此《易傳》、《戴記》

采用道家新說，轉進以飾儒義之又一端也。

《易傳》、《戴記》時亦不兼舉鬼神而特單稱之曰神。凡其言神，即猶之言鬼神也。《易傳》云：「神無方而易無體。」夫鬼神尚無方所，更何論於人格性，神只是天地造化之充周流動而無所不在者。故又曰：「陰陽不測之謂神。」曰「知變化之道者，其知神之所謂乎」。又曰：「窮神知化，德之盛也。」又曰：「惟神也，故不疾而速，不行而至。」凡此皆以陰陽氣化言神也。天地萬物即陰陽氣化之所由生，故曰：「神者，妙萬物而為言者也。」（〈說卦傳〉）老子曰：「玄之又玄，眾妙之門。」言妙萬物即猶言眾妙。老子所謂玄之又玄者，必歸極之於無。故曰：「常無，欲以觀其妙。」《易傳》則以此妙萬物者為神。《易傳》之言神，相當於老子之言無，而意義迥殊。故道家謂之化，而儒家則轉言之曰生。道家謂之無，儒家又轉言之曰神。而又曰「神無方而易無體」，則神者，豈不妙無以為之神者耶。〈樂記〉亦言：「樂則安，安則久，久則天，天則神。天則不言而信，神則不怒而威。」（〈祭義〉亦云。）若以天為自然，則神亦自然也。故道家言無與自然，儒家則轉言之曰神。即據儒道兩家所運用名字之變，可見其觀念之不同。而儒道兩家精神所在，亦大可由此判矣。《易傳》又或不單言神而兼言神明，如曰：「以體天地之撰，以通神明之德。」又曰：「以通神明之德，以類萬物之情。」此皆證神明即為天地與萬物，亦胥由其德性以言也。

故陰陽氣化，猶是此陰陽氣化也。道家則視之為倏忽馳驟，虛無假合焉。儒家則視之為不息不已，至誠實有焉。道家視之為至無，儒家視之為至神，此一異也。故誠與神，為晚周儒家觀化之兩大概念。誠與神，皆化也。誠言其不息不已，神言其變化不測。誠與神，皆天地大化之所以為化，亦即此大化所具有之德性。故若名道家所主為畸物的宇宙論，則此新儒家之所持，當名之為畸神的宇宙論，即德性的宇宙論，或性能的宇宙論。即以德性一元而觀宇宙，故可謂是德性的一元論。或性能的一元論。人生亦氣化中一事，求所以通物我死生天人於一化者，亦惟此至誠之性與至神之體。故曰：「天行健，君子以自強不息。」又曰：「誠者天之道，誠之者人之道。維天之命，於穆不已。而文王之所以為文，純亦不已。」凡秦漢間新儒家所謂之天人合德，人生與宇宙之所由以融成一體者，亦本此至誠至神之德性。此為易道，亦即為禮意。人之所由以通天德而達物情，所由以交鬼神而合大道，亦胥由此至誠之心以期夫此至神之感而已。故易之由卜筮，禮之由祭祀，蓍龜之與醴牢，皆物也。物為大化中之一物，猶人為大化中之一人，均之在大化之中，俱為此至神之體至誠之性之所包孕。人苟具至誠之心，則雖蓍龜醴牢，可藉以通夫至神之域矣。故不明鬼神之說，將無以通於易道與禮意。而人苟非具一至誠之心，亦將無以明鬼神之情狀，即將無以通物我死生天人而為一。凡所以能通物我死生天人而為一者，由其本在同一大化中，本具同一之德性。此種德性，直上直下，即體即用，彌綸天地，融通物我，貫澈死生。故本於此種德性一元或性能一元之宇宙觀即成為德性一元或性能一元之人生觀。《孟子》與《中庸》之所謂盡性，即持此種德性一元之人生觀者之所有事也。惟孟子當時，道家氣化的新宇宙觀方在創始，孟子未必受其影響，故孟子胸中之宇宙觀，大體猶是上世素樸的傳統。因此孟子之所謂性，亦遂與《中庸》之所謂性，涵義廣狹，不全相符。此在本文，殊不能多所發揮，要之秦漢間儒家人生觀之大傳統，則猶承孔孟之舊，不過略變其宇宙觀，以求與道家後起之新義相配合。本文所欲論者，則暫止於此而已。

秦漢間儒家之人生觀，其詳非茲篇所欲論。特亦有承襲道家觀點修飾改進，以自完其儒家之傳統者。其事頗有類於上述，一若其改進修飾道家之宇宙論以自適己用，則繼此猶可稍稍略述也。其著者如言變化。道家喜言化，秦漢間儒家則繼而言變。蓋化純屬於自然，而變則多主乎人力也。《易傳》：「化而裁之存乎變。」朱子曰：「因自然之化而裁制之，變之義也。」故變化之辨，即天人之別也。《易傳》又曰：「功業存乎變」，是知變化之辨，即功業與自然之辨也。道家尚自然，故主言化。儒家重功業，則轉而主言變。而功業又貴其不悖乎自然，故變者不能悖化以為變，貴乎因化之自然而裁制之以成其變，此《易傳》言變之宗旨也。《易傳》言變遂言動。《易傳》之言動，乃又與道家之尚靜者異焉。故曰：「以動者尚其變。」又曰：「道有變動。」曰：「變動以利言。」《易》既言變動，又言變通。曰：「通其變，使民不倦。神而化之，使民宜之。」「易窮則變，變則通，通則久。」又曰：「化而裁之謂之變，推而行之謂之通。舉而措之天下之民謂之事業。」又曰：「通變之謂事。通其變，遂成天地之文。」又曰：「廣大配天地，變通配四時。」又曰：「變通者，趣時者也。」可見《易傳》言變通，猶其言變動，皆主功業事為而言之。惟變必因化之自然，否則亦無由動而通也。

《易傳》主言變，以異乎道家之言化。又常言器，以異乎道家之言物。蓋物屬自然，器則人為。道尚自然，儒言人事。聖人因物以制器，猶之因化以裁變。所由言之雖異，其所以為言則一也。故曰：「形而上者謂之道，形而下者謂之器。」言器而不言物。物者純於自然，器則雖不離乎自然，亦不盡出於自然。儒家不純以自然者為道，故曰：「易有聖人之道四焉，制器者尚其象。」象即象其自然也。制器尚象，即化而裁之之道也。又曰：「備物致用，立成器以為天下利，莫大乎聖人。」又曰：「君子藏器於身，待時而動，何不利之有。動而不括，是以出而有獲，語成器而動者也。」故知《易傳》言器，猶其言動，亦皆主乎事為功業。又曰：「闔戶謂之坤，闢戶謂之乾，一闔一闢謂之變，往來不窮謂之通，見乃謂之象，形乃謂之器，制而用之謂之法，利用出入民咸用之謂之神。」是知變通之與形器，其本皆起於自然，而又皆主於人事。其極則皆達於神，其要則不離乎陰陽氣化。然而與道家之純言夫陰陽氣化以為畢宇宙之蘊奧，窮人物之能事者，有間矣。此《易傳》之所以修飾改進道家之說之又一端也。

故《易傳》中之宇宙，乃一至繁賾至變動之宇宙也。故曰：「言天下之至賾而不可惡，言天下之至動而不可亂。」人之處此宇宙，則貴乎能順應此繁賾變動者而裁制之，利用之，以達於宜而化。故曰：「聖人有以見天下之賾，而擬諸其形容，象其物宜。有以見天下之動而觀其會通，以行其典禮。擬之而後言，議之而後動，擬議以成其變化。」而人事之變化，則貴能與此至繁賾至變動之宇宙，相互訢合而無間。換言之，則即其繁賾變動者而繁賾變動之焉是也。故曰：「以體天地之撰，以通神明之德。」又曰：「以通神明之德，以類萬物之情。」其所謂通德類情者，即求以合天人而融物我，必如是而後可以盡變化之妙，亦必如是而後可以窮運用之宜，亦必如是而後始完吾德性之全。故曰：「精義入神，以致用也。利用安身，以崇德也。」在宇宙萬物謂之神，在我謂之德。崇德即所以入神，亦必能入神乃始為崇德。必如是，乃可以範圍天地之化而不過，曲成萬物而不遺。必如是，乃始可謂之崇德而廣業。此《易傳》論人生之大旨也。

記《禮》者則即以禮意當易道。故《戴記》言禮樂，同所以修飾改進道家之論自然，與《易》家之論往往貌異而神肖。而其論人生之最精邃最博大者，則莫如《中庸》。《中庸》曰：「其次致曲。曲能有誠。誠則形，形則著，著則明，明則動，動則變，變則化。唯天下至誠為能化。」此即《易》家至繁賾而至變動之人生論也。夫萬物既繁賾矣，今又曰各推致其一偏一曲焉。一偏一曲，正莊周之所卑，故曰：「曲士常見笑於大方之家。」又曰：「曲士不足以語道。」而《中庸》

則謂推極一曲可以盡大方，此即所謂絜矩之道。此又儒道之一異也。《易》曰：「化而裁之存乎變。」今《中庸》則謂變則化。蓋《易》主裁大化以成人事之變動，而《中庸》則主由人事之變還以宣暢完成乎大化。其實則天人合德，先天而天弗違，後天而奉天時，二者之間固無大辨，所謂合外內之道，故時措之宜也。夫果以性之德言，則天人物我死生，固皆周浹融洽而無間矣。故苟能有誠，不僅內之有以成己，外之又有以成物。成己者，即所以盡己之性。成物者，亦所以盡物之性。《中庸》又言之曰：「惟天下至誠為能盡其性。能盡其性，則能盡人之性。能盡人之性，則能盡物之性。能盡物之性，則可以贊天地之化育。可以贊天地之化育，則可以與天地參矣。」《中庸》之言盡性，即《易傳》之所謂崇德。贊天地化育以與天地參，是即《易傳》之所謂入神也。其機括惟在自致己誠，自盡己性。何者，盈天地萬物皆此一性之彌綸周浹，即皆此一誠之所始終貫注，亦即此一神之所充滿流動。故天也，人也，物也，性也，誠也，神也，其實皆一也。其機括則只在於一己之自盡而自成。故宇宙雖繁賾而至簡易，雖變動而至安定。《易傳》、《戴記》德性一元之宇宙論，歸其極為人性之一元。此《易傳》、《禮記》所以修飾改進道家自然主義之宇宙觀以完成儒家傳統的人文主義之人生論之要旨也。

從來治經學者，《易》與《禮》，常多分別以求，極少會通而觀。如我上所論述，例證詳明，亦可無疑乎其為說之創矣。抑猶可於〈易繫〉、《戴記》之書得其更直接之內證焉。〈繫辭〉有曰：

「聖人有以見天下之賾，而擬諸其形容，象其物宜，是故謂之象。聖人有以見天下之動，而觀其會通以行其典禮。繫辭焉以斷其吉凶，是故謂之爻」。是作〈易繫〉者明謂聖人制禮之本乎易道也。《戴記・祭義》之篇有之，曰：「昔者聖人，建陰陽天地之情，立以為《易》。《易》抱龜南面，天子卷冕北面。雖有明知之心，必進斷其志焉。示不敢專，以尊天也」。立以為《易》，指易之書。抱龜之《易》，指占易之人。則記《禮》之人之亦明尊乎《易》也。《周易》之書，本不道陰陽，而〈十翼〉則道陰陽，猶之可也。記《禮》者亦道陰陽，此自孔子以至孟荀皆不然。故知《戴記》諸篇皆當出荀子後，其時陰陽家言已盛行，儒者或以說《易》，或以記《禮》，其事皆已在秦漢之際。如《戴記》有〈月令〉之篇，其為陰陽家言尤益顯。陰陽家言之異於儒家言，司馬遷〈孟荀列傳〉已明揭之。然如此篇所舉，《易》、《禮》兩家同為儒術發明新宇宙論，陳義精微，實為於中國思想史上有大貢獻。雖其蹈襲陰陽，遠本道家，亦不足深怪。惜乎漢儒通經致用，僅於政事上有建設，於儒術精義，不能觸及其深處。其言宇宙，則一本陰陽家言，自五天帝而及於五人帝，較之古昔素樸的宇宙論，更為不如。其流而為讖緯，更何以啟人之信，而維繫於垂後。漢儒本此以告誡警勸漢室之帝皇，其意不為非。若莊老道家無為之意，則於漢代政事，實不能有大貢獻也。統一六國，天下一君，秦始皇帝遂有子孫萬世為帝皇之想。惟陰陽家獨主五德終始，力言無萬世一統之帝皇。然漢儒之獨尊陰陽家言，則亦有故。余當為陰陽家言宇宙，別立一名，稱之曰畸於史，即畸於人事之宇宙論。惟自魏晉以下，篡弒相乘，陰陽家五德終始之說，乃為世人所吐棄。於是莊老復興，佛釋乘之。迄於唐五代，中國思想界之宇宙論，遂為道釋所獨占。惟〈易繫〉與《中庸》，亦尚為道釋兩家所參考。北宋理學興起，始復有儒家自己一套的宇宙論。逮於南宋朱子之理氣論出，而此一番新起的宇宙論，乃臻完成。若以孔孟時代為天帝人格化的古昔素樸的宇宙論，〈易繫〉與《戴禮》為畸於神的德性一元的宇宙論，則兩宋理學可謂是畸於理的理性一元的宇宙論。欲探究中國儒家思想所抱有之宇宙論，必分別此三者而加以探究。其畸於神與畸於理之兩部分，雖在其貫通於人生論方面，莫不上承孔孟，而無大扞格。但畸神畸理，終不能謂其無所歧異。繼今而後，於此畸神畸理之兩面，是否重有所輕重取捨，以為調和融通，再產生一更新的宇宙論，以使儒術更臻於發揚光大，則尚有待於此下新儒崛起之努力。

美國杜威《哲學之改造》（許崇清譯本）有云：西方人走上實驗的科學和其自然制馭上應用底路徑，比東方人早些。後者在其生活習慣裏多存了些靜觀的審美的思辨的宗教的氣質，而前者則多著些產業的實踐的。這個差別，和關聯而生底其他差別，乃彼此相互理解的一個障礙，亦為彼此相互誤解的一個根源。所以切實在其關係和適當的均衡上求融會此兩個各不相同的態度的哲學，確可以令他們彼此的經驗互相增益其能力，而更為有效的協同致力於其豐盛的文化勞作。又云：在眼前確無有什麼問題比實用科學和靜美的鑑賞所持態度能否調和與怎樣調和這個問題更為重要的。沒有前者，人會成為他所不能利用，而又不能制馭底自然力底玩物和犧牲。沒有後者，人類會變作孜孜向著自然追求利得和彼此推行買賣，此外就是終日無所事事，為著空閒而懊惱，或將他僅用於誇耀的鋪張和越度的奢縱底一種經濟的妖怪。又云：靜觀的知識根本變作活動的知識，是現在所用研究發見底方法所必致的結果。但這個變化的大部份，只影響於人生底技術方面。科學造成了新工業的技術，人對於自然勢力底物理的統制無限擴大了。還有物質的財富和繁榮的資源的制馭，從前曾是不可思議的事物，現在卻已成為平常日用，卻可用蒸汽煤炭電力空氣和人體去做成了。但還很少是十分樂觀，而敢宣布對於社會的道德的幸福，亦可以同樣統制的。又云：這個經濟的發達，是物理的科學中所起革命底直接結果。但那裏又有比並著這個底人的科學和藝術。不但是知底方法底改善，至今只是限於技術的經濟的事項，而且這個進步且惹起了重大的新道德之糾紛。（以上引杜威語）今按西方哲學路徑，往往有與中國哲學可相比擬而不能全相近似者。杜威以為彼方希臘及中世紀基督教徒時代，偏於美術與宗教氣質的哲學都對於知識抱靜觀的態度。而近代科學態度則為實踐的，活動的。此一分別，以之比看中國哲學，則中國道家雖為反宗教的，主張自然主義，偏近於惟物論，而實際則為抱靜觀態度者。儒家雖對傳統宗教信仰帶有妥協調和的色彩，而其態度轉為實踐的與活動的。如本篇上引〈易繫〉與《中庸》裏所說制器與盡物性的理論，以及鬼神的觀念等，實大可藉此打通西方宗教藝術與科學的相互間之壁壘。〈易繫〉與《中庸》之宇宙觀，確是極複雜極變動的，無寧可謂其與近代西方的科學觀念較近，與古代西方的宗教信仰較遠。此處便有道家的功績。而且〈易繫〉之與《中庸》，終是屬於杜威所說人的科學和藝術方面者。又絕無如杜威所排斥如西方哲學界傳統的形而上學與認識論等既無用而又麻煩的諸問題。則杜威所想像，欲為以後彼方哲學另闢一新途徑，使其可以運用新科學的實踐的活動的知識方法來解決社會的道德的幸福，以達到彼所想的一個複多而變動的人生局面之不斷進步與長成之新哲學，其實此種意境與態度，早在中國〈易繫〉與《中庸》思想裏活潑呈現。惟在中國方面，對於經濟的技術的物理科學方面的知識上之創闢與使用，則比較不受重視。故以較之近代西方，誠為遠遜。此則並非簡單一個理由可以說明。但秦漢以後印度佛學來入中國，道家本是先秦一個最激烈反宗教的學派，而魏晉以下，不免追隨佛教，而結果乃反自陷於宗教迷信之氛圍中。道佛兩教在當時，亦時時相互滲透，相互斟酌。要之則皆偏於杜威所謂靜觀的態度。而後世言《易》、《庸》哲學者，又常擺脫不掉《易》、《庸》中間所含道家的原始情味。甚至又和會於佛說。於是亦不免於以靜的意態看《易》、《庸》，卻不能將儒家一番積極活動與複雜實踐的精神盡量發揮。至於宋代理學家畸於理的宇宙論，主張格物窮理，以達於豁然貫通之一境，其持論要點，似為與近代西方的科學精神，有其更接近之一面。竊意此後中國思想界，既受西方科學精神之洗禮，其在哲學方面，尤其在宇宙論一方面，應該更有一番新創闢。《易》、《庸》思想與宋代理學中之理氣論，早已為此開其先路。惜乎杜威所知的東方哲學甚有限，彼僅認東方哲學多屬宗教的靜觀態度。彼不知莊老道家思想，已為一種極澈底的反宗教者。而繼此以起之新儒家，如〈易繫〉、《中庸》諸書，乃有一種極複雜極動進之宇宙觀與人生論，決然是為實踐的，而非靜觀的。即宋代理學亦然。其言主靜主敬，本意皆在實踐，而非靜觀。若今後國內學術界，能將中國固有思想就其有關哲學一面者，盡量忠實介紹於西方，則將來新中國哲學思想之偉大前程，縱不在中國本土發展，亦當能在異邦思想界先著祖生之一鞭。

又按《易傳》、《禮記》中所有之鬼神論，復與西方人所言之泛神論不同。泛神論主張一切是神，如此則宇宙每種形態均將為神之實在之一種啟示，如是則世上是非善惡之分別，更從何建立。至如《易傳》、《戴記》中所言之神，並不指宇宙萬事萬物之現成的靜態言，乃指宇宙萬事萬物不息不已變動不測至誠實有之一種前進的性能言。乃指一種自身內在的能動的傾向言。故當時儒家，即我所謂《易傳》、《戴記》之著作諸儒，實並不謂宇宙萬物之最先創始者為神，亦不以宇宙萬物當前現成的靜態謂是神。當時儒家，乃指宇宙萬物一種至剛健至篤實之內在的自性的向前動進的傾向而謂之神。此種向前動進的性能與傾向，乃自性自能，別無有為之作創始者。又不息不已，永無到達歸宿之一境。若論歸宿，當前即是歸宿。若論創始，亦可謂當前即是創始。而所謂當前，又非一種靜態與定局。此實中國儒家性能一元的宇宙論之精義所在。《易傳》又即指此繼續不斷之前進傾向而名之曰善。至問此種善何由來，則仍為萬物自身內在之一種性能。故曰：「一陰一陽之謂道，繼之者善也，成之者性也。」所謂性與善，仍即是此一陰一陽之不息不已處。因此其所謂善，並不與惡為對立。亦並非認許當前之一切靜態定局而即謂之善。亦不須說宇宙萬物必待其最終結束處始是善。所謂善，即指此當前現下一種前進不已之性能與動勢。而此種性能與動勢，又是自性自能，剛健主動，非另有一創造此性能者為之主宰。而此一種自性自能，剛健主動之前進，又必得有所成。然所謂之成，又並不即是歸宿，而依然仍有其不息不已之向前。此為中國儒家宇宙觀之主旨。若細論之，則不僅以前孔孟如此，以後宋儒亦如此。並不得謂只是《易傳》與《戴記》之作者抱有此意想而已。正為中國儒家之宇宙論，實乃建本於人生論。把握其大本大原，乃知其前後之實相一貫也。或疑如此立說，只謂不息不已，至誠實有，變動不測，而稱之曰至誠與至神，或曰至善與至德，豈不流於一種形式主義，只求其不息前進，而更無實際內容可言乎？是又不然。因宇宙既為性能一元，則當著眼其彌綸天地終始萬物之可久可大處。若從其可久可大處著眼，則此至誠至善之性，斷非僅屬形勢而無內容。我所謂中國儒家之宇宙論，實建本於人生論，其要旨即在此。

若明白扣緊此等處著眼，則知孔子《論語》所提仁字，驟看若僅限於人生界，而實已包舉了宇宙之統體。而且此所謂仁之一德，亦並不限於靜之一邊。故孔子雖言仁者靜，而實際此仁德乃滲入於複雜之人生界，而為一種實踐之動進。至於此後宋儒如謝上蔡，以覺釋仁，此乃限於靜的一邊，必待外面事物之來，始有所謂覺，始見所謂仁。故其說為此後朱子所反對。若使此宇宙全體而陷於靜的一邊說之，則必落於《易傳》所謂乾坤或幾乎息矣之境。此因孔子最先立論，本是專一注重在人生界，而宇宙論方面，則仍守古昔之素樸信念，而未有所闡述。即孟子亦然。故孔子論仁，孟子論性善，皆有待此下新儒之更為申闡。即墨子亦只注重人生實踐，雖推本於天志，而其意想中之天，則仍是一古昔素樸的天。惟至於老莊始大不然。老莊言宇宙，乃始以道體為說。道體則是大化不居，決非靜態。惟老莊教人識此道體，則實用靜觀。而人生則終不能止於靜觀而已。是以在道家思想中，天人終不相合。必待至於《易傳》、《中庸》，始合天人而一貫說之，曰至誠，曰至神，曰至健，則通體是一進動向前，而又竟體融會和合，而孔子所提仁字，本屬人生實踐一面者，亦可包舉，不見違礙。此後宋代理學家，以理字說宇宙，而朱子有天即理之說。但理字若仍落在靜的一邊，若果宇宙只是一理，而此理又在靜定之境，則又何從而變化無方，至誠不息，以達於可久而可大乎？所以朱子言理定兼言氣，氣則在動的一邊，而有理以為之主宰。由理氣轉落到人的心性。性屬理，在靜的一邊。而心屬氣，則在動的一邊。故須由心來主宰一切動。雖說性為心主，但須人盡心以知性。由宋儒的宇宙論轉落到人生論，在其動進向前以至於天人合一之一切實踐與活動，則仍與孔孟原來主張無別。而且既說性即理，而物必有性，一物一性，此一宇宙，仍是繁複的，多方的。故須人即凡天下之物，莫不因其已知之理而益窮之，以求至乎其極，而達於豁然貫通的一境。故《易》、《庸》畸於神的宇宙觀，尚未脫盡道家靜觀的玄思的意味。而宋儒畸於理的宇宙觀，乃始更落實到人生複雜動進的實踐中。陸王後起，轉從人心良知為說，在人生論上似乎明白易簡，但在宇宙論方面則又嫌落空了。此下轉出顧習齋，彼欲力矯宋儒之流弊，但實未明宋儒之真義。彼之立論，頗欲以禮樂為主，但並不能透到《易繫》與《戴記》持論之深處。只重實踐，狹隘已甚。此下有戴東原，更屬淺薄無深趣。大抵中國儒家思想主要貢獻在人生論方面主實踐，主動進，以道德精神為主。道家思想在宇宙論方面有創闢，能靜觀，富藝術精神。《易》、《庸》在此兩方面綰合在先，宋代理學家繼起在後，皆求於儒家人生論上面安裝一宇宙論，而亦都兼采了道家長處。余一向主以《易》、《庸》思想與宋代理學來會通西方科學精神，獲得一更大之推擴。上引杜威之言，似乎亦有此意向。惜其對中國思想所涉太淺，全未說準了東西雙方真異同之所在。惟此路遙遠，非能深沉博涉於東西雙方科哲精微，文化大全，而又別出心裁，獨探理真，則殊未易於勝任而愉快。固不足以責杜威一人也。

此稿草於民國三十三年，載《思想與時代》第三十四期。

《中庸》新義

誠明篇

天人合一之說，中國古人雖未明白暢言之，然可謂在古人心中，早已有此義蘊涵蓄。下逮孔孟，始深闡此義。道家老莊，則改從另一面對此義闡發。大較言之，孔孟乃從人文界發揮天人合一，而老莊則改從自然界發揮。更下逮《易傳》、《中庸》，又匯通老莊孔孟，進一步深闡此天人合一之義蘊。本文專拈《中庸》為說。

《中庸》闡述天人合一，主要有兩義。一曰誠與明，二曰中與和。

《中庸》云：誠者，天之道也。

朱熹注：誠者，真實無妄之謂。

當知天體乃真實有此天體，羣星真實有此羣星，太陽真實有此太陽，地球真實有此地球。凡此皆真實不妄。循此以往，風雲雨露，乃真實有此風雲雨露。山海水陸，亦真實有此山海水陸。魚蟲鳥獸，真實有此魚蟲鳥獸。人類男女死生，亦真實有此男女死生。更循以往，喜怒哀樂，亦真實有此喜怒哀樂。饑寒溫飽，亦真實有此饑寒溫飽。凡此皆各各真實，不虛不妄。中國古人則認此為天道。故曰：誠者，天之道也。

若就宇宙一切事象而論其意義，則真實無妄即為一切事象最大之意義。若論價值，則真實無妄亦即一切事象最高之價值。換言之，凡屬存在皆是天，即是誠，即是真實無妄。既屬真實無妄，則莫不有其各自之意義與價值。此一義，乃中國思想史中一最扼要，最中心義。必先首肯此義，始可進而言中國思想之所謂天人合一。

若不認存在即價值，而於存在中別求其價值，則無異於外存在而求價值。因在一切存在中，可以有價值，亦可以無價值，乃至於有反價值，即價值之反面之負數之存在也。

如就一般宗教信仰言，上帝至善而萬能，此當為價值之最高代表。然上帝之外，仍有魔鬼。魔鬼不僅是無價值，抑且是價值之反面與負數，即反價值者。然何以此萬能之上帝，竟不能使魔鬼不存在。此至善之上帝，乃竟容許此魔鬼之仍存在。則此魔鬼之存在，決非絕無意義，絕無價值可知。魔鬼且然，更何論於萬物？

就中國思想之主要演進言，則只問其是否存在與真實。苟是真實存在，即有其意義與價值。此世界，乃即以一切存在之共同構成而表現此世界之意義與價值者。中國人則謂此曰天。誠者天之道。天道即盡於此真實無妄。天既許其存在，而復是一真實無妄，則誰又得而不許其存在，而抹殺其所以得存在之意義與價值乎？

《中庸》又曰：誠者自成也。誠者物之終始，不誠無物。

當知宇宙間一切物，一切事象，皆屬真實無妄，不虛不幻，故得在此宇宙間存在而表現。充塞此宇宙之一切存在與表現，則全屬真實不虛妄者。故知充塞此宇宙者，祇是一誠。

其次當知，凡屬誠，則必然是自成者。非偽為，非幻化。偽與幻皆屬不真實。不真實即根本不存在。故凡屬存在，皆是其物本身之真實存在，即是其物本身之自然存在，絕非由另一物者可以偽為之，幻化之，而使其妄廁於此真實無妄之宇宙中，而亦獲其存在。故曰不誠無物也。

由此言之，可悟中國古人所謂萬物一體，此一體即是誠，即是真實無妄，真實不虛。此一體，中國古人亦謂之天。天則必然是真實無妄者。故天只是一誠。天不可見，不可知，而凡此宇宙間一切真實無妄，與其真實不虛者，即凡在此宇宙間有其存在與表現者，則終必有為人可見可知之機緣。此即由誠而達於明。故存在者必有所表現，此即由誠而明也。凡存在者，知其為真實存在。凡表現者，見其為真實表現。由其存在與表現，而知其真實而無妄，此即由明誠。故《中庸》曰，誠之者，人之道也。

《中庸》又曰：

自誠明，謂之性。自明誠，謂之教。誠則明矣，明則誠矣。

宇宙間一切物，一切事象，苟有其真實無妄之存在，將必然有所表現，而與世以共見，此即物之性。人苟實見其有所表現，真知其有所存在，而誠有以識其為真實而無妄，則此天道之誠之真實而無妄者，乃在人道之明知中再度真實表現而存在，此即人之教。凡一切物，一切事象，既各有其存在與表現，即各有其天然本具之性。一切物，一切事象，既各具此真實無妄之性，即有此真實無妄之存在與表現，此屬天之事。人心之知，則在明知明見此物此事象之存在與表現之真實而無妄，而明知明見了此物此事象之存在與表現所內涵之意義與價值。此屬人之事。人則當奉此為教的。故人之所奉以為教者，其主要乃在一切物一切事象所本具之真實無妄之天性。

故《中庸》又曰：

天命之謂性，率性之謂道，修道之謂教。

凡宇宙間一切存在皆有天性。一切表現皆是天道。人之為教，則只有就此一切存在與表現之真實無妄之誠而有以明之耳。然此事實不易。故《中庸》又曰：

其次致曲。曲能有誠，誠則形，形則著，著則明，明則動，動則變，變則化。唯天下至誠為能化。

曲者，大方之一曲。分別言之，宇宙間一切物，一切事象，皆一曲也。一切存在，莫非此宇宙大存在之一曲。惟苟有其存在，即有其真實無妄，故曰曲能有誠。故雖為一曲，而其同為分得此宇宙大存在之真實無妄而始有其存在，則無異也。苟有存在，必有表現。苟有表現，必可知見。故曰誠則形，形則著，著則明。既有表現，則當知宇宙間一切表現，皆屬變動不居，絕無可以固著於某一形態而不動不變者。故縱謂凡存在即表現，凡表現即變動可也。倒而言之，亦可謂凡變動者即表現，凡表現者即存在。此三者，其實則一。故曰：明則動，動則變，變則化。然則亦可謂變化者，乃宇宙間惟一可有之現象，亦即宇宙間惟一可有之存在。而其所以能有變化，則端為其物與事象之內具有一分真實無妄之天性。故曰：唯天下至誠為能化。然則宇宙間所以有一切變化，正為其有內在之真實無妄，決非可以偽為，決非可以幻化。凡宇宙間一切之化，則皆本於宇宙間之一切之誠。人類之知，縱不能即凡宇宙一切化而大明其全體之誠之所以然，然固可就於一曲以求知。一曲者，雖小小之事，然其同為宇宙大誠之一體，則由此固可以明彼，即小固可以見大。故《中庸》又曰：

唯天下至誠為能盡其性。能盡其性，則能盡人之性。能盡人之性，則能盡物之性。能盡物之性，則可以贊天地之化育。可以贊天地之化育，則可以與天地參矣。

凡宇宙間一切無生有生，變化長育，皆各有性，即皆各有誠。人類之知，既不能驟企於直接明曉此天地萬物之大誠之一體。然固可內就己性，自盡己誠，先有以明乎我，推此以明夫人，又推此以明夫物，明夫一切事象。其極則可以明宇宙。苟使由我之誠而推以明夫宇宙之大誠，則一切宇宙變化長育之權，我可以贊助之，參預之，人道乃於此乎立極。故〈中庸〉又曰：

誠者，非自成己而已也，所以成物也。

成物本屬天之事。人而可以成物，是即人而天矣。成己成物，其要在於盡性。盡性者，亦在盡此天所與我之一分真實無妄之誠而已。故曰：

君子誠之為貴。

而欲盡此一分天所與我之真實無妄之誠，其事必先知夫此真實無妄之誠之為何事，為何物，此則先有待於知。

此天所與我之一分真實無妄之誠，又有可以一言說之者曰善。惟真實無妄始是善。而苟真實無妄，則必然是善。此之謂尊天。人亦由天而生，人固不能逃於天，而奈何可以指此天之真實無妄之誠而謚之曰惡，而憑人之小智小慧，私見私識，以別立一善於此真實無妄之誠之存在與表現之外。或欲排拒此真實無妄之誠之一切存在一切表現，而妄設一不真實未存在者而私奉之為善，私定以某種之意義與價值乎？此乃非天不誠。不誠即無物，即不可存在。宇宙間固不可能有不真實之物，即不可能有不真實之存在，與不真實之表現。故凡宇宙間之一切存在與表現，則皆是真實，皆是誠，皆屬天。惟此天所賦與之一分真實之誠始是性，始是善。盡此性，奉行此善，始是道。人道與天道之合一通貫者正在此。

故《中庸》又曰：

誠者，天之道也。誠之者，人之道也。……誠之者，擇善而固執之者也。

善則固已存在，亦已表現，在人之能擇而固執之。故善由於人之能擇，非由人之能創。善是誠，故屬天，乃先於人而存在。而人之擇善，又必先明善。故《中庸》曰：

誠身有道。不明乎善，不誠乎身矣。

人又何由而明善，擇善，而固執之，以誠吾身而盡吾性乎？《中庸》又曰：

博學之，審問之，慎思之，明辨之，篤行之。……果能此道矣，雖愚必明，雖柔必強。

然則人之明善擇善而固執善，在於博學審問慎思明辨篤行之五者。其所學問思辨，即學問思辨於此宇宙間之一切存在與表現，即學問思辨於此宇宙間之真實無妄，即學問思辨於此宇宙間之一切存在與表現之性與誠。因只此是善，外此乃更別無善。而此種學問思辨之入門下手處，則在即就小小之一曲，以至親切至卑近者為入門而下手。故《中庸》又曰：

君子之道，辟如行遠，必自邇。辟如登高，必自卑。

又曰：

道不遠人，人之為道而遠人，不可以為道。

人亦宇宙間一存在。亦宇宙間一表現也。宇宙間一切存在表現之中有人，此乃真實無妄，是即宇宙大誠所表現之一相。我亦人也，則我又何可以視人為不善，而遠人以求道？此之謂尊人。尊人即尊天也。故《中庸》又曰：

君子尊德性而道問學，致廣大而盡精微，極高明而道中庸。溫故而知新，敦厚以崇禮。

何以曰尊德性而道問學？德性即指天之所以與人，故尊德性即是尊天，同時亦即是尊人。而人之德性，則有待於學問而始明，故曰尊德性而道問學。

何以曰致廣大而盡精微？在宇宙一切存在與表現之中有人，在人之存在與表現之中有我，在我之存在與表現之內涵深處有此天所賦與之真實無妄之性。此在宇宙間，可謂極小之一曲，至精至微，宜若無足道。然此極小之一曲之至精至微者，亦宇宙全體大誠之一分，亦宇宙全體大誠所存在而表現之一態。故我德性之精微，即宇宙全體大誠之廣大之所寓。故盡性可以贊天地之化育，故曰致廣大而盡精微也。

何以曰極高明而道中庸？宇宙全體大誠，此可謂之高明矣。而愚夫愚婦之德性中，亦寓有此全體大誠之一分焉。愚夫愚婦之德性之所與知與能，此所謂中庸也。而由乎此中庸，可以達於至高極明之境，故曰極高明而道中庸也。

何以曰溫故而知新？凡宇宙間一切存在與表現，則必變動而化，不居故常。然凡其所化，苟既存在而表現，則皆宇宙之至誠與至善也。無問故者新者，我既得其至誠與至善，則故與新一以貫之矣。人之知，則僅就於宇宙間之已有之善而知之明之，固非外於宇宙之已有，而人之心知可以別創一絕不存在之不真實者而奉之以為善。故曰：溫故而知新，新即由故化而來。故《中庸》曰：至誠無息。

若天地間本未有此善，而有待於人之創立，則在人未創立此善之前，豈不天地之善機已息乎？善機已息，何以有天地？若天地本是一不善，於天地中生人，人又何能從不善中生而自創一善？《中庸》目此為不誠。不誠則無物，無物始是息。故《中庸》既曰誠者物之終始，又曰至誠無息也。《中庸》又曰：

> 至誠之道，可以前知。

因至誠既不息，故明於至誠，則可以知前，可以知後矣。《中庸》又曰：

君子之道，本諸身，徵諸庶民，考諸三王而不謬，建諸天地而不悖，質諸鬼神而無疑，百世以俟聖人而不惑。

故曰溫故而知新也。

何以曰敦厚以崇禮。君子即就人之存在與表現之至誠處，即就愚夫愚婦之德性所有之存在而表現之中庸處，擇善而固執之。而不遠於人以別創其私智私見之所謂善，而強人以必從，此為敦厚之至，崇禮之至，故曰敦厚以崇禮也。溫故以知新是尊天，敦厚以崇禮是尊人。是亦天人一貫精義之所在。

夫此宇宙整全體之真實無妄，至博厚，至高明，至悠久。人類之生育成長於其間，則卑微之至，狹陋之至，短暫之至。而人類亦有其尊嚴。人類之尊嚴何在？夫亦曰正在其亦得於此宇宙整全體之真實無妄之大誠之一曲，夫亦曰正在其亦存在表現於此整全體之大誠之內而為其一體之一端而已。而人類之尤見其為尊嚴者，乃在其為萬物之靈，乃在其具有心之明見，乃在其能明見夫此宇宙整全體之真實無妄之誠。然人心之明，亦只能明見此宇宙整全體之真實無妄之誠而止。若此真實無妄之誠之整全體，則終非人心之明之所能盡其量而無餘憾。故人心之明，亦僅明知有此真實無妄，明知有此誠而止耳。人心之明，終不能超於此真實無妄之誠而別有所明也。故一切存在一切表現之一切意義與價值，亦將限於此真實無妄之誠而止。萬物雖不能有其明，然其同為此宇宙整全體中之真實無妄之誠之一曲，則與人無殊致。人心之明，亦僅明於此宇宙間一切存在與其表現之各有其意義與價值而止。若越出於此存在表現之外，而人心自恃其聰明，自信其思索，認為別有一種所謂意義與價值者，或即就於此存在表現之內，而人心自恃其聰明，自信其思索，認為惟某者為獨有其所謂意義與價值者，此皆《中庸》之所謂索隱行怪，其流將歸於小人之無忌憚。察察之明，竊竊之知，違於天而遠於人，乃使愚夫愚婦無可與其知，而聖人之所不知者，彼亦自負曰予知，此決非《中庸》之道。決無當於《中庸》之所謂明與誠。

故《中庸》又曰：

道並行而不相悖，萬物並育而不相害。小德川流，大德敦化。

當知天地固無不持載，無不覆幬。四時錯行，日月代明，此天地之所以為大。既是同此存在，同此表現，同此真實無妄，何得以人類之私智小慧，妄加分別，而謂孰者是道，孰者非道。孰者當育，孰者不當育。此決非聰明睿知足以有臨，寬裕溫柔足以有容。使不足以有容者而臨於人上，則人道將息，而足以有臨者亦不久。故《中庸》又曰：

唯天下至誠，為能經綸天下之大經，立天下之大本，知天地之化育，夫焉有所倚？

蓋凡有所倚者，倚於此則必離於彼，而《中庸》之道，則中立而不倚。何所立，則亦立於此誠而已。故曰：鳶飛戾天，魚躍於淵，言其上下察。試問鳶飛於上，魚躍在下，孰非真實無妄？孰為不誠？孰為非道？孰為不當育？故《中庸》又曰：

肫肫其仁，淵淵其淵，浩浩其天。苟不固聰明聖知達天德者，其孰能知之？

何謂天德，即誠是也。魚躍鳶飛，皆率性，皆天德，皆至誠，皆天之所覆，地之所載，日月所照，霜露所隊，同在此化育之中，即同為大道之行，同屬至誠之一體。惟人心之明，或有所未知耳。故《中庸》又曰：

君子戒慎乎其所不覩，恐懼乎其所不聞。

凡人心之明之所不覩不聞者，君子尤當致其戒慎恐懼之情。此始為至明，亦即至誠也。

中和篇

上篇述《中庸》誠明之義竟，或疑如此釋誠，僅如西方哲學家所謂凡存在者莫不合理，則又何有所謂擇善而固執？請續述中和義，以補上篇之未備。

《中庸》曰：

中也者，天下之大本也。和也者，天下之達道也。致中和，天地位焉，萬物育焉。

何以謂天地位於中和？試就太陽與地球之位置言。若幻想有大力者，將地球現行軌道移近太陽至某限度，則地球將為太陽吸力所攝，重再回歸太陽，而失卻其存在。又若此大力者將地球移遠太陽至某限度，則太陽吸力將攝不住地球，地球將脫離日局，成為流星，游蕩太空，而不知其終極之何去。然則就天體言，今日地球位置，正因其距離太陽在一不遠不近之中度故。

此所謂不遠不近之中度，又以何為準則？依今天文學常識言，豈不以太陽與地球兩體之面積，重量，及其相互吸力之相和關係而決定。故知中見於和，和定於雙方各自之內性。換言之，中由和見，和由性成。故中和者，即萬物各盡其性之所到達之一種恰好的境界或狀態也。

惟有此狀態，宇宙一切物，始得常住久安。大言之，如日月運行。小言之，如房屋建築。屋宇之奠基，過重則陷。屋宇之構架，過輕則搖。凡屬木石泥土，種種配合，樓臺廊廡，種種結構，必符建築之原理，必有力學公式數字可以計算，而後此房屋乃得安然位置於地上。凡所謂建築原理，則亦一種重力之中和也。故曰致中和，天地位。

何以謂萬物育於中和？當此地球始有生物，必在某一區，溫度適中，不過熱，不過冷。又必濕度適中，不過燥，不過潤。以及其他種種條件，而後生物始得在此一區開始滋長。就淺近易見者言，如種稻麥，稻麥各有其生性，必稻麥之生性，與夫土壤之性，雨水之性，乃及陽光熱度，種種配合，調和得中，到達一恰好之情形與境界，而後稻麥始獲長茂，天地化育之功始見。復以動物言，男女構精，雌雄配合，亦是雙方調和得中，乃有子嗣。故天地一切生育，其本由於和合，不由於鬪爭。其功成於得中，不成於偏勝。此皆所謂宇宙整全體之真實無妄之誠之所存在而表現，而與人以可明見者。故曰致中和，萬物育。

然則天地雖大，萬物雖繁，其得安住與滋生，必其相互關係處在一中和狀態中。換言之，即是處在一恰好的情況中。如是而始可有存在，有表現。故宇宙一切存在，皆以得中和而存在。宇宙一切表現，皆以向中和而表現。宇宙一切變動，則永遠為從某一中和狀態趨向於另一中和狀態而變動。換言之，此乃宇宙自身永遠要求處在一恰好的情況下之一種不斷的努力也。如大氣之流，陰陽晦明，風雨雷電，冷空氣轉向熱空氣，氣體冷而凝結為液體，又凝結為固體。固體熱而融化為液體，又融化為氣體。大氣循環，雖若瞬息繁變，要是求向於中和也。

故宇宙一切存在，莫不有表現，宇宙一切表現，莫不有變動，而宇宙一切變動，則永遠在求向於中，永遠在求兩異之相和，永遠在兩異之各盡其性以成和而得中。故曰：中者，天下之大本，和者，天下之達道。性則賦於天，此乃宇宙之至誠。而至誠之一切存在與表現，則莫不存在表現於中和狀態中。換言之，即是存在與表現於相互間一恰好的情形下。故宇宙至誠之所在，即是宇宙至善之所在也。

天道如此，人道亦然。老子曰：六親不和有孝慈。人類之有孝慈，即在求父母子女雙方兩情之得和。父母不偏勝，子女不偏勝，必執父母子女之兩端而用其中，而後雙方之和乃見。故孝慈各有一中道。若父道偏勝，子位不安。子道不行，則父子失和。此在父不為慈，在子不為孝。若子道偏勝，父位不安。父道不行，則父子失和。在子不為孝，在父不為慈。故人類之孝與慈，在求盡性，在求合天，而其要則在致中和也。

宇宙中和狀態，自始即存在。若非中和，則天地不得位，萬物不得育。孝慈即父子兩情間一中和狀態也。苟非孝慈，則人類將不見有父子之一倫，故曰不誠無物。故孝慈即一至誠，即一至善。無孝慈即無父子，而父子之間之一切變動，其勢必變向於孝慈。否則孝慈不存在，父子一倫終亦將失其存在。若果人類有新人倫創設，則必仍創設在一新的中和狀態下，此即所謂至誠之可以前知也。

父子然，夫婦兄弟君臣朋友一切其他人倫亦莫不然。推至家庭社會邦國天下，其相異相與之間，亦莫不各有一中和之道焉，而後得有此人倫，有此家國天下，以安位於此宇宙之內。

人道然，人心亦莫不然。淺言之，如血行脈搏，亦須一中和。深言之，如情感發動，亦須一中和。人心之得常久存在而不斷有所表現，亦存在表現於此中和狀態下可知。故《中庸》曰：

> 喜怒哀樂之未發，謂之中。發而皆中節，謂之和。

喜怒哀樂是謂人情，人情亦出天賦。人而無情，何以謂之人。然人每若為喜怒哀樂之所苦。喜怒哀樂亦人心所實有，亦一真實無妄，是亦天地間至誠之一種存在與表現。縱其苦人，固不得排而拒之，掃而空之。是猶大氣之有陰晴晦明，風雨雷電也。當其未發，太空一碧，片雲不著，然風雨雷霆，固已蘊藏。當天氣驟變，冷空氣與熱空氣交流，風雨雷霆忽然間作。此乃天地間大氣之交和，而求達於中道之所宜有。故雖若變化無端，而實有其常態不變，固無足驚者。〈樂記〉言：

> 人生而靜，天之性也。感於物而動，性之欲也。物至知知，然後好惡形焉。好惡無節於內，

知誘於外，不能反躬，天理滅矣。夫物之感人無窮，而人之好惡無節，則是物至而人化物也。人化物也者，滅天理而窮人欲者也。

此所謂之人生而靜為天性，此猶言太空一碧也。其謂感於物而動是性之欲，此猶四圍冷空氣來與此太空一碧之熱空氣相交流，此一碧中之熱空氣，必不能靜定不變，必求與外來冷空氣交和合流而求達一新中道，此若有一種內在之欲，蘊藏於本然，此即所謂性之欲，是亦一種真實無妄，亦即天賦之性。凡物異性相交，其間自有一中道可以成和，此即〈樂記〉之所謂天理。當人心未與外物相接，此猶太空之一碧也。外物感之，喜怒哀樂之情雜然而起。此亦心物交和，求達一中道耳。中道既得，則心情自平，此則風雨雷霆，忽爾止息，喜怒哀樂，復泯歸於無迹，而人心重由已發復歸於未發。則風雨雷霆之餘，天空復歸於一碧也。

然則中和者，乃天地之常。因於求中和，而有天地之變。然若再深言之，則當其在求中和之途程中，凡其一切變化，亦是一存在，一表現，則亦無一而非中和。因天地間，苟非中和，則無可存在，無可表現也。故物之得存在，以其得中和。物之求存在，則必求中和。失卻中和則必變，其變之所向，則仍在求中和。苟其所處情狀不中和，則不安頓，甚至不出生，不成長。而在其求變中之猶得目之為中和者，則僅乃一暫態之中和。此一暫態，變動不居，不可甯定，必俟其到達於一種新的常態之中和，而後乃重得甯息，重得靜定。故《中庸》曰：至誠無息，即此道也。

昔人曾喻心之靜態如天平。天平之靜定，即未發之中也。天平非必兩頭無物，乃求兩頭輕重之相等。苟是輕重相等，則有物如無物焉。心中無物，故得靜定，此乃心之常態，猶如太空一碧也。當知人心之明初現，本是空無一物者，此在佛家禪宗，謂之父母未生以前本來面目。此種本來面目，即是一中。因宇宙一切本來面目，同是一中也。迨其心上忽然掛了一物，此如天平一頭懸重，另一頭空無所懸，必軒而上舉。而懸重之一頭，必掉而下沉。如此則失卻平衡，即不安定。此為逆天背性，勢不可久。然當知此種不安定，正為求中求平。故知宇宙間至誠之性，雖若變動不居，在不安定中存在而表現，其實則天平兩頭之一軒一輊，正是此天平至理之仍然存在而表現也。

故人心如天平，喜怒哀樂，猶如天平一邊之法碼。外物來感，如在天平一頭懸上重量，則此另一頭即須增上法碼，以求雙方之平衡而得安定。若使人心喜怒哀樂之發，常能如外物之來感者而輕重適等以獲平，則此心常在一恰好狀態下，即此心常得天理。換言之，此心常保其天性之本然。則此心之有喜怒哀樂，將若不見有喜怒哀樂。外物之有種種相乘，亦常若不見有種種相乘。此心常如天平，此心常如空無一物，此心常如靜定不動。此在佛家謂之無分別心，有分別用。《中庸》則謂之中立而不倚。而喜怒哀樂之迭起，常如大氣流動之一片太和，猶如好天氣之常是太空一碧也。當知太空一碧非真空，則知心中無物非真無物，而喜怒哀樂之無害於人心中和之性矣。宋儒則謂是其人能見性見理。見性見理，即見此中和而已。

若使天平一邊，懸上千斤之重，則另一頭之法碼，亦當加足千斤，使此所懸千斤之重，等如無重。佛家謂我不入地獄，誰入地獄。然縱使入地獄，以吾佛慈悲，其心仍是太空一碧，不失中和。故中和乃至真實，乃至誠，非虛非幻。佛家天台宗有中假空一心三觀之說，正可本此意而為之闡說矣。

然則人心之恰好境界，實乃虛無一物者。所謂虛無一物，非真虛無一物，乃是兼容萬物，而若虛無一物。宇宙整全體之大誠如是，人心之至精微處亦如是。人心雖常若虛無一物，而不失為其有一定向。此定向中涵，即所謂性也。人心本此中涵之定向，而肆應外物以成和，故明儒謂即流行即本體。以此一虛之體，發為萬實之用。未發似虛而非無，已發似實而非有。天如此，心亦然。老子亦曰：天地之間，其猶橐籥乎？虛而不屈，動而愈出。然老子似不知此天地之虛，乃有一定向，有一真性，有一至誠，似橐籥而非橐籥也。此定向與真性與至誠者緊何？曰即中和是已。老子似不知此，不知天地之有此一中和，故老子之守中，遂與《中庸》之致中異其趣。老子曰：有之以為利，無之以為用，何不曰：中之以為體，和之以為用乎？

《中庸》又曰：

人莫不飲食也，鮮能知味也。

知味是人心之明，飲食則天道之誠。人雖飲食，而鮮能知味，猶如萬物在中和中生育，而不知有此中和也。然人雖不知味，固已飲而食之矣。猶如雖不知所謂中和之道，而固已在此中和中生育成長。人心之有喜怒哀樂，人心之必於喜怒哀樂中求中求和，此心不得中和則不安定，不甯息，此雖愚夫愚婦，莫不皆然。即在禽獸犬馬，其心亦有中和之一境，亦莫不在中和狀態下得甯定。然而禽獸犬馬，固不知有所謂中和也。則固如飲而食之矣，獨恨其飲食而不知味。人生皆在至誠至善中，惜乎其不明此至誠與至善。雖在聖人，明此至誠之道，亦終不能與天地至誠相似，則亦惟得此至誠之一曲耳，此所謂聖人猶有憾也。然雖天地，亦有風雨雷霆，不能常是太空之一碧，則天地亦復有憾焉。然而飄風驟雨不終朝，終必達於太空一碧，始是天地之常。常則悠久，悠久而有時措之宜，則不害其有風雨雷霆之暫矣。

中國儒家思想，在直下承認此悠久不息真實無妄之至誠，而尊名之曰性，曰天，曰道。故雖風雨雷霆，亦性也，亦天也，亦道也。然則豈必強執太空一碧之一端而始名之曰性，曰天，曰道？惟風雨雷霆，究與太空一碧不同。性與天道，從中和來，故必悠久求全此中和。而此中和則仍在各盡雙方之性，仍在各致雙方之誠。性與誠，由中和生，在中和中化，又必在中和中發育完成，而悠久。此為中國古人所明之所謂天人合一之道，此真所謂大明終始。其實則只是明於此一誠。故曰此道甚邇，雖夫婦之不肖，可以能知能行，而其極則察乎天地，盡包宇宙，雖聖人亦有所不能知不能行也。

惟其雖聖人而終有所不能知，不能行，故聖人不願乎其外。《中庸》曰：

忠恕違道不遠。

盡己之謂忠，是即盡己之性也。推己及人之謂恕，是即由盡己之性以盡人之性也。忠即誠也。恕即明也。喜怒哀樂之未發謂之中，亦即忠也。恕亦即和也。當知人心之喜怒哀樂，即是至誠至性，亦即是人心之至忠。人心之遇物而有喜有怒，有哀有樂，此正人心至忠之存在而表現。由是乃可有恕。捨卻喜怒哀樂，豈別有所謂忠之存在與表現之餘地乎？人心無忠，又何能有恕？故人惟有喜怒哀樂之情，始能有誠有忠，見性見道，得明得恕。天地之中和，即所謂天地之大本達道者，就人言之，則亦僅此心之喜怒哀樂之發與未發而已。

知者過之，乃求捨棄此心之喜怒哀樂以求明性而達道，此雖瞿曇老聃有不免。賢者過之，故瞿曇老聃，乃教人捨棄其心之喜怒哀樂以求見性而明道。此猶禁人飲食而與之論味，求其知味也。若夫愚夫愚婦，則亦曰我既飲而食之矣，又何貴乎知味？然愚夫愚婦，雖不知味，固已近於知味焉。何者，彼固常飲而食之也。猶如人之有喜怒哀樂者，其心雖不忠，固已存有忠道。其心雖不恕，固已存有恕道。有賢知者教之，不許其心有喜怒哀樂。彼賢知者之用心，在恐人心之喜怒哀樂之有傷於忠恕耳。故賢知者其心在求知味，此其所以為賢知。而惜乎其過之，因其欲拒飲食而求知味也。過之則猶之不及也。此《中庸》之道之所以為難明而難能也。愚夫愚婦，既飲而食之矣，既已飲而食之，若其味已得，又何貴乎知味，因此其心乃常在喜怒哀樂之起伏中，而不得其所安定。彼若謂我心之喜怒哀樂，即吾心之至忠，即吾心之至誠也。夫此豈不然，而惜乎其常在晦盲否塞，風雨雷霆，變化莫測中，而不知有天宇澄清，太空一碧之一境。即不能有中和寧定之一態。於是其心常變幻，若不見有真誠。故謂之為不及。然君子終不違夫此愚夫愚婦之心情而別求所以明性而見道，終不離乎此至誠者以求明。故大舜之大，在乎好問而好察邇言而已。此《中庸》之道之所以又為易明易能也。《中庸》又曰：

君子之道，本諸身，徵諸庶民。

本諸身即致曲，即忠，即誠，徵諸庶民則恕而明。故《中庸》又曰：

道不遠人，人之為道而遠人，不可以為道。

抑天地之道，豈僅不遠人而已。夫人有飲食，禽獸亦知有飲食。孟子曰：人之異於禽獸者幾希。此人獸幾希之相異，固不可不明。然當知於此幾希相異之外，復有其大體之相同焉。賢知者過於重視此幾希之相異，而忽忘夫其大體之相同。不悟無其相異，固不得謂之人。然無其相同，又焉得獨存其相異者而成其為人乎？故飲食者，人與禽獸之所同也。其相異者，獨在知味之幾希耳。知味亦在求飲食之得其中和而已。飲之食之而過與不及焉，皆不足以知味。飲食之有味，即飲食之得其中和也。然則人不能離乎飲食，豈僅不遠人以為道，亦且不遠禽獸以為道矣。人心之有喜怒哀樂，即在禽獸之心亦時有之。若謂心有喜怒哀樂，即將陷入於禽獸。不悟人本不遠於禽獸以為人。禽獸亦得天地之中和而生，與人之生無大殊異，所異則僅在幾希之間。故惟盡己之性者，乃可以盡人之性，而盡人之性，亦即可以盡物之性，而然可以贊天地之化育也。

《中庸》又曰：

> 《詩》云：鳶飛戾天，魚躍於淵，言其上下察也。君子之道，造端乎夫婦，及其至也，察乎天地。

夫夫婦之道，惟人有之，然禽獸亦有雌雄，草木亦有陰陽，其所異者亦幾希耳。則道不遠人，亦不遠夫禽獸草木矣。故鳶飛魚躍，同是大道之上下察著。今試問：固可以有夫婦而無喜怒哀樂之情者乎？夫婦，人情之最切著，忠恕之最懇篤，即喜怒哀樂之情之最自然而流露者。然則君子之道，本於人文，推而及於宇宙大自然，故必曰察乎天地也。自然界之與人文界，亦一以貫之。曾子謂一貫於忠恕，而《中庸》則一貫之以中和。人之生也，已有夫婦好合之逑矣，特其存於中而未發耳。聖人定之以夫婦嫁娶之禮，斯發而中節矣。人文界之與自然界，其相異則亦僅幾希焉。故知君子不遠人以為道，亦不遠天地萬物，不遠於自然以為道也。故曰可離非道也。天人合一之道，至《中庸》之書而始得大明焉，此必明乎中和之說而始可窺其深微矣。

《中庸》又曰：

> 惟天下至聖，為能聰明睿知，足以有臨也。寬裕敦厚，足以有容也。發強剛毅，足以有執也。齊莊中正，足以有敬也。文理密察，足以有別也。

別者，別此幾希之相異。容者，容此幾希相異之外之大同。執者，執其兩端以用其中於民。惟其相異，故貴各盡其性。惟其大同，故必明夫此全體之大誠之終於和合而為一。《中庸》之書即說明此意。宋儒程子說之曰：

> 其書始言一理，中散為萬事，末復合為一理。放之則彌六合，卷之則退藏於密。其味無窮，

皆實學也。

此可謂知言矣。而所謂一理者，即中和是也。

然則深而言之，人文界之在宇宙自然界，即宇宙自然界中一未發之中也。在宇宙自然界中而有人文界，亦即宇宙自然界中一發而中節之和也。人文造端乎夫婦，人類之有夫婦，即猶禽獸之有雌雄，此乃人文界中之最自然者，亦即天人合一之道之最察著者也。自有夫婦，乃有父子。故《中庸》繼夫婦而言大孝。父子之孝慈，以視夫婦之相愛，其離於禽獸者，若漸益遠矣。然父子之有孝慈，亦生物化育中一未發之中也。當知宇宙至誠，正因有此未發之中，故能悠久而不息耳。

故《中庸》又曰：

君子不可以不修身。思修身，不可以不事親。思事親，不可以不知人。思知人，不可以不知天。

夫身由親生，自中國傳統思想言，思修身不可以不事親，似為不諍自明之理。然親亦人也，故思事親不可以不知人。而人由天生，故求知人又不可以不知天。如是則修身事親，其道在乎知天，豈不轉若遠人以為道乎？然《中庸》又言之，曰：

施諸己而不願，亦勿施於人。……所求乎子，以事父。……所求乎臣，以事君。……所求乎弟，以事兄。……所求乎朋友，先施之。

又曰：

在下位，不獲乎上，民不可得而治矣。獲乎上有道，不信乎朋友，不獲乎上矣。信乎朋友有道，不順乎親，不信乎朋友矣。順乎親有道，反諸身不誠，不順乎親矣。誠身有道，不明乎善，不誠乎身矣。

蓋《中庸》之道，必知有兩端焉。其一端在天，若為至遠。其一端在己，在身，則為至邇。惟能執其兩端而用其中。而中者，即此兩端之和。中和為天下之大本達道，而吾心之喜怒哀樂，亦以中和為大本，為達道焉。故惟中和者，乃為天人兩端合一之所在。而惟中和為至誠而自明。雖愚夫愚婦，亦求向於此至善而求達焉。則所謂知天者，亦惟知有此中和而已。所謂明善者，亦惟明有此中和而已。上帝鬼神，在中和之此一端，鳶魚萬物，在中和之彼一端，人則處於此兩端之中而參焉。故《中庸》曰：

知遠之近，知風之自，知微之顯，可與入德矣。

人心者，是亦至近至微，而亦可謂是宇宙風向轉化之一中心出發點，人必明夫此，始可以入德。《中庸》又曰：

苟不至德，至道不凝焉。

天地至道之所凝聚而常住而得安於其所悠久而不息者，是非存在表現於此至德而又何所存在而表現乎？嗚呼！《中庸》之教，遂由此而遠矣。學者其可不於此而潛心以求明乎？

照中國人傳統意見，從來言《中庸》者，率以人事為主。然人事必本於天道。非天道，人事亦無由定。故本篇言《中庸》，轉以天道為主而名曰新義焉。實非新義，乃發揮人事之另一端也。

此稿草於民國四十四年，載《民主評論》六卷十六期。

《中庸》新義申釋

一

鄙人歷年來所作有關中國學術思想之論文及書籍，多半乃為研究中國思想史而作。就思想史立場言，儒家大義，亦歷代有異同。不僅荀子與孟子持論相異，即孟子與孔子，持論亦未必全同。《中庸》與《語》、《孟》，意見更多歧出。至於鄭朱注釋，乃多以己意說古籍。康成所注，正多東漢人見解。晦翁所注，則代表兩宋程朱一派之意見。故康成與晦翁，解釋亦各復不同，而其與《語》、《孟》、《中庸》之本義，亦各有出入。此皆當分析辨別，使各還其本真，必待發掘出了各時代各家各派之相異處，乃可綜合出各時代各家各派之相同處。治思想史之主要目的正在此。惟在客觀的敘述中國各時代各家各派思想異同之際，終不免時時有自己主觀意見之羼入。若讀者亦謂其仍是以己見說古籍，則知我罪我，事在讀者，非鄙人所欲深論。

就鄙意，《中庸》與《易傳》，同為晚出書，兩書作者乃染有道家莊老思想之影響，而求匯通儒道以別闢一新境。鄙意之所以重視《中庸》與《易傳》者正在此。又既心愛晦翁，向師其讀書法，故特為《中庸》作新釋，此亦今日格一物，明日格一物，以期一旦之豁然貫通。鄙意認為《中庸》原義實如此，此乃用研究思想史眼光求其真實義解，並非說中國儒家思想之大傳統當如此，或鄙意所認為之宇宙真理與人生真理當如此。此乃就書說書，與自創己見不同，而亦非拈提一書以概括羣書，謂羣書大義全是如此也。抑又謂治每一民族思想史之傳統衍進，應如觀滾雪球之愈滾愈大。而中國思想尤然。每一書，必有各時代人之注解申釋。此各時代人之注解申釋，固同是以此書為中心，而不害於其各自夾雜進各時代人之各別見解。既於同中見其異，復亦於異中見其同。讀拙文者，當先明斯義，庶可減少許多不必要之爭執也。

二

首先當討論者，即關於性字之義解。鄭注以仁義禮智信五常釋性，此正是東漢人意見。此一意見，便已與先秦時代人說性字本義大異其趣。《中庸》果如鄭注，以性為仁義禮智信五常，何以下文忽然突地舉出喜怒哀樂，而獨不著仁義禮智信一字？當知若專以仁義禮智信說性，便不免要分割性情為對立之兩橛。如《白虎通情性》篇即云：

> 人稟陰陽氣而生，故內懷五性六情。情者靜也，性者生也。……故《鉤命訣》曰：情生於陰，欲以時念也。性生於陽，以理也。……故情有利欲，性有仁也。

此條便以性情理欲分說。性則專指善的一邊，情有利欲，便在惡的一邊，不言可知。故《白虎通禮樂》篇又云：

> 人無不含天地之氣，有五常之性者。

此處五常之性，即是鄭注所本。故〈鄭箋毛詩〉，天生烝民有物有則云：

天之生眾民，其性有物象，謂五行仁義禮智信也。

當知如此解性，決非先秦古人原義。孟子明明分別說，犬之性猶牛之性，牛之性猶人之性與？此顯然主張人性與犬牛之性有不同。但鄭注誤解了有物有則之物字，則謂天之生眾民，其性有物象，便把民與物混一說之。故以仁義禮智信分屬五行，而五行明明總括萬物。如謂木神則仁，金神則義是也。犬牛亦同屬五行，豈非犬牛之性亦有了仁義禮智信之某一部分或某幾部分。如此說性，便已混進了道家義，但不能謂其即是《中庸》義，更不能謂其有當於孟子義。此後朱子論性，往往牽合康成；分五行說五常，象山譏朱子謂支離，如此等處，即其顯見者也。

趙岐注《孟子》，較與康成不同，而較得《孟子》書之原旨。其言曰：

天之生人，皆有善性，引而趨之，善惡異衢，高下相懸，賢愚舛殊。

此所謂皆有善性，固可謂其說性即至善，亦可謂是說性中有善，趙注實近後義。董仲舒《春秋繁露》云：

性比於禾，善比於米。米出禾中，而禾未可全為米也。善出性中，而性未可全為善也。

趙注與董略近。就此後中國儒家思想之大系統言，尊江都勝過高密，則康成以五常釋性，至少已非漢儒之通義，自不得即奉為儒義之正統。趙岐又曰：

守正性者為君子，隨曲拂者為小人。

此處上句言正性，知下句言曲拂者亦指性，惟不得謂是性之正。此猶孟子言正命。有正命，即有非正之命。有正性，亦有非正之性。是即趙氏所謂曲拂也。故孟子曰：君子不謂之性，不謂之命，此亦是性命，特非性命之正耳。故趙岐又曰：

人生皆有善性，但當充而用之。

又曰：

性有仁義禮智之端，心以制之。惟心為正。人能盡極其心以思行善，則可謂知其性矣。知其性，則知天道之貴善者也。

趙氏謂性有仁義禮智之端，說性有此四端，不說性只是五常，顯是較近於孟子之原旨。故趙岐又曰：

此皆人性之所欲也。得居此樂者有命祿，人不能皆如其願也。凡人則觸情從欲而求可樂。君子之道，則以仁義為先，禮節為制，不以性欲而茍求之也。故君子不謂之性也。

此處趙氏顯以情欲亦歸之人性所有，只是君子不謂之性。孟子曰：食色性也，食色固可無違於五常，然食色決非即五常。故知說孟子性字義，趙氏之注，實勝康成。清代漢學家尊康成，無微不至。然說《孟子》，大率仍遵趙氏，最後如陳澧《東塾讀書記》，其書絕大祈嚮，端在貫通漢宋，匯通鄭朱，然其闡釋孟子性善，亦仍守趙旨。此因《孟子》原書辭指顯然，若一一遵依鄭注說之，必感扞格難通也。

三

至朱子所釋性即理也，此更顯然是宋儒語，先秦時代人決無此觀念。《韓詩外傳》有曰：

聖人何以不可欺也？曰：聖人以己度人者也。以心度心，以情度情，以類度類，古今一也。類不悖，雖久同理，故性緣理而不迷也。

此祇說性當緣理而不迷，卻並未說性即是理。理之呈現，在乎能以心度心，以情度情，以類度類。人之與人，既是同類，故心同理同，即己可推。故曰忠恕違道不遠。夫子之道，忠恕而已矣。忠恕指心言，指情言。又曰：己欲立而立人，己欲達而達人。己所不欲，勿施於人。可見忠恕又兼可包欲言。孔子曰：吾欲仁，斯仁至矣。孟子曰：乃若其情，則可以為善矣。在先秦儒家觀念中，既未把性與情嚴格劃分看成對立，亦未將理與欲嚴格劃分看成對立。即沿至西漢，亦復如是，即上引《韓詩外傳》便可證。惟《小戴禮．樂記》篇有云：

人生而靜，天之性也。感於物而動，性之欲也。物至知知，然後好惡形焉。好惡無節於內，知誘於外，不能反躬，天理滅矣。夫物之感人無窮，而人之好惡無節，則是物至而人化物也。人化物也者，滅天理而窮人欲者也。

此始把天理人欲劃分對立看，然〈樂記〉語仍與宋儒義微有不同。鄭玄注：

理猶性也。

孔穎達疏曰：

天之所生本性。

又曰：

天生清靜之性。

依鄭孔注疏，則〈樂記〉語天理滅即猶云天性滅。天性即指人生而靜的那一番清靜無欲之性。當知〈樂記〉此一節話，顯然是羼進了道家觀點，但仍未有如宋儒所提出之天理觀。故程明道亦說：

只天理二字，是某自家體貼出來。

可見明道說天理，是他自己的一種新觀點，非本漢唐注疏也。故鄭玄之理猶性，與程朱之性即理，其間仍有漢宋疆界，不該混一而視。

許氏《說文》云：

理，治玉也。

趙岐《孟子章句》云：

理者，得道之理。

此為東漢時人對理字的正釋，亦即東漢時人對理字之真觀念，此與程朱言理，實際有絕大之不同。即在宋儒，如胡宏〈知言〉亦謂：

天理人欲，同體而異用，同行而異情。

彼所謂同體者，即指其同體於性，陳義與〈樂記〉本意為近。今若謂程朱嚴辨天理人欲，乃程朱深入聖域後所特創之新見解，則並無不可。若謂儒家傳統古義早有此一辨，則殊未必然也。

四

陸象山對此天理人欲之對立觀，更提駁難，義極深摯。象山云：

天理人欲之言，亦自不是至論。若天是理，人是欲，是天人不同矣。此其原，蓋出於老氏。〈樂記〉曰：人生而靜，天之性也，感於物而動，性之欲也。物至知知，而後好惡形焉。不能反躬，天理滅矣。天理人欲之言，蓋出於此。〈樂記〉之言，亦根於老氏。且如專言靜是天性，則動獨不是天性耶？《書》云：人心惟危，道心惟微。解者多指人心為人欲，道心為天理，此說非是。心一也，人安有二心？……因言莊子云：眇乎小哉，以屬諸人。謷乎大哉，獨遊於天。又曰：天道之與人道也，相遠矣。是分明裂天人而為二也。

此處象山指出理欲之辨裂天人而為二，此層極有關係，最當深玩。程朱既言性即理，又言天即理，遂又分出氣質之性與理義之性而二之。此分明是裂天人而為二也。孟子道性善，所辨在把人與禽獸劃分，而莊周則重提天的觀念，把人禽之辨沖淡了。荀子所謂莊周知有天而不知人是也。《中庸》接受莊周觀念，而重新奠定了人的尊嚴，此為《中庸》思想之大貢獻。要之即在孔孟，固未嘗裂天人而二之也。裂天人而二之，主要者在程朱。此後清儒如顏習齋戴東原，皆曾為此力加攻擊。就此點言，程朱性即理之說，略近於康成，而實違於孟子。程朱與孔孟之間，在思想上斷不能說全屬一致，絕無歧異。關於此層，既非本篇範圍，無可詳說。惟若謂中國儒家思想必尊程朱為正統，必俟展演到程朱，始是登峯造極，從來羣儒異見，必折衷於程朱而始得定論，此亦自成一說。信奉程朱者，儘可如此說之，但不當謂程朱解釋《語》、《孟》、《易》、《庸》，全是《語》、《孟》、《易》、《庸》之本意。若果如此，則程朱在中國思想史上僅成一解經釋字人，其為功亦淺矣。而橫渠之分別義理之性與氣質之性，程朱亦決不推之謂開前聖所未發，功不在孟子下矣。

五

象山所謂裂天人而為二者，此一說又可牽涉到形上形下之辨。形上形下一語，始見於〈易繫辭〉。鄙人私見，〈易繫辭〉亦屬晚出書，當與《中庸》略同時，均屬匯通儒道而立說者。故《易》、《庸》與《論》、《孟》，斷當分別而觀。〈易繫辭〉謂：

形而上者謂之道，形而下者謂之器。

此處器字，當就〈易繫〉本文為之規定。蓋其所指，即是結繩為網罟，斲木為耜，揉木為耒，日中為市，垂衣裳，刳木為舟，剡木為楫，服牛乘馬，重門擊柝，斷木為杵，掘地為臼，弦木為弧，剡木為矢，上棟下宇，棺槨，書契諸端也。若〈易繫〉器字指此等而言，則離，益，噬嗑，乾，坤，渙，隨，豫，小過，睽，大壯，大過，夬諸卦象，顯見已屬形而上。《易經》六十四卦便已全屬形而上，則一陰一陽更是形而上。至少〈易繫〉原文當作如此解。並在〈易繫〉原文，制器尚象，庖犧氏以下歷古聖人，正在其能創造出許多形下之器，以濟世用。形下形上，不分貴賤。即在程明道，亦尚頗得〈易繫〉原意。故明道說：

〈繫辭〉曰：形而上者謂之道，形而下者謂之器。又曰：立天之道，曰陰與陽。又曰：一陰一陽之謂道。陰陽亦形而下者也，而曰道者，惟此語截得上下分明，原來只此是道。

明道謂陰陽亦形而下，此已失卻〈易繫〉原旨，然謂原來只此是道，則在明道意中，形上形下，本不須大分別。則又何嘗如象山之所疑，乃謂程朱一派乃裂天人而二之乎？故明道又曰：形而上為道，形而下為器，須著如此說，器亦道，道亦器。道器合一，此即天人合一也。此後惟王船山闡述最精。明道又曰：

灑掃應對，便是形而上者。

此因明道既說陰陽是形而下，遂不得不說灑掃應對亦是形而上，以見形上形下之本不該有分別也。然明道如此說之，其實已違離了〈易繫辭〉之本意。〈易繫辭〉原文，只說網罟耒耜等屬器者為形而下，在成器以前便是形而上。上下義即是前後義。所謂形者指器言。今明道謂氣亦屬形而下，於是逼得說灑掃應對便是形而上，此可謂是明道一家之說，卻不能說〈易繫辭〉作者本意便如明道意，更不能謂先秦儒家已作此分別，已有此意見。亦全如明道意也。

明道似沒有把天人太過分裂成兩截，而伊川說話便更不同。伊川說：

離了陰陽更無道，所以陰陽者是道也。

此處所以二字極喫重，但卻是伊川增字詁經。〈易繫辭〉只說一陰一陽之謂道，伊川卻說成所以一陰一陽者始是道。言下之意，一陰一陽只是形而下，形而下者便不是道。朱子的理氣二分說，顯從伊川來。因伊川說所以一陰一陽者，其實即是說理也。象山與朱子辨太極無極，所爭亦在這一層。故象山曰：

直以陰陽為形器，而不得為道，此尤不敢聞命。易之為道，一陰一陽而已。

今若認一陰一陽便是道，則太極之上不須再安上無極。若必求所以一陰一陽者始是道，則此一形而上者必是無極也。照伊川說法，所以陰陽者始是道，其實即是說理，而他又說性即理，於是便逼得他說：

性中那有孝弟來。

因孝弟亦屬人生行事，屬形而下，必問所以孝弟者始是形而上。換言之，孝弟祇可謂是人之心情，非性理。《論語》說：孝弟也者，其為仁之本歟？自鄭玄以五常言性，程朱以理言性，則豈不轉成了仁為孝弟之本。因有仁之性，故始有孝弟乎。惟既謂仁始是天理，屬形而上。則孟子曰仁人心也，又當作何解。昔人云：寧道聖人誤，諱言服鄭非。後人尊奉程朱，勢將諱言程朱之非。實則孔孟程朱，不妨各有各的說法，各有各的長處，必先分別而觀，始能匯通而求，乃始可以語於中國儒家傳統之大義。又豈貴乎黃茅白葦，一望皆是，必謂程朱所說，一一即是孔孟先秦人之原義乎？

至於《中庸》，則明明說：

《詩》云：鳶飛戾天，魚躍於淵，言其上下察也。君子之道，造端乎夫婦。及其至也，察乎天地。子曰：道不遠人，人之為道而遠人，不可以為道。

試問鳶飛魚躍，豈不屬形而下。若必謂所以飛所以躍者始是道，則鳶飛魚躍皆非道。夫婦豈不屬形而下，若必求所以夫婦者始是道，則家室夫婦也將變成不是道。這豈不成為人之為道而遠人？今且不論躍飛與夫婦，即論人與鳶魚，亦是全屬氣，全屬形而下，只因理附氣而見，如此則天地造物，不論人與鳶魚，卻全成了工具。而且不僅人與鳶魚皆屬形而下，即天亦是形而下。故朱子注《論語》獲罪於天，即曰天即理也。天即理，性即理，則天命之謂性，豈不成為理命之謂理？此無怪象山對明道無非辭，而對伊川便要深致其不滿，對朱子則直斥其支離。然此處終是象山自己意見，真得明道之意者，當仍屬伊川與晦翁。今若分別孔孟《易》、《庸》程朱，各自分別觀之，則《易》、《庸》並不以立說異於孔孟而失卻其本身自有之價值。程朱豈亦以立說異於《易》、《庸》，而遽失其本身自有之價值乎。蓋《易》、《庸》程朱，亦各成一套理論，各有其自己之精卓不磨處。朱子尤是蓋世大儒，豈有如我上之所譏，理命之謂理，此等不通之意念乎。其病正在混同牽引，不分別而觀，則成兩害，不能兩全矣。

六

至於作用是性之說，此亦未可厚非。不論性善性惡，所謂性，何嘗不是一種作用？因其有作用，故能分善惡。禪宗正從作用見性等意見，始能透過佛學，重新回到中國思想之傳統。明白言之，作用是性，即已擺脫了佛家形上形下兩破分看之舊觀點。此所謂無明即真如，煩惱即菩提，換言之，也如後來陸王之所謂心即理。當知儒家傳統，最主要者，在其是一種人文精神，而人文精神則斷不能向形而上栽根。然則作用是性，正可謂是先秦古誼。禪宗作用見性之說，最多亦只能說其并包了萬物而言性，因此漫失了孟子人禽之辨之主要義，但禪宗卻尚未別生出天人間之障壁來。至於程朱主張性即理，則依然并包萬物，依然涵融於人禽之辨，而理氣兩分，則驟視之，若轉添了一重天人障壁。其實則是更進一層融通了天人障壁。此待吾人平心分別觀之，只能說其各有立場，且莫專據程朱鄙斥禪宗，然後乃能更深一層真見到程朱之更勝於禪宗也。

惟《中庸》一書，特為佛徒所喜愛，佛家之所由由釋返儒，《中庸》思想亦有其大貢獻。若由此一觀點論，《易傳》、《中庸》與《莊子》三書，在中國思想史上之地位，確有當特別重視者。《中庸》正是承認天地有此實體，天覆地載，是即天地之性。天地是實體，覆載是妙用。此如手持足行，手足是實體，持行是妙用。天之覆，地之載，手之持，足之行，此即天地手足之本性也。若無天地手足，何從有天地手足之性。故承認了其作用，便連帶牽涉到其本體。華嚴宗專言事理，理即其體，事則其用也。體用合一，故事理合一，形上形下亦成合一，更無障壁。台禪華嚴三家，縱未曾明白承認此實體，然亦不得不謂其已有此傾向。程朱正由此傾向轉來。拙著《宋明理學概述》一書，曾在此點上，特有指陳。

孟子曰：形色，天性也。惟聖人然後可以踐形。在孟子意中，又何嘗有如後代宋儒形上形下之別？《呂氏春秋》亦云：石可破也，而不可奪堅。丹可磨也，而不可奪赤。堅與赤，性之有也。性也者，所受於天也。此即以堅與赤為性，亦猶孟子形色天性之旨，又何嘗謂堅赤屬形而下，必求所以堅所以赤之理，乃始為形而上，乃得謂之性乎？從《呂覽》之說，可知先秦各家辨論堅白，本亦由當時一種普遍的對於物性之觀察與討論之風氣而來。石丹即是體，堅赤即其性。孟子曰：

白羽之白猶白雪之白，白雪之白猶白玉之白歟？此一質問，亦是其辨人之性與犬牛之性之不同之一貫意見。孟子專只在物與物之間辨性，因此歸重到人禽之辨上來，何嘗如康成與朱子，混人與物而一之，轉分天與人而二之乎。

惟《中庸》雖混同人性物性，接受了當時莊子惠施意見，而仍然歸重到人性上，則仍不失儒家傳統。《中庸》本義，正喫重在發揮天人合一，此一義亦道家所重視。今若謂天地手足石丹全屬形而下，形而下者不啻一物，必待別尋其所以覆載持行堅赤者，而名之曰理，認為宇宙當先有一形而上之理存在，乃始有覆載持行堅赤之種種用，而此等用，又必歸屬之於氣，即形而下者，而屏之使不得歸屬於理與性之形而上。然則此形而上之體，豈不轉成一虛空無作用之體，而天地手足石丹，宇宙間一切實體，雖各有其妙用，卻都是形而下，而理與性則祇是附於此形下之氣中，不該與氣混一而視。一切意義價值則在理不在氣。如此分別說之，頗有其困難說不通處。然即就此粗淺處說，程朱言性即理，終較禪宗作用是性之說為更深入，更圓通。經後人再四深求，終感程朱之更勝於陸王與禪宗也。明儒羅整菴論學極尊朱子，惟對朱子理氣之辨，喻之為死人騎活馬。整菴謂朱子所謂之理，成一死理，不足以為萬物之原。正因朱子把作用與理性劃分開，作用在氣，不在理，而理只附氣以見，如此則氣如野馬，埋成死人。死人騎活馬，變成了機械的，而終不可得見其神化妙用之所在。至清儒顏習齋，力斥程朱，謂程朱之說，將使人憎其所本有。此本有即指氣言。又謂如程朱之說，必無此目然後可以全目之性。換言之，即是須脫去了形而下，乃始完成其形而上，必全撇棄了人欲，乃始完成得天理。故此後戴東原乃有《孟子字義疏證》之作，極意反駁程朱理欲之辨。若溯厥淵源，則此等仍還是象山意見耳。今若問程朱何以必須把性與作用嚴格分開，把形上形下，天理人欲截然劃分，此則在程朱思想體系中自有其立場與苦心。此因禪宗作用見性，更不安放進一理字，究非先秦儒家傳統，程朱在此點上，不得不加以一分別。故論程朱思想之全體系，精密圓宏，實不如上引之指摘，而別自有其深到之貢獻。故求明瞭中國儒家思想之演進史，研究程朱，終為重要一課題也。

七

程朱言性即理，象山則言心即理。象山說：千慮不博一實，吾平生學問無他，祇是一實。此謂心性之辨，即是虛實之辨。說心便實，人人自知有此心，說性便虛，不免要掉入渺茫中。若如程朱說性即理，理又在氣之先，屬於形而上，則教人何從去認識此先天無極之妙理？無怪程朱格物窮理之說教人無從下手，故象山譏朱子為支離。又曰：

女耳自聰，目自明，事父自能孝，事兄自能弟，本無欠闕，不必他求，在自立而已。

此謂聰是耳之性，明是目之性，有了耳目，自能聰明，天地間有體自有用，卻不要撇開耳目實體去另求一個所以能聰明之理。人稟賦得此心，事父自能孝，事兄自能弟，孝弟亦是此心自有之本性，卻不要教人撇開此心去另求一所以孝弟之理。如此說來，仍是作用是性之舊說。朱子譏象山為禪，殆即在此等處。此兩人各有立場，同是儒家，我們若撇開門戶傳統之成見，則此等處正值得分辨與討論。

陽明把象山意見說得更透澈。陽明說，你心自然能知。此知即是心之用，則亦可說是心之性。故陽明說良知即是性。而所知正是知了那天理。如見父自然知孝，見兄自然知弟是也。故陽明又說良知即天理。象山說心即理，而陽明必改說良知即天理，此處亦有曲折，亦有巧妙，並亦正見陽明思想在其進展途程中之艱苦處。因若單說心，別人必會說心是血肉，是氣，是形而下。形而下者易為人所輕視，於是必會再來索一個形而上。若單說知，知仍屬氣，仍是作用。氣與作用，也易失卻受人重視之地位，於是又必會再來求知一個理。所以朱子要教人格物窮理。而心則只是一虛靈明覺之作用。須此理落入人心，纔始是程朱之所謂性。故程朱祇肯說性即理，不肯說心即理。正因心屬氣，屬形而下，有作用，故不能認其是理。陽明說良知即心體，良知是一個自然能知，其所知之內容便即是天理，如此則形上形下，本體作用，都像是融化合一了。此是陽明之苦心。陽明從朱子之格物致知窮理，過關斬將，仍回到象山之所謂心即理，此中亦有許多曲折。故陽明雖亦時時說存天理去人欲，而只從人心上出發，論其學術大趨向，必然是象山一派，與程朱有別。其實即就《中庸》言，必分誠而明，明而誠，豈不仍分天人而為二。必曰博學深思明辨篤行，豈不仍分知行而為二乎？

八

因於陽明良知學之提倡，而明儒乃有即流行即本體之說。如是則鳶飛魚躍，即見道體，豈不若轉於《中庸》為近。但從此不免再入歧途，便成為晚明王學之狂禪。可知學術思想，歧中有歧，朱子所謂扶得醉人東來西又倒也。禪宗陸王，都喜單提直指，又何嘗無流弊？故今特鄭重申述，陸王自陸王，程朱自程朱，不僅陸王程朱之間有異同，即陸之與王，朱之與程，亦復各有異同。即二程兄弟兩人間，亦仍有異同。漢儒與宋儒異，東漢與西漢異，《易》、《庸》與《語》、《孟》異。必先分別而觀，各還其本真，然後再求會通，此亦朱子格物致知窮理之遺訓。今求發揮儒學，端當從此入門下手。若必謂中國儒家思想當一尊程朱為正統，此自見仁見知，各尊所聞，無何不可。惟程朱思想亦由積久展演得來。程朱有程朱之特創。若必謂《易》、《庸》、《語》、《孟》，早已與程朱思想無異致，一字一句，皆當守程朱舊解，一若先秦儒與宋儒間更無異見存在，此則斷非情實。古籍具在，覆按可證。此一層，實為鄙見所不憚反覆申述之要點也。

本文之所欲申辨者，將暫以此為限。若論《中庸》原書本義，自謂新義本文，已復語繁不殺，不待畫蛇添足。若謂其借用《莊子》義說《中庸》，則《中庸》本書，據鄙見窺測，本是匯通莊書而立說。若謂其違背了鄭朱舊注，則縱謂鄭朱舊注不須違，豈不可別從另一端緒更加以新的闡申乎？其他異同，循此推衍，可不一一細辨。而本文牽涉已廣，特亦粗申鄙意，以待明智大賢之再有以教進之。

此稿草於民國四十五年，載《民主評論》七卷一期。

心與性情與好惡

一

有人最近寫一篇文章，批駁我《四書釋義》中有關《論語》仁字義解的一節。我三年前，在臺北驚聲堂，頭部特然受了重傷，曾去臺中養病，在養病期中，編寫了一部《四書釋義》。《論》、《孟》兩編，全用的舊作。祇《學》、《庸》兩篇乃新成。我寫《論語要略》，遠在民國十二年。〈論語釋義〉即是用的《論語要略》。有人說我解仁字用的陽明說，其實是本於戴東原而更大膽地推進了一步。此因我在早年，喜歡讀《陽明傳習錄》。猶憶十七歲那年，曾看過戴氏《孟子字義疏證》，但那時實看不懂，一點也沒有留下影響。到二十三四歲，看焦循《孟子正義》，才又看到焦氏所引《東原疏證諸條》。一時對戴焦極欣賞，而更喜歡讀理堂之《論語通釋》。因此《論語要略》闡釋孔子思想，一面是根據陽明，同時亦引用了《理堂通釋》中好多條。但我對東原，則並不太欣賞，也從不曾因東原之攻擊而輕忽了宋儒。我在舊著《中國近三百年學術史》裏，曾對東原思想有詳細之分析與評騭。

但我自謂真懂得朱子，則已在五十歲那年，病中細讀《朱子語類》而得見晦翁之大與精。但我反而因對晦翁之更瞭解，而轉更瞭解到東原。這些意見，曾拉雜寫在近著《中國思想史》，《宋明理學概述》，及《中國思想通俗講話》諸書中。但此諸書，也多是隨筆抒寫，我雖對以往思想史上的各家各派，有意兼採互融，但我並不想把自己意見刻意要來與前人意見組織成一完整的系統。我只希望能平心看前人成說，好讓自己仍會有進步。若急切要把自己思想完成一系統，這會阻礙我自己思想之再進步。我此幾年內，又有幾篇雜文，專討論人生問題的，彙成《人生十論》一小冊，這書裏有些處，可算是我近年來自己思想之直率抒寫，但也不能說有什麼組織與系統。此刻想把我自己思想關於此一方面者，再作一簡略的陳述，仍是隨心觸發，隨筆抒寫，並非說這是我自己思想的體系。我且姑定此文題目為心與性情與好惡，專從這一題旨來申述。

二

我不敢故意自謙，說我自己無所見，但也不敢說我之所見定必是。我積年來，總主張人類一切理論，其關涉人文社會者，其最後本源出發點在心。而我所指述之人心，則並不專限於理智一方面。我毋寧採取近代西方舊心理學之三分說，把情感意志與理智同認為是人心中重要之部分。儘管有人主張，人心發展之最高階層在理智，但人心之最先基礎，則必建立在情感上。情感之重要性決不能抹殺。若人心無真情感，情感無真價值，則理智與意志，均將無從運使，也將不見理智所發現與意志所到達之一切真價值所在。若把中國人所說知仁勇三德來配上西方舊心理學上之三分法，則知屬理智，勇屬意志，而仁則顯然宜多偏屬於情感。若把仁之德來兼包知與勇，則人心中也只有情感更宜來兼包理智與意志。這是我個人對人心一個簡略的看法。直從《論語要略》起，那時便已如此般看。

但無論古今中外的思想家，似乎都對人心抱有或多或少或輕或重的一種不放心態度。尤其對於情感，似乎更多不放心，而有些則竟抱有重大的不放心。中國思想很早便注重人心，因此中國思想史裏，也很早便提出性字的命題來。人心好像比較易於瞭解，而且似乎可以不用解釋，但究竟什麼是人性，要解釋這一問題便難，這是中國思想史上亘古亘今一個屢次引生出嚴重討論的大問題。我對此人性問題，則完全贊成孟子看法，認為人心之所同然者即是性。但所謂人心之所同然，不僅要在同時千萬億兆人之心上求。更宜於上下古今，千萬億兆年人之心上求。因此，我喜歡說歷史心與文化心。但此項歷史心與文化心，並不能全超越了現前之個體心，而說為別有一個所謂歷史心與文化心之存在。其實只是從歷史心與文化心來認取現前個體心之有其相互同然處。因此，我們決不能抹殺了現前的個體心，來另求此歷史心與文化心，來另求此人心之同然。人心同然，即在現前個體心裏見。因於現前個體心之層累演進而始見有歷史心與文化心，亦因歷史心與文化心之深厚演進而始有此刻現前之個體心。因此，我不喜歡先心覓性，而總主張即心見性。

若我們真看重人類現前的個體心，則自見現前個體心中，情感的成分，其比重會勝過理智與意志。其實此是亘古亘今而皆然的。而所謂情感，則主要便是人心之好惡。但好惡不僅人類有之，即禽獸亦有之。如此則我們若太重視了情感與好惡，豈不將下儕人道於禽獸，與一切生物嗎？問題便在這上面引生。

關於性情的說法，我大體贊成王荊公。荊公說：喜怒哀樂未發於外而存於心，性也。喜怒哀樂發於外而見於行，情也。性者情之本，情者性之用，性情一也。若夫善惡，則猶中與不中也。照此說法，捨情便無以覓性，性也只是人心之喜怒哀樂。換言之，也只是人心之好惡。我們不該一面看重人性，而一面又看不起人情。

但若說人性實際只是情，只是好惡，豈不又是把人性下儕獸性嗎？因此程朱一派定要說性即理，此即見他們對人心情感有不放心處。但情是易見易說的，理便不然。一說到理，便易陷入理窟，非普通常人所易解。因此，中國思想史上的大問題，又從性字轉移到理字上。

三

一個思想問題，若說得太簡易，太切近，自然易於滋生流弊，有危險。但若說得太艱深，太支離，也同樣易於滋生流弊，有危險的。讓我姑舉仁字為例而說之。孟子曾說：仁，人心也。孔子說仁者愛人，孟子也如此說，這豈不說得十分簡易明白？但朱子釋仁，卻說仁者，心之德，愛之理。較孟子自然是說得遠為精細了。孟子祇說仁是人心，朱子定要說人心之德始是仁。孟子只說仁是愛，朱子定要說愛之理始是仁。在朱子，自有他一番苦心，但問題便由此而引生。今說仁是心之德，試問此德是先在抑是後成的。這一問題卻大了，而且是太深入了，未必人人易解。據我看法，孔孟言德，大體指其是後成的，即莊子也還如此主張，但老子則說成德是先天具有的。此一分辨，我在另一文中曾細細分說過，此處不再詳說。似乎程朱一派言德字，頗多採老子義，即是主張德是先有的。因此他們要說德性之知與聞見之知之分別。聞見才是後起的。

這一層且姑止於此，再說到仁者愛之理那一句。仁者愛人，愛字人人易懂，但說愛之理，便引生出問題了。究竟是有了愛才始有愛之理的呢？抑是先有了理，而在理之中乃有此愛之一理的呢？我們該於愛之中求理呢？抑該於理之中覓愛呢？此一問題極關重要。朱子喜歡分說理與氣，謂理附於氣而見，則愛之理必然得附於愛之情而見，朱子必然也如此承認了。若人心沒有愛，試問此愛之理於何存在，又於何顯見呢？朱子對此問題，追根究底，必然要說理先氣，如是則愛之理必將先於愛而有，故程朱一派喜說理一分殊。所謂理一分殊者，在程朱意見，並不是說從分殊之理上來會通建立出合一之理，而是說先有了此理一，此理一中有仁有義，有種種理，即是其分殊。但如此說來，則人心中之愛，豈不是不原於心，而原於理了嗎。此理則便是程朱一派所謂之天理，天理是先於心而存在的，所以要說心之德。而人欲則是後起的。此便是程朱一派要分辨天地之性與氣質之性之所由。因此，仁是先在的，愛是後起的。後起者合於此先在者，乃得謂之是天理。後起者背於此先在者，則必謂之是人欲。人欲是氣一邊的事。也是情一邊的事，不是性一邊的事。但問題這樣一轉，便轉得複雜了。若謂理屬先起，則理乃先人心而有，不過人心在先天已獲得了此理，因此說它是心之德。如此說來，也可謂人性中本沒有愛，而只有愛之理。

明道不明明說過嗎？他說：聖人之喜，以物之當喜。聖人之怒，以物之當怒。是聖人之喜怒，不繫於心而繫於物。所謂繫於物，其實即是繫於理。所以伊川晦翁要接著提倡格物窮理。如此說之，聖人不以心來喜怒，而是以理來喜怒。換言之，聖人不以心來好惡，而以理來好惡。即是聖人不以心來愛，而以理來愛。換言之，即是聖人之心與天理合一，而眾人之心則不然。眾人由心而愛，再於愛求合理，此事易。若先由心求理，再於理上來發出愛，此事難。而程朱似乎確然要指導人來走此難的路。所以伊川要說：人性中那有孝弟來。伊川只認人心中有仁，不認人性中有孝弟，因孝弟乃後起之事，而仁則是先在之理。再換言之，孝弟是心，而仁乃是心之德。又可說，孝弟是情，而仁則是性。所以晦翁定要說，仁者，心之德，愛之理。人心稟賦了此德，此愛之理，即稟受了此性。其實際發露在家庭父母兄長身上，始成為孝弟，故伊川謂孝弟非人性中所有。但同樣如上所舉，要人孝弟，其事易。要人先格物窮理而後來孝弟，其事難。陽明之學，要人從孝弟中來格物窮理，不主從格物窮理來孝弟。此似乎是主張心即理與主張性即理間之大分辨。其實亦並不然。程朱只教人即從此孝弟上來更窮其更深更高之理，即教人從心上來識性，並不教人即此而止，便謂聖人也只如此便了。

四

此一問題又轉了，又從理字轉回到性的問題上來。戴東原說：宋儒言理，如有物焉，得於天而具於心。又說：理當要其後，非原其先。我因深深明白了程朱說法的一番苦心，才回頭來，覺得東原糾彈程朱之亦自有其理據。東原說法，祇是主張理不是先有一物存在，而是後起的。換言之，即是性不是先有一物存在，而是後成的。其實這一番分辨，並非東原特創，王船山論性，便已如此說。船山論性，主張從人性之日生日長處言，故說：古之善言性者，取之有生之後，閱歷萬變之知能。顏習齋亦說：若謂氣惡則理亦惡，若謂理善則氣亦善。又謂程朱惟見性善不真，反以氣質為有惡。習齋之意，主從氣質中見理，即猶船山之意，主從心上見性。我舊著《中國近三百年學術史》，便把船山習齋這一套理論特地詳引，彼輩是要來糾程朱一派在此方面之偏見，而實誤解了程朱。理可以逐步發現，卻非逐步完成。性亦然。舉世人類千萬年後天相遠之習，無改於其千萬年前先天相同之性。必欲把心氣來包并性理，終有未是。東原思想則不過是王顏之同調。我又仔細分疏船山習齋思想，皆有與陽明相通之痕迹。其實此處仍有我上面所提出的歷史心與文化心之存在。而陸王以下，皆於此忽視了。

我提出歷史心與文化心，在我完成了《近三百年學術史》之後。我認為程朱論性，便從歷史心與文化心之積累大趨中見。程朱論理，亦從歷史心與文化心之積累開悟中得。歷史文化積累得更大更久，便是人而天。而歷史文化遠從邃古洪荒開始，則只是天而人。惟人類當前的個體心，仍與歷史心文化心大體相通，故一切理性方面之認識，不該忽視現前之個體心。但陸王一面，則不免太重視了人類當前的個體心，而忽略了人類所積累而有之歷史心與文化心。

我舊著有〈朱子心學略〉一篇，此是五十歲以後所成，自謂對朱子乃及二程立說之所以必如此之精微與苦心處，曾闡發了一些。我那篇文章的結論說：若就人文演進的淺程言，必先由人類欲望及其行動引生出知識，並不是先有知識了始生欲望與行動。此方面實是陸王理論較勝。但及人文演進已深，已經歷了一段相當悠久的時期，人類種種經驗和發明，積累已多，人心本屬相同，為何不承接這一分悠久相傳的遺產，而偏要深閉固拒，獨自一人從頭做起。所以陸王在理論上固是簡捷，但引用到工夫上來，卻反而似徑而實迂。這一邊，程朱在工夫上，卻似迂反徑。但在理論上，又必要裝點出一個理先氣後，則使人覺得是支離了。所以就人文源頭說知行本體，則陸王之言為是，但就人類已走上文化社會後之日常實際說修習軌轍，則朱子之論為允。此處則仍是尊德性與道問學各是偏了的一番老話。我想，若我們增用人文積累的歷史與文化的眼光與說法來闡釋程朱，庶乎可彌縫朱陸兩派之分歧。而關於這一層，則王船山與焦理堂都曾說到過。但嫌說得並不透徹。而且專從氣質上說，未免要說成宇宙唯物，而使人太重視了功利。程朱必理氣分說，正為是要糾此病。

我的《論語要略》，有幾處只從好惡之心來釋仁字，固可謂是本原於陽明。因若抹殺了人心之好惡來言仁，那仁字就會變成僅是一個理。我們一見那理字，總會想像它是一個空洞的，又是靜止的，決定的，先在的，而且或許會是冷酷的，不近人情的。因此，若我們抹殺人心現實好惡而徑來說天理，說仁，其流變所極，會變成東原所言之以意見殺人。此在眼前有好例，便是共產黨。他們何嘗不言理，又何嘗肯認他們所言之理是一種不仁，是違逆人心呢？祇是他們太重看了他們所謂的一種歷史演進之必然性。即是太看重了他們之所認的天理了。當知任何人類歷史演進，其大本大原，不能先抹殺了各個人心中之好惡。若把各個人心中之好惡一筆抹殺了，或是太看輕了，如此來言理，必然會引生出大病。如此來言仁義道德，會變成全是些假仁假義與假道德。也可說，我是身歷世變，而才始回頭欣賞到戴東原。但也更深瞭解到程朱。

由此又轉到天理與人欲的問題上。我對此問題，大體贊成胡五峯所謂，天理人欲，同體而異用，同行而異情。此處喫緊在天理人欲有異亦有同，有同亦有異，並不是截然對立的。既是天理人欲同體，又是同行，則如何抹去了好惡來言性言仁，言仁之理呢？五峯又說：好惡性也，小人好惡以己，君子好惡以道，察乎此，則天理人欲可知。朱子辨之云：好惡固性之所有，然直謂之性則不可。此處兩人因於下語輕重而引出了大分歧。陸王在此點上，比較似近五峯。象山說：天理人欲之分，論極有病。若天是理，人是欲，則是天人不同矣。此其原蓋出老氏。又說，解書者都指人心為人欲，道心為天理，此說非是。心一也，人安有二心。《陽明傳習錄》不斷提起天理人欲語，但又說好惡盡了是非。並亦屢提好惡語。正因好惡並不是人欲，而實為天理之本原。祇好惡不中節，好惡昧了良知，才始是人欲。陽明言良知，必言知行合一。知善知惡是良知，好善惡惡也即是良知。必信得此層，才信得陽明知行合一是本體之說。但僅就人類眼前的個體心言，則實也叫人有不放心處。再換言之，若從原始人類言，此等心皆可謂之是天理。但若從人類文化已衍進之後之社會言，則此等心有時實也不得不謂之是人欲。因此，陸王主心即理，而程朱主性即理，其間不得不放進人類歷史文化之衍進一層來作衡評。程朱一派，像是說好惡之心非天理，好惡之心之天則乃始是天理。此語亦何嘗錯。只此好惡之天則，是否早已存在，已先人文歷史而有了的呢？是否此項天則，縱經人文歷史之長久演進，而總是一成不變的呢？若我們認為此天則，並非由先天的決定而存在，並非往後永遠一成而不變，而仍有待於人文歷史之逐步演進中來逐步發現，與逐步接近。則此項逐步發現與逐步接近之基本條件，正在人心之好惡上。我們決不該輕輕抹殺了大羣人心同然之好惡，而僅憑一二人之高深智慧來懸空摸索此天則。

若我們太輕視了人心好惡，而過重視了此好惡之天則，則如信仰近代共產主義者，在他們亦自信為把握到此項天則了。而遂把他們那一套天則來傲視一切人心之好惡。試問究竟階級鬪爭，是否即是人心好惡之天則呢？可見全撇開人欲來專講天理，至少也同樣有危險。而且就人文歷史演進之實迹觀之，則人類顯然從與禽獸相近之好惡中而漸漸發現了人類本身的許多天理與天則，而又逐步向其接近。這雖然是一條迂遠或像是有危險的路，但究竟是人類文化歷史演進的一條擺在眼前的大路呀！從此一點講來，使我更覺得朱子的理氣論更為有深致。天地大自然，既非唯氣的，也非唯理的。理必掛搭在氣上。它只能主宰氣，但不能自有作用。這實在是立論細密，要人作不斷的更深入的體認纔是。

五

在此，又有人提出修己與治人的分別來。但修己也得先從認識開始。我們究竟教人如何來認識仁，認識天理呢？若說仁是人心，仁是人心中之愛，這話人人懂得，人人可以反身而求。但說仁是人心中之好惡，這與說人心中之愛，又有何分別呢？說愛字，似乎陰藏一些，說好惡字，似乎顯露一些，其實中間並無大分別。而且《論語》也顯然說仁者能好人，能惡人，《論語》便已把好惡與仁合說了。民之秉彝，好是懿德，何嘗不可從好惡上直達天德呢。若謂好惡靠不住，愛也靠不住，有偏愛，有私愛，有溺愛，有無差等之愛，這些愛都靠不住。正因為愛也靠不住，因此必說仁是愛之理，這說得圓密了。但究竟該從愛求理呢？還是該從理得愛呢？若說理是客觀的，愛是主觀的，天理應在客觀一邊，這話也不錯。但天下也從無絕對的純客觀。觀的本身出發點則早已是主觀的了。即如自然科學，也不能有絕對的純客觀。一切自然科學所發現之種種真理，其實全本於人的立場而創建，而闡述。因此近代西方思想家，也有不主用客觀字，而改用主客互觀字。若真能主客互觀，這便是《論語》孔子之所謂忠恕了。我的《論語要略》，用好惡來解仁，其實即是孟子以愛釋仁之舊義。孟子說，墨氏兼愛，是無父也，無父可謂是不仁之極，但仁終是從愛心而生出。也可說仁終是從好惡之心而生出。但如何由我心之好惡來識仁，來達於仁，這裏自然有許多曲折。我的《論語要略》，多引用焦理堂《通釋》，以忠恕一章緊接仁，其意即在指點人從人人所有之人欲上，教人識得仁，識得仁之理。所用公劉好貨太王好色章，也是引用的理堂語。象山也說：吾與人言，多就血脈上感移他，故人之聽之也易。如孟子與齊君言，祇就與民同處轉移他，其餘自正。所以宋明思想終於從程朱中逼出了陸王來，但陸王也終於替代不了程朱，而終於要回到程朱去。此中曲折，實難一言而盡。

若徑說仁是天理，或說仁是愛之理，這理又何從教人認識？明道說：我學雖有所受，天理二字，卻是自家體貼出來。明道是一位絕頂聰明人，他能體貼出天理，別人未必盡能像明道般來體貼。因此伊川晦翁承續明道，教人如何下手去格物窮理。但照伊川晦翁指點，格物窮理，似乎更不是件容易事，於是遂有陽明指點出良知，說良知即天理。又說：祇是非便盡了良知，祇好惡便盡了是非。是非豈不是盡人有之嗎？好惡豈不是盡人能之嗎？良知之學之平易親切處正在此。由於陽明之說，像是人人能體貼天理了。陽明只在說天理即在人人之心中，因此人人能自己來體貼天理。而人人心中之好惡，則是其更主要的一項。好惡也不就是人欲。象山也說，在人情事勢物理上做些工夫，即是主在人情事勢物理上來體貼天理。可見好惡之情，是不該排拒在理之外面的。但既說人情事勢物理，又可見只就好惡之心也嫌不夠了。

陽明的良知之學，在陽明身後，即其及門弟子間，也已引起了許多的歧見與爭論。我向來讀《明儒學案》，因先接受梨洲意見，比較總尊向江右，尤其是羅念菴。但在民國二十六年，避難居南嶽，始獲讀《念菴全集》，拿來與《龍谿集》細心對讀，我才感到念菴存心在挽救陽明學後起之流弊，而到底非陽明學之真骨髓，真嫡血。龍谿說法，儘可生流弊，但陽明學之真精神，似乎龍谿是經過耳提面命，日常親炙的，我們還該得細參。

陽明自己說：某於此良知之說，從百死千難中得來，不得已與人一口說盡，祇恐學者得之，容易把作一種光景玩弄，不落實用功，負此知耳。陽明此一番話，後人反對現成良知之流弊者，多喜引用。其實陽明並不是說他之良知乃自百死千難中得來，祇說他之良知之說乃從百死千難中得來。所謂良知之說，即是良知即天理之說，即是祇是非便盡了良知，祇好惡便盡了是非之說。可見陽明立說儘簡易，得來工夫卻並不簡易。陽明乃從百死千難中得此說，陽明教人，也該如在百死千難中落實用功。但陽明到底不肯怕人不懂用功而把他自己這一番從百死千難中得來的簡易親切的說法捨棄了。但遵從陽明學說的，究也不該忽略他百死千難的這番話。既知得了他那百死千難的這番話，則朱子之說，也自不見其只成為支離。

有人又舉出我《論語要略》中釋克己復禮一語，證明我用意與陽明有不同。關於此一條解釋，在我也曾苦費斟酌。舊著《近三百年學術史》東原一章，曾引〈陳東塾讀書記〉關涉此一條者，來糾駁東原。大致清儒多不贊成用克去己私來解克己，但我當時已想用克去己私義。較為《論語要略》時意見不同。因我寫《學術史》時，於程朱所涉漸深，因此深不喜東原，但後來對程朱所涉更深，反更瞭解到東原立說之深處，此層已在前文交代過。但我當時採清儒說法，不用克去己私義來解《論語》本章克己復禮，也未必即與陽明違背。《陽明傳習錄》曾屢有克去己私語，但照陽明宗旨，克去己私，也還仍憑他自己那一點良知，是他自家的那一個準則。所謂爾意念著處，它是便知是，非便知非，更瞞它一些不得。爾祇不要欺它，實實落落依著它做去，善便存，惡便去。可見陽明意，還是依著自己良知來克去自己之私，則《論語要略》釋克己字，照任己由己講，把任己作修身講，也不見真與陽明本意違背。惟此亦可見即在一字一語之解釋上，已可意見分歧。

在個人自身，亦難前後不生歧見，正足證明天理之難定，而更應增加我們討論此等問題時之虛心與謙意。所以陸王儘提倡易簡，但終於有不易簡處，也從此可見了。

六

即如我上舉，浙中王門與江右王門，同屬陽明弟子，便自有異見。而且浙中王門，如緒山龍谿兩人，親炙於陽明者最久，天泉橋夜話，兩人同受陽明最後之末命，但兩人間也同樣有異見。至少是各人才性不同，聰明有限，學問途徑，又是歧中有歧，因此究是誰獲得了最後真理，這一最大最究竟的問題，古今中外，將永遠得不到解決。正為此故，陸王說法比較簡易親切，使人人得有一分作他自己批判自己決擇之把柄，可來參加此參究真理討論真理與實踐真理之人類大工作。明道說：祇有天理二字，是他自己體貼出來。其實天理都該由各人自己去體貼。所謂存天理，去人欲，也該是各人各自存他自己體貼的天理，來去各人自己所認為的人欲。不該在他外面，由另一人來決定這是天理要他存，這是人欲要他去。宗教與教育，仍主要在各人自信自悟。所謂存天理去人欲，仍在各人之自發。若認真要讓各人自信自悟自發，來自存天理，自去人欲，則先必在理論上承認各人自有一個知善知惡之良知。所以陽明說良知即天理這一句話，實比明道天理二字由他自己體貼出來一語，在理論上更廣大，更親切。因天理不僅我一人能體貼，人人各自能體貼。若要教人體貼天理，便不該否認人自有體貼天理之良知。今若否認別人智慧，認為他不夠分辨善惡與是非，但他至少能自有好惡。人類乃由其好惡而轉出是非與善惡之價值批判的。這纔所謂夫婦之愚可以與知。一切科學定理，必須向自然界求證驗，一切人文定理，也得向社會大眾實際人生求證驗。於何證，於何驗，最後必得證驗之於人心之好惡。我們無法說人心所好非真理，而人心所惡才始是真理呀！但人心好惡既如此重要，何又被人輕視。正因好惡人人有，人人能。而人心好惡之所以得為一切人文真理之最後評判標準者，也正因此一評判，乃屬人人有分，人人得參加。故依照陽明學說，人人盡得憑其自己良知即自己好惡來尋求天理，認識天理，與肯定天理而實踐之，此之謂思想人權。我們不應否認別人之思想權，即不應否認別人之認識權，而一般人對人文真理之思想與認識，則必先從好惡起。

但這一說法，顯然可以有流弊，有危險。此處又當提出修己與治人之辨。章太炎〈檢論〉即曾以此來評覈戴東原，我舊著《中國近三百年學術史》亦曾詳引之。但究極而論，修己治人亦該會通合一才到家。《中庸》所謂即以其人之道還治其人之身。執柯以伐柯，其則不遠。人之為道而遠人，不足以為道。否則治人者以彼所認為的修己之道來強人，即以彼所認為天理者要人存，彼所認為人欲者要人去，生民之禍，可以由此起，可以由此終古而不得息。因此所謂良知，所謂好惡，所謂思想人權，乃當把修己治人一以貫之。存天理是存自己認為的天理，去人欲是去自己認為的人欲。而天理人欲則全發源在各人之心之所好惡上。我總說人文社會中之一切真理，必該本原於人心之好惡，此一點，我始終在信守著。

惟如此講，必然有人覺得其有危險，有流弊。我之愈後愈懂尊程朱者在此，我之深不喜於東原之肆意排擊程朱者亦在此。我之寫此文，只直率吐露出我今天知解之所到達，只想依據前賢而尚仍有許多異同難合。正在此等處，可以益增大家各自之虛心與謙意，來激發人參究真理之各自的信心。如是才始於學術討論上可有真長進。今再綜合的說，程朱正為透悟了歷史心與文化心之深義，而始提出他們性即理之主張，此說雖若迂遠而平實。陸王雖簡易切近，而提出他們心即理的主張，但究不免於歷史心與文化心有忽略。但縱說歷史心與文化心亦終不該抹殺了人類現前的個體心，這是我對此問題之最後見解。

此稿草於民國四十四年，載《民主評論》六卷十二期。

《大學》格物新釋

漢儒所輯《小戴禮記》中《大學》一篇，其原文究出何人之手，此事已難確論。然以不到兩千字之短文，三綱領，八條目，規模之開拓，工夫之層累，大小兼舉，先後明備，實不失為古代儒家理論中一篇重要文字。無恠程朱以來一千年，羣然尊奉以為寶典。獨惜其八條目中最後一條，即為學者下手工夫之最先一步，所謂致知在格物者，其格物一義，在《大學》本篇之內，若未有詳細說明，遂引起此千年間學者之種種爭辨。本篇重提舊公案，雖若僅為古書字句作訓詁詮解，然實為兩千年儒家思想解決一重要疑題，讀者幸勿以為陳古董之拱玩而忽之。

明代人曾謂《大學》格物兩字釋義，共有七十二家之多，此不過極言此一語義解之紛繁。若論其最關重要者，在當時，則仍只朱子與陽明兩派而已。朱子《大學章句》為格物補傳，謂「《大學》原文傳之第五章蓋釋格物致知之義，而今亡矣，閒嘗竊取程子之意以補之」。其文曰：

「所謂致知在格物者，言欲致吾之知，在即物而窮其理也。蓋人心之靈莫不有知，而天下之物莫不有理。惟於理有未窮，故其知有不盡也。是以《大學》始教，必使學者即凡天下之物，莫不因其已知之理而益窮之，以求至乎其極。至於用力之久，而一旦豁然貫通焉，則眾物之表裏精粗無不到，而吾心之全體大用無不明矣。此謂物格，此謂知之至也。」

此即所謂朱子《大學》格物補傳。補傳陳義雖高，乃引起後人種種之爭議。竊謂其間有兩大別。一則《大學》原文是否有缺而有待於為之補傳。二則朱子補傳是否有當於《大學》之本意。而後一事尤為重要。果使朱子補傳於《大學》本意無失，則前一事宜無重大爭論之價值。疑補傳者，謂其陳義，乃若使人不可幾及。即如近代西方，科學昌明，專攻之業細若牛毛，亦尚不能即凡天下之物而格。雖新理新知，日有發明，亦尚不能莫不窮至乎其極，更何論乎一旦之豁然而貫通。《大學》本文，格物乃人人必先經歷之第一步功夫，其下乃有致知誠意正心修身齊家治國平天下各目。則此人人所當經歷之第一步，自應簡易平常，為盡人所能。若朱子云云，將使人窮老盡氣，終不得門以入。蓋朱子格物理想，僅可懸為全人類求知之共業，其事非倉促數百年乃至數千年之期之所能完成。若使每一人以此為誠正修齊治平之初步工夫，似實未當。

竊謂朱子當時雖懸舉此一番窮格物理之大理論，惟朱子《大學章句》明明註曰：「物，事也。」如事父母是一事，事父母當孝，乃屬已知之理，豈不當隨時隨地因而益窮之。使我誠能盡吾之孝，此即所謂至乎其極矣。至於齊家治國平天下，皆屬事之範圍，皆當因其已知之理隨時隨地而格，以求各至乎其極。一旦豁然貫通者，乃此三綱領八條目莫不在吾心而一以貫之。朱子乃為每一人每一事言，終生當下此工夫，非謂第一步是此工夫，此下乃有誠正修齊治平種種工夫也。至於自然物理，自亦包舉在內。朱子之氣魄與精力，亦已同時窮格，惟自有先後緩急輕重大小之別。而朱子以後之學者，更無如朱子之氣魄與精力，朱學乃漸漸流變而為書本文字之義解與訓詁。大匠誨人必以規矩，不為拙工改廢繩墨，羿亦不為拙射變其彀率。不得以補傳陳義之高病朱子。

王陽明繼起，確然有志聖賢之學，亦依補傳即凡天下之物而格，曾格庭前竹子而病，遂疑聖人非可學。此後屢經轉變，乃疑朱子格物說未可信。始主張古本《大學》，其論《大學》工夫次第，以誠意致良知為主。如惡惡臭，如好好色。知行合一，即知即行。今日知到這裏，今日行到這裏。體用兼貫，內外雙修。誠意致知，當下便是。意謂如此簡易明白，用為人人一種必先經歷的初步工夫，較之朱子格物說，宜為切近。今且勿論朱王兩家是非，且首先辨一事。朱子因聞某一道人言，竹子夜長速，日長慢，因於某佛院窮夜格此事，此所謂莫不因其已知之理而益窮之也。陽明格庭前竹子，不知究欲格何事。未能細讀補傳，漫然不知如何格法，則宜其七日而病矣。抑

陽明對《大學》格物二字，亦並不能明白作解釋。朱子補傳，心知物理，兩面分說，陽明則打成一片說之。謂

「格者格此也。致者致此也。」

又曰：

「格物者，格其心之物，格其意之物，格其知之物。正心者，正其物之心。誠意者，誠其物之意。致知者，致其物之知。豈有內外彼此之分。」

此只可謂陽明自發議論，與《大學》原義無涉。今且問《大學》本書是否已提到心物問題。其所舉八條目，所重宜在辨別人事之先後本末，則格物為最後一項，實即是最先一步，亦必仍屬人事範圍。朱子謂即凡天下之物而格，語氣自牽涉及自然界萬物。《大學》原文亦似無忽然轉變論點，軼出人事界，謂欲善盡種種人事，必先窮究自然物理。此應另成一番理論，決非《大學》原文宗旨所在。朱子補傳是否有當於《大學》原文之本意，似當從此處著眼。而陽明謂心物內外無分，格者格此，致者致此，則致知格物豈不早成一件事，又何必分為兩條目。就思想進展歷程言，必先認心在內，物在外，然後進一步乃始有心物無分內外之說法。今《大學》本文，既不作心物問

題之討論，則陽明之論心物內外異同，豈不更較朱子為紆迴。惟其論誠意工夫，確然簡易明白。故王門後學，大率尊承其師所提誠意致良知宗旨，而於《大學》格物義訓，則不得不再創新解。

繼陽明而起，對《大學》格物別創新解而為當時所推崇者，有泰州王心齋。其言曰：

「格物即物有本末之物，身與天下國家一物也。格知身之為本而家國天下之為末，行有不得者，皆反求諸己，反己是格物的工夫。故欲齊治平在於安身。」

此在當時謂之淮南格物說。明末劉蕺山極稱之，謂後儒格物之說，當以淮南為正。第少一註腳，格知誠意之為本，而正修治平之為末，則備矣。今按心齋格物說，擺脫朱子陽明心知物理之辨，而專就人事上說之，宜若與《大學》本意為近。然於《大學》格物二字之義訓，則仍未透切。朱子謂格物乃窮至事物之理，既言人事，自亦不當忽略物理。即孝子之夏凊冬溫，豈不仍兼自然物理在內。故知朱子之說，宜與《大學》本文原義無大違礙。今心齋乃謂格物是格物之本末，則至少仍在朱子註物事也一訓詁之範圍以內。惟《大學》本文早言欲明明德於天下者必先治其國，治國必先齊家，齊家必先修身，修身必先正心，正心必先誠意，誠意必先致知。屢言必先云云，是已將物之本末先後明白確定，更不待讀者之再格。故知心齋訓格物為物有本末之物，其說似亦未可信守。

竊謂《大學》一篇，既輯入《小戴禮》，格物物字，雖在《大學》本文中未有詳說，宜可於《小戴禮》其他篇中尋求旁證。今試舉〈樂記〉篇言之。〈樂記〉有曰：

人心之動，物使之然也。

又曰：

人生而靜，天之性也。感於物而動，性之欲也。物至知知，然後好惡形焉。好惡無節於內，知誘於外，不能反躬，天理滅矣。夫物之感人無窮，而人之好惡無節，則是物至而人化物也。人化物也者，滅天理而窮人欲者也。於是有悖逆詐偽之心，有淫泆作亂之事。

〈樂記〉此兩條，明明提出了心與物，及物與知之問題。物至知知四字，尤與《大學》物格知至四字可以互相發明。人心之知，即是知此外來之物。陽明謂見父自然知孝，父即是一物，下語粗疏。古人決不如是想。應云事父當知孝，事父是一事，不可云父即是一物。孝是一理，即一知。而此知則當窮理後而知。孟子亦曰：耳目之官不思而蔽於物，物交物，則引之而已矣。心之官則思，思即得之，不思則不得也。是在《戴記》以前，孟子已提出了物與心物與知之問題。人類之接於外物，或以心，或以耳目之官。耳目之官不能思，則亦僅是一物。故以耳目之官接物，則只是物交物，不難被其引之而去。心之官能思，朱子註此章有云：

凡事物之來，心得其職，則得其理而物不能蔽。失其職，則不得其理而物來蔽之。

竊謂《大學》、〈樂記〉與《孟子》此章，其實皆一義。道家則主扞格外物之來，故於修齊治平皆非所重，而惟求一任其自然。儒家則不拒外物之來，只重在我心之能思而得其理，此即朱子《大學》補傳之所謂格物窮理也。惟朱子於事理外又補上物理，此乃是思想之遞後而益進。朱子格物補傳或可謂已更進於《大學》本文之原義，然此不足以病補傳。

《大學》既輯入《小戴記》，為言禮之書，而禮家言物字，又有其特有之義。於是後儒解《大學》格物，亦有據其特有義解之者。明清之際，如瞿汝稷萬充宗皆是，見黃宗羲《南雷集・答萬充宗論格物書》。物乃射者所立之位。《儀禮鄉射禮》記物長如笴，注，物謂射時所立處也。又《小戴記》投壺注，間相去如射物，疏：物謂射者所立之處。長三尺，闊一尺二寸。古人鄉射大射儀，射有三耦，耦凡二人。上耦則止於上耦之物，中耦則止於中耦之物，下耦則止於下耦之物。古人常以射事喻德行。格物者，即止於其所應立之處，格即止也，物即其應止之所。竊謂此解《大學》格物，實即《大學》止至善之義，今試再作闡申。

《大學》三綱領曰：「大學之道，在明明德，在親民，在止於至善。」何謂至善，《大學》又明言之，曰：「為人君止於仁，為人臣止於敬，為人子止於孝，為人父止於慈，與國人交止於信」，此仁敬孝慈信，皆人之明德，即君臣父子人羣間之至善也。在我能明其明德，則在外自然有親民之效。故《大學》三綱領，實只一事，即止於至善是也，故《大學》首重止，曰：

> 「《詩》云，邦畿千里，惟民所止。《詩》云，緡蠻黃鳥，止於丘隅。子曰，於止知其所止，可以人而不如鳥乎。」

若訓格為止，物為所止處，此即《論語》所謂「君子思不出其位」。格於物，即不出其位也。《詩》曰，「天生烝民，有物有則」，《易》曰，「君子以言有物而行有則」。此皆物與則並言同義，猶言法則準則。以今語說之，猶云榜樣或標準。在外言之為標準，在已言之則為其地位或立場。天生烝民，莫不與以一個恰好至當之標準，亦即莫不與以一個恰好至當之地位。果能立定於其地位而完成其恰好至當之標準，即可證其地位亦實是一恰好至當之地位。故人性之明德，人事之至善，即《大學》格物物字義。

古者射以觀德，射以擇士，故每以射事喻德行。《中庸》云：「射有似乎君子，失諸正鵠，反求諸身。」《中庸》亦輯入《小戴記》。此云正鵠，乃所射之目的。射貴乎中的，中的即射事之至善也。若以人事言之，為人子者即應止於人子之地位，孝則譬之如射。若人子雖欲孝，而不得愛於父，則如射不中的，失諸正鵠，在外未見親民之效，即在我未可謂已明其明德，而其事亦未可謂已止於至善。子欲孝而父不愛，為子者仍只有孝，別無他道。故曰，行有不得，則反求諸己。若曰父既不慈，子亦可以不孝，則父慈子孝正如抱布貿絲，成為一種商貨貿易。故射不中的，只有站在原地位好好再射，終不能埋怨自己地位站差了。故萬氏所釋《大學》格物義，實即《大學》止至善工夫。

陽明曰，見父自然知孝，此固是人之明德。然如曙光乍現，非大明中天。孝亦儘有層次節目，亦儘有曲折艱難。如大舜遇瞽瞍，正猶射者不能一發即中，於是只有不怨天，不尤人，下學而上達。若非站定立場，止而不遷，則如何肯不怨不尤，又如何肯下學。如射者埋怨自己站的地位差了，射偏右則改站左，射偏左則改站右，如何能明得射法？

故《大學》原文又言之，曰：「知止而后有定，定而后能靜，靜而后能安，安而后能慮，慮而后能得」。能慮能得，斯知致矣。凡人行事，必先立定腳根，站穩立場，然後能細想辦法。《論語》曰：「篤信好學，守死善道」，非篤信即不能好學，非守死即不能善道。又曰：「不知命無以為君子」，止至善即知命之學也。

見父自然知孝，此人天性所稟賦，即所謂明德也。然人子行孝，未必即得父母之懽心，此人事之遭遇也。世皆以人事遭遇為命，而不知稟賦之為命。不知遭遇之命可改，而稟賦之命則不可改。人莫不有孝心，而終歸於不孝者，在彼以為是遭遇之不良。以《大學》之道論之，則是知之未致，意之不誠也。孟子曰，「待文王而後起者，庶民也。豪傑之士，則無文王猶興」。庶民能應不能感，為從不為主。必待臣之敬而後為仁君，必待君之仁而後為敬臣。必待有慈父而後為孝子，亦必待有孝子而後為慈父。然則誰先為此主動而感世者。亂世人心，亦未嘗無其秉彝，亦未嘗喪其明德，亦未嘗不知人之當敬當仁當孝當慈。所謂亂世，則只是一相待相持之局而已。君有待於臣之敬而後應以仁，臣有待於君之仁而後應以敬。父有待於子之孝而後施以慈，子有待於父之慈而後報以孝。相待即不相親。親民之效不睹，則明德之明無期。物有本末，事有終始，知所先後，則近道矣。何者當先？曰，先在我。何者為本？曰，本在我。修身是也。君修其身而仁，則臣自敬。臣修其身而敬，則君自仁。子修其身而孝，則父自慈。父修其身而慈，則子自孝。莫為之先，則亦莫為之後。莫為之感，則亦莫為之應。相待而不相下。必相待而始為之者，只是其意之不誠。故曰「自天子以至於庶人，壹是皆以修身為本」。既誠意修身，其間雖儘有層次節目，儘有曲折艱難，自然長知識，增經驗，不達目的不止。故曰，「君子遵道而行，半途而廢，吾弗能也」。又曰，「君子無所不用其極」。《易》曰，「天行健，君子以自強不息」。此之謂至誠。若為君者誠心仁而臣不敬，為子者誠心孝而父不慈，則如之何？曰致知。人既立意要做，自當想辦法。知有不致，行有不得，則終無以見其意之誠。必待其有定靜安慮得而后始實證其意之誠焉。《中庸》自誠明謂之性，自明誠謂之教，誠則明矣，明則誠矣。《大學》重人事，故曰知致而後意誠也。

何以又曰正心？豈有欲明明德於天下，欲治其國，欲齊其家，欲修其身，而其心尚邪而不正之理。《周禮．宰夫》，「歲終合羣吏正歲會」，注「正猶定也」。《大學》正心，即知止而后有定之定。身有所忿懥，則不得其正。有所恐懼，則不得其正。有所好樂，則不得其正。有所憂患，則不得其正。忿懥恐懼好樂憂患，皆足以搖惑人心使之轉退。故曰，「心不在焉，則視而不見，聽而不聞，食而不知其味」。故欲修其身者，必先定心不搖惑，不退轉。欲定心不搖惑，不退轉，則在先誠其意。

今就《大學》本義，反觀上述諸家之說，心齋以反己為格物功夫，其實亦是止至善工夫也。惟既言反求諸己，又曰安身，則屬歧義。有殺身以求仁，寧聞安身以求仁乎？心齋正當王學多受詆毀，故曰先求安身，此非《大學》之意。陽明言誠意，然依《大學》之序，必先致知乃能誠意。陽明則言致良知。然孟子言，所不學而知者，其良知也。良知特知中之一端，豈有修齊治平之理，千緒萬端，皆可不學而知乎？孔子曰：上智下愚不移。下愚亦或有良知，然不可謂其於修齊治平一切皆知。苟求知於修齊治平之理，其事則必待於學。朱子言窮格物理，始是致知工夫，亦即學也。陽明僅言誠意，僅言致良知，不言致知，則何事而復有孔子之學不厭而教不倦？抑且孟子言所不學而知者是良知，則良知人所固有，亦不待於致。抑且孟子言盡心而知性，盡性而知天。盡心亦必有工夫。朱子言格物窮理，是即盡心工夫也。不格物，不窮理，斯此心即不盡。豈可徒恃良知而不務盡心？說者謂陽明以孟子說《大學》，不知陽明之說孟子，亦未為當。孟子何嘗以良知二字說盡一切？亦何嘗以心即理三字說盡一切乎？陽明致良知之教，雖力主切近易簡，而其門人後學，如聶雙江之歸寂，劉蕺山之慎獨，終是有山林枯槁氣象。而王心齋之安身，則更屬偏狹。伯夷叔齊，孔子許以為古之仁人，而餓死首陽之山，豈餓死亦即心齋之所謂安身乎！

就於上論，乃知萬充宗之釋格物，實當於《大學》言止至善之一綱領。而《大學》言格物，則為致知工夫，固不得謂止至善即是致知工夫也。抑且遍考《小戴禮》及其他言禮之書，以及儒墨道先秦百家之典籍，物字義訓非一。以物為射者所立之位一義，獨為冷僻少見。《大學》作者，何以獨引用此一義，前不見所承，後不見所續，更無一明白交代，而突然引用此一冷僻字，豈有如此以為修辭之法者，故知其決不然也。

較萬充宗稍前，顧亭林《日知錄》有論致知一條，其言曰：

致知者，知止也。為人君止於仁，為人臣止於敬，為人子止於孝，為人父止於慈，與國人交止於信，是之謂止。知止然后謂之知至。君臣父子國人之交，以至於禮儀三百，威儀三千，是之謂物。

《詩》曰，天生烝民，有物有則。孟子曰：舜明於庶物，察於人倫。昔者武王之訪，箕子之陳，曾子子游之問，孔子之答，皆是物也。故曰萬物皆備於我矣。惟君子為能體天下之物。故《易》曰：君子以言有物而行有恒。《記》曰：仁人不過乎物，孝子不過乎物。

此亦明以《大學》止至善釋格物，大意與萬充宗相似。然引用古書物字義訓，則較萬氏更為明通。物者，法則義，標準義。然知了此種種法則標準，仍須別有所知以到達之。孟子曰：萬物皆備於我，乃言此種種法則標準，如《大學》所言仁敬孝慈信諸德目，實皆稟賦於天而本於性，然亦須盡心工夫，乃始能知性知天。然則朱子補傳所舉物字義訓，較之顧氏，實更為明通普遍。其言格物窮理，即是致知盡心工夫。故曰吾心之全體大用無不明，此即猶孟子之言盡心。能盡心乃始知萬物之皆備於我。非先知萬物之皆備於我，然後乃能致知也。可知朱子釋《大學》格物，實更勝乎顧氏。

然顧氏論學極尊朱子，何以於此格物一訓必獨標新解。在顧氏亦有說，曰：

以格物為多識於鳥獸草木之名則末矣。知者無不知也，當務之為急。

是顧氏亦疑朱子補傳所謂即天下之物而格，將如陽明之格庭前竹子，故特標異解，以防其弊。然朱子補傳已明言之，曰：即凡天下之物，莫不因其已知之理而益窮之。又曰：物，事也。則孔孟之所傳，固為修齊治平之理乎，抑鳥獸草木之名乎？《大學》亦明言之，曰：為人君止於仁，為人臣止於敬，為人子止於孝，為人父止於慈，此皆已知之理，而猶待於後人之益窮之，何嘗是欲窮乎鳥獸草木之名乎？抑且《大學》本文又言之，曰：緡蠻黃鳥，止于丘隅。子曰：于止知其所止，可以人而不如鳥乎？是《大學》亦未嘗不格及於鳥獸之理。豈可於格物物字，必抹去鳥獸草木自然之理於不談不論之列乎？故朱子言格物窮理，既包有人文事為之理，亦兼有自然萬物之理。至其本末先後，當務之急，稍治孔孟書者皆知之。惟至於近世，西方自然科學日益發展，於是讀朱子補傳，乃易聯想及於自然物理，而朱子若已先發其意於五六百年之前。此亦見朱子論學，其精神氣魄之卓越。至於人文事理與自然物理之本末先後，孰為當務之急，此固有待於今日之進而益窮之。然朱子補傳，則實未有先物理後人事之稍微痕迹之嫌疑，此固細讀朱子補傳本文而可知也。或疑若如所釋，則朱子本傳何必曰即凡天下之物，而不曰即凡天下之事，以免人之誤會乎。不知《大學》本文固曰格物，朱子補傳不能易之曰格事。其曰窮至事物之理，是既以事釋物，而於物字本義依然顧到，則不可謂朱子立言之有不明矣。

或疑《大學》明言：物有本末，事有終始，知所先後，則近道矣。又曰：此謂知本，此謂知之至也。則《大學》格物致知，明是格此物有本末之物，致此知所先後之知，何有缺文待補。然知止與知之至不同。知止可謂即知本，乃是起步處，知之至始是歇腳處。故《大學》原文於知止下尚有定靜安慮得各步驟。抑且慮而得，亦非即已得了知之至處。《論語》有子曰：孝弟也者，其為仁之本與，此可謂知本矣。然為仁之事，豈除孝弟外即無理可窮？孝弟之事，亦豈除家庭父兄外便無理可窮乎？《大學》引孔子曰：聽訟，吾猶人也，必也使無訟乎？朱子註：觀於此言，可以知本末之先後矣。然無訟為本，如何使民無訟，其事豈無理可窮？即聽訟之末，亦豈便無理可窮？故朱子於《大學》原文此謂知本此謂知之至也兩語間特加註曰：知之至也句之上別有闕文，此特其結語耳。此其發明知本與知至之不同，可謂深切而著明矣。然則縱謂《大學》無闕文，亦必有闕義。朱子格物補傳，至少補出了《大學》之闕義。讀《大學》，不得不讀朱子補傳，其義抑甚顯。

或又疑：程子明言，《大學》為初學入德之門，豈朱子格物窮理之說，亦初學入德之門乎？然程氏又明言之，曰：於今可見古人為學次第者，獨賴此篇之存。則程氏意，亦指其三綱領八條目乃為學次第，有其本末先後，僅指知止言，不指知之至言。朱子補傳，仍於程氏意無背也。惟象山似於為學之本末先後與朱子持異見。故曰：

學有本末，顏子聞夫子三轉語，其綱既明，然後請問其目。夫子對以非禮勿視勿聽勿言勿動。顏子於此，洞然無疑，故曰：回雖不敏，請事此語矣。本末之序蓋如此。今世論學者，本末先後，一時顛倒錯亂。曾不知詳細處未可遽責於人。如非禮勿視聽言動，顏子已知道，夫子乃語之以此。今先以此責人，正是躐等。視聽言動勿非禮，不可於這上面看顏子。須重請視此語，直是承當得過。

象山意，大處承當是本，細處致詳是末。大綱是本，小節是末。其曰今世論學者，本末先後一時顛倒錯亂，正指朱子。若以格物補傳言，其心豁然貫通，始是綱，是本。即物而窮其理，乃是目，是末。而朱子顛倒其序，故象山譏朱子以支離也。朱子又以讀書為格物中一事，象山則曰：堯舜以前曾讀何書來。若我不識一字，亦將堂堂地做一人。蓋象山認我心悟道始是綱、是本。讀書求知，只是目，是末。先在大處承當，乃后在小處下手。再言之，仁是綱，是本，孝弟是目，是末。故象山又謂讀《論語》即疑有子之言支離也。

若以《中庸》言之，象山意，自以尊德性為綱，為本，道問學為目，為末。故曰：既不知尊德性，焉有所謂道問學。然朱子於〈玉山講義〉篇則曰：

聖賢教人，始終本末，循循有序。精粗巨細，無有或遺。故才尊德性，便有個道問學一段事。雖當各自加功，然亦不是判然兩事。故君子之學，既能尊德性以全其大，便須道問學以盡其小。要當有以交相滋益，互相發明，則自然該貫通達，而於道體之全無欠闕矣。

《大學》三綱領之外復有八條目，於誠正修齊治平各條目之中，仍當道問學，仍當格物窮理以致知。三綱領八條目不是判然兩事，則朱子格物補傳，縱不是補了《大學》之闕文，而實補了《大學》之闕義，豈不於此而見乎？

陽明承象山而起，其言致良知，乃曰見父自然知孝，見兄自然知弟，亦不見道問學工夫。誠如陽明之言，則孔子之七十而從心所欲不踰矩，豈不仍是此見父自然知孝見兄自然知弟之良知而已乎？縱謂陸王論學得其大綱之本，然朱子格物窮理，亦為之補出了細節之末。固不得謂有綱即不須有目，有本即不須有末也。後世凡疑朱子補傳，其實亦率仍陸王義疑之，非有太多歧說也。

此稿草於民國三十年，載《思想與時代》第二期。

儒禮雜議之一——非鬪

古者法令未具，民風武勇，睚眥之忿，至於相殺，仇報隨之，私鬪蓋多。請證之於《尚書》。《書・微子》言紂無道，「凡有辜罪，乃罔恆獲。小民方興，相為敵讎」。是謂上失其刑，而後民相讎也。然夷考其實，有不盡然。請證之於《周禮》。

《周禮・地官司徒・調人》：「掌司萬民之難而諧和之。凡過而殺傷人者以民成之，鳥獸亦如之。凡和難，父之讎辟諸海外，兄弟之讎辟諸千里之外，從父兄弟之讎不同國。君之讎視父，師長之讎視兄弟，主友之讎視從父兄弟。弗辟則與之瑞節而以執之。凡殺人有反殺者，使邦國交讎之。凡殺人而義者不同國，令勿讎，讎之則死。凡有鬪怒者成之，不可成者則書之，先動者誅之。」其致謹於和難解讎之情可知矣。然調和難則使辟，弗辟乃執之，則烏所謂辜罪恆獲者？且殺傷鳥獸而成難，鬪怒不可成而輒動，則敵讎之興，亦不必由於辜罪之罔獲也。〈秋官朝士〉：「凡報仇讎者，書於士，殺之無罪」，則報讎相殺，又明為法令之所許也。可知小民之相為敵讎，不盡由於暴上之失其刑。雖治君有不免，自為古社會恆見之常情矣。請再證之以〈曲禮〉、〈檀弓〉。

〈曲禮〉曰：「父之讎，勿與共戴天。兄弟之讎，不反兵。交遊之讎，不同國。」則在上者雖有和難解讎之法，在下者亦自有尋難報讎之禮也。又曰：「父母在，不許友以死」，則許友以死，自為古禮，其事至漢猶有之，所謂「借交報讎」是也。

〈檀弓〉曰：「死而不弔者三，畏，厭，溺。」《白虎通》：「畏者，兵死也」。鄭云：「人或時以非罪攻已，不能有以說之，死之者。」盧云：「畏者，兵刃所殺也。」今按此三解，蓋均有所受，而言之未析。畏者，謂私鬪也。故或曰「鬪很忘命曰畏」，非徒閔不畏死之謂也。雖以孔子之聖，而畏於匡。蓋橫逆之來，侵暴之及，在古社會為常事，有君子所不料者，故可畏也。然孔子固未嘗指斥私鬪，則以鬪之為古禮也。請證之於《論語》！

子曰：「見義不為，無勇也。」《周禮》疏云：「義，宜也。父母兄弟師長三者嘗辱焉，子弟及弟子則得殺之，是得其宜。古者質，故三者被辱，即得殺之也。」此孔子不斥私鬪之證也。

孔子曰：「君子有三戒：少之時，血氣未定，戒之在色；及其壯也，血氣方剛，戒之在鬪；及其老也，血氣既衰，戒之在得。」以鬪與好色貪得並言，列為三戒，知古社會之好鬪矣。而孔子亦未言鬪之非也。其謂戒者，殆亦加慎焉已耳。不義而富且貴，踰牆而摟處子，所戒也，非戒夫婦與富貴也。其戒鬪，亦如是矣。此又孔子不斥私鬪之證也。又曰：「一朝之忿，忘其身，以及其親，非惑歟？」此亦戒鬪之意。為懼及其親，未嘗言鬪之非禮與不法也。或問：「以德報怨，子曰：『何以報德？以直報怨，以德報德』。」《漢書．地理志》稱太原上黨人矜夸功名；報仇過直，號為難治。「父兄被誅，子弟怨憤，至告訐刺史二千石，或報殺其親屬。」則知報怨猶報仇也。報仇即相鬪殺也。孔子亦言報，特不過直耳。

子畏於匡，顏淵後，子曰：「吾以汝為死矣。」曰：「子在，回何敢死！」初陽虎嘗暴匡人，匡人見孔子，以謂陽虎而報之。為孔子徒者，宜亦報匡人。此即所謂見義勇為也。故孔子疑顏淵之死。曰：何敢死者，顏子事孔子如父，父母在，禮不以身死鬪也。此以見古人之報，不必親戚朋友殺身之讎，雖小侵辱亦有之。曾子曰：「犯而不校，昔者吾友嘗從事於斯矣。」校，報也。或曰：吾友指顏子也。曾點使曾參，過期不至，人皆見曾點，曰：「無乃畏耶？」點曰：「我存，夫何敢畏？」若二子者，其殆知孔子之戒，致謹於孔子之所謂惑者也。

《中庸》：子路問強，子曰：「寬柔以教，不報無道，南方之強也。君子居之。衽金革，死而不厭，北方之強也。而強者居之。」而強者，即指若子路之強者類也。君子者，孔子自道也。孔子弟子，子路最稱好勇，《史記》：「子路陵暴孔子，孔子設禮誘之」，倘所謂寬柔以教者。然其事信否不可知。而余於《中庸》則有疑。此殆後之儒者，雜取南方莊老之言以為之。故曰「寬柔不報」，至於孔子與其徒，在當時固皆言報。請別證之於《墨子》！

子夏之徒，問於子墨子曰：「君子有鬭乎？」子墨子曰：「君子無鬭。」子夏之徒曰：「狗豨猶有鬭，惡有士而無鬭矣？」子墨子曰：「傷矣哉！言則稱於湯文，行則譬於狗豨，傷矣哉！」

蓋墨子以兼愛教，故主非攻無鬭。子夏之徒，儒者尚禮，故有鬭。曷以見尚禮有鬭？請再證之於〈檀弓〉！

子夏問於孔子曰：「居父母之仇，如之何？」夫子曰：「寢苫枕干，不仕，弗與共天下也。遇諸市朝，不反兵而鬭。」曰：「請問居昆弟之仇如之何？」曰：「仕弗與共國。啣君命而使，雖遇之，不鬭。」曰：「請問居從父昆弟之仇如之何？」曰：「不為魁，主人能，則執兵而陪其後。」此殆子夏之徒所記。此子夏之徒尚禮故有鬭之證一也。此衍孔子以直報怨之緒論者也。請又證之以《孟子》！

孟子謂：「北宮黝似子夏，不膚撓，不目逃，思以一毫挫於人，若撻之於市朝。不受於褐寬博，亦不受於萬乘之君。視刺萬乘之君，若刺褐夫。無嚴諸侯，惡聲至，必反之。」此又子夏之徒主有鬭之一證也。且不僅於子夏之徒也，曾子謂子襄曰：「吾嘗聞大勇於夫子矣。自反而不縮，雖褐寬博，吾不惴焉。自反而縮，雖千萬人，吾往矣。」往謂往鬭也。此孔子之徒主有鬭之又一證也。此衍孔子見義不為則無勇之緒論者也。請繼證之於〈儒行〉！曰：「儒有居處齊難，其坐起恭敬，言必先信，行必中正，道塗不爭險易之利，冬夏不爭陰陽之和，愛其死以有待也，養其身以有為也，其備豫有如此者。」此衍孔子戒之在鬪，一朝之忿忘其身及其親為惑之緒論者也。又曰：「爵位相先，患難相死，稱其任舉。」則任俠之類，即許友以其身也。此又孔子之徒主有鬪之一證也。陳澧《東塾讀書記》謂：「〈儒行〉『其過失可微辨而不可面數也，』此語實未安。」又：「鷙蟲攫搏，不程勇者。引重鼎，不程其力。」鄭注云：「搏猛引重，不量勇力堪之與否」，謂「注說未安」。今按：陳氏之疑，皆緣未曉古人真相。即如孟子「北宮黝之養勇，不膚撓，不目逃，思以一毫挫於人，若撻之於市朝，惡聲至，必反之」，此即不可面數也。「孟施舍之養勇，曰視不勝，猶勝也，量敵而後進，慮而後會，是畏三軍者也。豈能為必勝哉？能無懼而已。」此即不程其力也。古之儒者原自有此，不得以後儒疑之也。

〈鄉飲酒義〉亦有之，曰：「君子尊讓則不爭，絜敬則不慢，不慢不爭，則遠於鬪辨，……免於人禍矣。」孟子亦言之曰：「橫逆之來，君子必自反，……於禽獸又何校？……故君子無一朝之患。」此皆慎戒鬪爭之說也。然孔子畏於匡。子思困於宋，（見《孔叢子》）孟子有戒心於薛。趙岐云：「時有惡人欲害孟子。」此皆儒者大師，猶不能免。鬪爭之風之盛行於古代，為何如耶？然儒者終言養勇，言不辱，言復讎，而未嘗明斥鬪爭，則以鬪為古禮，儒者循禮，故不知非也。

明斥鬪爭者始於墨。墨者非禮，故亦非鬪。孟子曰：「墨子兼愛，是無父也。」試以上述之義言之，今有刺刃於墨之父者，墨者非鬪，其何以應？此非兼愛則無父耶？然而墨徒之非鬪亦有說。請再證之於《莊子》！

曰：「接萬物以別宥為始。語心之容，命之曰心之行。以聏合懽，以調海內，見侮不辱。救民之鬪，禁攻寢兵，救世之戰。以此周行天下，上說下教，雖天下不取，強聒不捨，是尹文宋鈃之為也。」尹文宋鈃則墨徒也。蓋至其時，上苦於戰，下苦於鬪，民之死非命者眾矣。此墨宋之徒所以大聲疾呼而謀救之也。民之困於鬪者有證乎？曰有，請證之於《呂覽》！

楚之邊邑曰卑梁，（梁伯子云：「卑梁是吳邊邑，《史記》〈十二諸侯年表〉及〈楚世家〉、〈子胥傳〉皆同。楚邊邑乃鍾離也。此與〈吳世家〉所載皆誤。」）其處女與吳之邊邑處女桑於境上，戲而傷卑梁之處女，卑梁人操其傷子以讓吳人，吳人應之不恭。怒，殺而去之。吳人往報之，盡屠其家。吳楚由是大格。（〈察微篇〉）是以兩女子之相戲，而尋至於兩國用兵也。鬪之作始也微，而將畢之鉅有如此。然猶謂是異國也。請再證之於《荀》、《韓》！

荀子曰：「以少頃之怒，喪終身之軀，室家立殘，親戚不免於刑戮，然且為之。」（〈榮辱篇〉）是當時之鬪也。韓子曰：「棄灰於街必掩人，掩人必怒，怒則鬪，必三族相殘。」（〈內儲說上〉）此亦當時之鬪也。則墨者之所以非鬪可知矣。故有鬪之與無鬪，亦當時儒墨一公案也。請仍證之於《韓子》！

曰：「漆雕之議，不色撓，不目逃，（此子夏之勇也。）行曲則違於臧獲，行直則怒於諸侯，（此曾子之勇也。）世主以為廉而禮之。」韓非言儒分為八，漆雕居首，漆雕可為儒之代表矣。此儒之主有鬬也。「宋榮子（即宋鈃）之議，設不鬬爭，取不隨仇，不羞囹圄，（古人不徒對平民有報，對官吏法令亦有之。）見侮不辱，世主以謂寬而禮之。」（〈顯學〉）荀子常以墨翟宋鈃並言，宋氏之說可以代表墨家。此墨之無鬬也。儒墨各持一說，而當世無定是也。又曰：「儒以文亂法，俠以武犯禁。」俠即儒之一派。文謂議禮，武是尚勇。而人主兼禮之，此所以亂也。「今兄弟被侵，必攻者廉也。知友被辱，隨仇者貞也。（言此者儒之文，行此者俠之武。）廉貞之行成，而君上之法犯矣。人主尊貞廉之行，而忘犯禁之罪，故民程於勇而吏不能勝。」然則初以法之所不及而有鬬，既乃法漸密而鬬益熾，乃以鬬而侵法也。原鬬之所以益熾，在下有儒家之禮，而以鬬為勇。在上有人主之尊，而以鬬為榮。此鬬之所以終不可已也。儒者主鬬，具如上說，而人主之尊鬬亦有證。證在於《呂覽》：

尹文見齊王曰：「今有士於廟朝中，深見侮而不鬬，王將以為臣乎？」王曰：「否，大夫見侮而不鬬，則是辱也。辱則寡人不以為臣矣。」（〈正名〉）是當時固以不鬬為辱也。然宋子以見侮為不辱，而荀子又譏之，曰：「鬬之與不鬬，亡於辱之與不辱，乃在於惡之與不惡。」（〈正論〉）

而荀子卒亦無以解人之惡鬪。其言鬪之非，亦不過計其智愚利害安危榮辱之間，是五十步之笑百步也。荀子亦儒者之徒，則其笑宋氏宜也。

商君之治秦，曰：「王者之政，使民怯於私鬪，而勇於寇戰。」故上首級而刑棄灰。李斯言之如此。以韓非言觀之，刑棄灰，殆以防鬪也。秦人積世行之。韓非極論之，又見賞於秦皇，故秦兵強，併六國。至秦亂，蒯通說范陽令曰：「秦法重，足下為范陽令，殺人父，孤人子，斷人足，鯨人首，而慈父孝子，莫敢剚刃公之腹中者，畏秦法耳。今天下亂，秦法不施，慈父孝子，且剚刃公之腹中以成名。」由此觀之，私鬪報殺之風，殆衰於秦法也。

劉邦入秦，約法三章。曰：「殺人者死，傷人及盜抵罪」，異乎《周官》解讎和難之說矣。劉季非能曉此，殆本秦法，摘取其三耳。然自是乃以私鬪報殺為非法。雖游俠之風又盛於漢初，而終不敵朝廷之法令。時扞文網，稍稍而絕。後世風教既異，法令日備，不曉古人情事，斤斤於禮法之高下優劣，不知此不可以無證議也。且如墨之兼愛，儒之講禮，均不足以息鬪，而息社會好鬪之風者，則商韓之法令也。今且以社會之有鬪為禮之美乎？抑且以無鬪為法之陋乎？不深考所以，而妄附於耳聞口傳之末，將以判古人之是非，寧有當哉？余又怪墨家非攻，人知之，顧其主無鬪，亦當時移風易俗一大事，而知者絕鮮。特高拱深坐，以盛談孔之約禮，孟之養氣，渺不知古人之真相，是真羅者視藪澤，鷦鵬翔寥廓也。故集次其事，備議古之士之借觀焉。

書後

余既著非鬪，備引先秦古籍，因略指漢以來可以參證者，覩記所及，未能詳也。《淮南・詮言訓》：「今有美酒嘉肴以相饗，卑禮婉辭以接之。欲以合懽。爭盈爵之間，反生鬪。鬪而相傷，三族結怨，反其所憎，此酒之敗也。」此可與〈鄉飲酒義〉君子尊讓遠鬪之說相發。知古者鬪風之熾，率起於細微而成大禍。

《史記》欒布為人略賣，為奴於燕，為其主家報仇。此可以補借交報讎之未盡。其他如項梁項伯殺人避仇，張良季布季心兄弟為任俠，及〈游俠傳〉所載朱家郭解之儔，避讎報讎之事，多不勝舉，知私鬪之猶盛於漢初也。

惠棟《周禮古義》：〈調人〉云：『「凡有鬪怒者成之。」鄭司農云：「成之謂和之也。和之猶今二千石以令解仇怨，後復相報，移徙之，此其類也。」《王褒集・僮約》注云：「漢官不禁報怨，」』（引見《御覽》）故二千石以令解之。令者，漢令有和難之條。鄭云：『後復相報，移徙之』者，案後漢桓譚疏曰：『今人相殺傷，雖已伏法，而私結怨讎，子孫相報，後忿深前，至於滅戶殄業，而俗稱豪健。故雖怯弱，猶勉而行之。此為聽人自理，而無復法禁者也。今宜申明舊令，若已伏官誅，而私相傷殺者，雖一身逃亡，皆徙家族於邊。其相傷者，加常二等。不得雇山贖罪。如此則仇怨自解。』譚所云舊令，即先鄭所云移徙之法也」。據此，知私鬬之風，至東漢猶未全絕，並可以見當時法令之一斑。《後漢・郅惲傳》：「惲友人董子張者，父先為鄉人所害，及子張病，將終，惲往候之，子張垂歿，視惲歔欷，不能言。惲曰：『吾知子不悲天命而痛讎不復也。子在，吾憂而不手。子亡，吾手而不憂也。』子張但目擊而已。惲即起，將客遮仇人，取其頭，以示子張。子張見而氣絕。惲因詣縣以狀自首，曰：『為友報讎，吏之私也。奉法不阿，君之義也。虧君以生，非臣節也。』趨出就獄。令跣而追惲不及，遂至獄，令拔刀自向以要惲曰：『子不從我出，敢死以明心。』惲得此乃出。」又〈朱暉傳〉稱：「暉好節概，為臨淮太守，其諸報怨以義犯，率皆為求其理，多得生濟。」今按以義犯者，即《論語》「見義不為無勇」之義，指報怨言也。此見當時雖有禁鬬之法，而儒者尚有義鬬之意。《風俗通》載：「太原周黨伯況少為卿佐發黨過於人中辱之。黨學春秋長安，聞報讎之義，輟講下，辭歸報讎，到與卿佐相聞，期鬬日。卿佐多從正往。使卿佐先拔刀，然後相擊，佐欲直，令正擊之，黨被創困乏。佐服其義勇，便輿養之，數日蘇興，乃知非其家，即逕歸。」（《後漢書》亦載此事，較略。）據此，益見報讎私鬬，為儒者之義。尅期而鬬，勝者為直，乃與西人決鬬相似。多從正往者，意古人決鬬，亦有公證，而卿佐乃多以正往，令之擊黨，是卿佐之詐也。或正是卿佐僚屬，例得助鬬，未能遽定。

《後漢・郭太傳》：「陳留左原為郡學生，犯法見斥，後更懷忿，結客欲報諸生。其日林宗在學，原媿而去。」又：「扶風宋果熹與人報讎，為郡縣所疾。林宗訓之義方，懼以禍敗，果感悔。」觀於此，知其時報讎之事尚盛，而鬭狠之風已稍衰也。

至唐時，張審素為雋州都督，人告其贓污，制遣殿中侍御楊汪萬頃按之，汪奏斬審素。其二子瑝琇流嶺表，逃歸，伺便復讎，手殺萬頃於都城。議者多言二子父死非罪，稺年孝烈，能復父讎，宜加矜宥。張九齡亦欲活之。裴耀卿李林甫以為如此，壞國法，玄宗亦以謂然。乃下勑曰：「國家設法，期於止殺。各伸為子之志，誰非徇孝之人？展轉相讎，何有限極？咎繇作士，法在必行。曾參殺人，亦不可恕。宜付河南府杖殺！」今按：自是雖父讎尚不許私報，更何論夫其他？蓋其時俗化益美，鬭暴益少，政治益進，法制益密，而古禮漸不見知於世矣。其咎繇曾參二語，實當時伸法折禮之摯論也。

其後韓退之柳子厚於此問題均有論列。柳氏作〈駁復讎議〉，引天后時同州人徐元慶父爽為縣尉所殺，元慶殺尉自首，陳子昂建議誅之而旌其閭。駁曰：「禮刑均以防亂，而其用則異，旌與誅不可得並。元慶不忘讎為孝，不愛死為義，不當以為戮。」同時韓氏〈復讎狀〉，以德宗時（元年九月）富平縣人梁悅為父殺仇人秦梁，投縣請罪，引朝廷勑文：「復讎據禮經則義不同天，徵法令則殺人者死，禮法皆王教之端，有此異同，必資論辨」，而自申己意，則曰：「復讎之名雖同，而其事各異。或百姓相讎，如《周官》所稱，則可議於今。或為官所誅，如《公羊》所稱，則不可行於今」。殺之與赦，不可一例。韓柳皆儒者，而韓氏之論視柳為密。至宋王安石作〈復讎解〉始曰：「復讎之義，見於《春秋傳》，見於《禮記》，特為亂世之為子弟者言之。《周官》之說曰：『凡復讎者書於士，殺者無罪。』疑非周公之法。凡所以有復讎者，以天下之亂，而士之不能聽。有士矣，不能聽其殺人之罪以施行，而使為人之子弟者讎之。然則何取於士而祿之？」蓋以儒者而伸法抑禮，始於王氏，至是而論始一歸於法。大抵張瑝兄弟與徐元慶梁悅之事，於唐已為偶見，無論借交報讎之類矣。法律之用既顯，鬪勇之風亦衰。禮法之衝突，至是始決，而禮卒屈於法也。王氏謂復讎為亂世法，於理則是，於事未切，復讎自古禮耳。蓋先秦以上，法制初興，而屈於禮。兩漢之際，禮法抗行。至其後，法定而禮黜。其演變之大略如是。後世論儒墨法三家之高下是非，可謂已臻於定論，而惟此一端殆少注意。至如今世，必認儒者為懦為柔，觀此一端，亦可以廢然知返矣。

此稿草於民國十八年，載《蘇中校刊》十一期。

釋俠

《韓非・五蠹》謂：「儒以文亂法，而俠以武犯禁，而人主兼禮之，此所以亂也。」《淮南・說山訓》亦曰：「喜武非俠，喜文非儒。」此當時儒俠兼舉之證。而自莊子以來迄於韓非之顯學，又多並稱儒墨，近人遂疑俠即墨徒，而目儒墨為文士武士之分者。竊案其說，殊不可據。韓子五蠹，一曰學者，二曰言談者，三曰帶劍者，四曰串御者，五曰工商者。學者即兼包儒墨，帶劍者則以武犯禁之俠也。然則俠乃戰國中晚期新起一流品。若專言學術，則儒墨對舉。若並稱儒俠，則儒即兼墨，不得目俠為墨，即憑韓非書可證。又考〈五蠹〉有云：「離法者罪，而諸先生以文學取。犯禁者誅，而羣俠以私劍養。」又云：「富國以農，距敵恃卒，而貴文學之士。廢敬上畏法之民，而養遊俠私劍之屬。」又曰：「明主之國，無書簡之文，以法為教。無先王之語，以吏為師。無私劍之捍，以斬首為勇。」此以私劍遊俠與文學之士對舉。凡稱詩書，道先王，治文學，此儒墨所皆然。故知以文亂法，儒已兼墨，以武犯禁，俠非墨徒。儒墨與游俠流品各別，不得相混淆也。

抑觀於《太史公書》，其言游俠，又微與韓非差池。《史記・游俠傳》：「古布衣之俠，靡得而聞已。近世延陵孟嘗春申平原信陵之徒，皆因王者親屬，籍于有土卿相之富厚，招天下賢者，顯名諸侯。不可謂不賢者矣。此如順風而呼，聲非加疾，其勢激也。至如閭巷之俠，修行砥名，聲施于天下，莫不稱賢，是為難耳。然儒墨皆排擯不載，自秦以前，匹夫之俠，湮滅不見，余恨之。」是史公明謂先秦游俠，儒墨皆排擯不載矣。烏得輕謂俠之即墨乎？惟史公與韓非異者，史公特指孟嘗春申平原信陵為俠。至其所養，則轉不獲俠稱。故曰：「匹夫之俠，湮滅不見。」則俠乃養私劍者，而以私劍見養者非俠。故孟嘗春申平原信陵之謂卿相之俠，朱家郭解之流謂閭巷布衣之俠，知凡俠皆有所養，而所養者則非俠。此義，又可徵之於《淮南》之〈氾論訓〉。其言曰：「北楚有任俠者，其子孫數諫而止之，不聽也。縣有賊，大搜其廬，事果發覺，夜驚而走。追道及之，其所施德者皆為之戰，得免而遂返。語其子曰：『汝數止吾為俠，今有難，果賴而免身。』」此任俠為有所藏養之證也。至其所施德為之戰者，則轉不得俠稱。

今再考之他說。荀悅曰：「立氣齊，作威福，結私交以立彊於世者，謂之游俠。」如淳曰：「相與信為任，同是非為俠。所謂權行州里，力折公侯者也。」此亦主養人言，不指見養言。故知以武犯禁，不僅指一劍之私。則韓非書之所指，殆亦以養帶劍者而言耳。此猶其言儒墨，意在孔子墨翟，不指游夏禽滑釐之徒矣。至於任俠之所養，在當時則均目為客，或稱賓客，門客，食客。而客之中有刺客。而盛養此輩門客食客刺客者則俠也。燕太子丹，乃所謂卿相之俠，而荊軻則刺客也。《漢書・季布傳》顏師古注：「俠之言挾也，以權力俠輔人也。」此亦不謂見俠輔者為俠。挾輔人者有權力，見挾輔者不得謂有權力也。今分析太史公所述游俠行誼，大致有數別。一曰設取予然諾。一曰振人不贍，趨人之急。一曰以軀借交報仇。一曰藏命作姦。故曰：「言必信，行必果，已諾必誠，不愛其軀，赴士之阨困，既已存亡死生矣，而不矜其能，羞伐其德」。凡其所謂修行砥名者率如此。豈有專指私劍之被養，刺客之勇，武士之一德，而以謂之俠乎。

古人又率言任俠。《史記・季布傳》集解引孟康曰：「信交道曰任。」如淳則曰：「相與信為任。」《說文》：「任，保也。」《周禮》：「五家相比，使之相保。」夫五家相保，所以便于討亡命而詰姦。今任俠之保，則特為信然諾以藏匿亡命而作姦。然則將亡命者為任俠乎？抑藏匿亡命者為任俠乎？此不煩辨而知矣。《韓非》之〈六反〉又言之，曰：「行劍攻殺，暴傲之民也，而世尊之曰廉勇之士。活賊匿姦，當死之民也，而世尊之曰任譽之士。」盧文弨曰：「譽疑是俠。」則韓非言任俠，本與廉勇有殊，其說亦無以大異於馬遷。惟既以養私劍者為俠，浸假而亦遂以見養者稱俠。既以藏匿亡命者為俠，浸假而亦遂以見藏匿者稱俠。此亦偶可有之。故韓非既云然，而史公亦曰：「孟嘗君之於薛，收納任俠姦人六萬家。」此六萬家，當不專指養人匿人，亦必多見養見匿之家矣。又《淮南．人間訓》：「虞氏，梁之大富人也。家充盈殷富，金錢無量，財貨無貲。升高樓，臨大路，設樂陳酒，積博其上，游俠相隨而行樓下，飛鳶適墮其腐鼠而中游俠，游俠相與言曰：虞氏富樂之日久矣，常有輕易人之志，乃辱我以腐鼠。如此不報，無以立務於天下。請與公僇力一志，悉率徒屬而必以滅其家。」此所謂之游俠與徒屬，即猶史公之稱任俠與姦人也。史公文，稱收納任俠姦人六萬家，蓋任俠為其首，而姦人為之屬。猶如《淮南》之言游俠與徒屬，亦游俠為之主，徒屬為之附也。

古俠字之義訓既明，則請問儒為文士墨為武士之說又如何？曰：此亦非可一端論。自許叔重《說文》以柔訓儒，後人不察，遂乃以儒家為尚柔，因目儒者為文士，而墨子之徒見謂可以赴湯蹈火，因遂疑儒墨有文武之別，此亦臆測懸想，未能深窮夫古者儒墨之真相也。請再以《韓非．顯學》篇證之！韓非曰：「漆雕之議，不色撓，不目逃，行曲則違于臧獲，行直則怒于諸侯，世主以為廉而禮之。宋榮子之議，設不鬪爭，取不隨仇，不羞囹圄，見侮不辱，世主以為寬而禮之。夫是漆雕之廉，將非宋榮之恕也。是宋榮之寬，將非漆雕之暴也。今寬嚴恕暴俱在二子，世主兼而禮之。」《韓非》此節，與上文孔墨侈儉孝戾並舉。蓋漆雕儒流，宋榮墨徒，漆宋之不當兼禮，正猶儒墨之不能並是。然則漆雕之與宋，固又孰為剛而孰為柔，孰則文而孰則武乎？孔子弟子有澹臺滅明者，史傳稱其「南遊至江，從弟子三百人，設取予去就，名施乎諸侯」，此即類後世閭巷之俠矣。孟子稱：「北宮黝之養勇也，不膚撓，不目逃，思以一毫挫於人，若撻之於市朝。不受於褐寬博，亦不受於萬乘之君。視刺萬乘之君，若刺褐夫。無嚴諸侯，惡聲至，必反之。孟施舍之所也，曰視不勝猶勝也。量敵而後進，慮勝而後會，是畏三軍者也。舍豈能為必勝哉，能無懼而已矣。」孟子曰：「孟施舍似曾子，北宮黝似子夏。夫二子之勇，未知其孰賢，然而孟施舍守約也。」又曰：「昔者曾子謂子襄曰：子好勇乎？吾嘗聞大勇于夫子矣。自反而不縮，雖褐寬博，吾不惴焉。自反而縮，雖千萬人，吾往矣。孟施舍之守氣，又不如曾子之守約也。」是知養氣養勇，乃孔門為教之一端。韓非之稱漆雕，特舉儒中之一支而言。儒之中固有漆雕氏之儒，而儒分為八，不盡於漆雕之一支。然既儒有漆雕，則不當專目為文士可知矣。而〈儒行〉篇所記，尤足為據。其言曰：「儒有道塗不爭險易之利，冬夏不爭陰陽之和，愛其死以有待也，壽其身以有為也，其備豫有如此者。又儒有劫之以眾，沮之以兵，見死不更其守，其特立有如此者。又儒有可親而不可劫也，可近而不可迫也，可殺而不可辱也。其居處不淫，其飲食不溽，其過失可微辨而不可面數也，其剛毅有如此者。又儒有患難相死，其任舉有如此者。」據此諸端，又烏見儒之尚柔，而必盡為文士？而謂可與墨之專屬武士者作對列乎？孔子固已言之矣，曰「守死善道」，又曰：「壯士不忘喪其元。」養勇守氣，亦孔門之流變有之。而後世漸失其本，流而為私劍之屬。

夫私劍亦豈墨家之所專有乎？至如四公子卿相俠者之所養，此又當時文學游士之降而益下者，然其中亦未嘗絕無所聞于儒墨諸家之流風餘韻。故謂俠出于儒墨則可，謂儒墨分文武，而以墨擬俠，則皆不得古社會流品之真相也。

俠之興起，蓋值古者封建社會崩潰，孔子墨翟，弟子來自四方，麕集私人之門下，其所議論施設，豈在上者之所能制馭領導乎。此即韓非之所謂以文亂法也。其風愈下愈甚，自魏文齊威國君養賢，進而變為公子養賢，則貴族階級失其控制，平民階級崛起，即如孟嘗春申平原信陵四君之所為。若認此等所為謂之俠，則孔子墨翟適成為俠之首耳。貴族階級愈崩潰，平民社會愈崛起，於是而有布衣閭巷之俠。惟百家興起皆尚文，必各有一番學術思想，而成為一集團。此集團必是一私集團，故稱之曰家。而儒家最先起，故韓非以儒為以文亂法之代表。至於俠，亦成一集團，而初不以學術思想為號召，故俠不得與百家為伍，然可見平民社會勢力之日興矣。故太史公取以與貨殖商賈並列，此皆當時社會中一流品，而與儒墨百家之為流要不同。欲研究古代學術思想，必注意儒墨百家之流。欲研究古代社會情況，則必注意游俠貨殖之流。百家起在前，游俠貨殖起在後。又豈可謂墨者之徒之流而為俠乎！

此稿草於民國三十一年，載成都《學思雜誌》第一卷。

駁胡適之〈說儒〉

余舊撰《國學概論》，已著墨家得名乃由刑徒勞役取義，而於儒字尚無確詁。及著《先秦諸子繫年》，乃知許叔重《說文》儒為術士之稱，術指術藝，術士即嫻習六藝之士，而六藝即禮樂射御書數。因知儒墨皆當時社會生活職業一流品，此乃自來論先秦學派者所未道。越數載，胡適之先生有〈說儒〉篇，(刊於《胡適論學近著》第一集)亦以生活職業釋儒字，而持論與余說大異。因撰此文，藉以請胡先生及讀者之教正。

一　駁最初儒皆殷人皆殷遺民之說

孔子殷人，不能即證儒者之皆殷遺民。孔子弟子分佈，魯為多，衛次之，齊又次之，而籍宋者特少。胡文引傅孟真說，魯為殷遺民之國。然孔門魯籍弟子，固有確知其非殷遺民者。姑舉顏氏說之。《左傳》襄公十九年：「齊侯娶於魯曰顏懿姬，其姪鬷聲姬。」註曰：「顏鬷皆姬母姓」，（當曰母氏）則顏氏為姬姓魯族審矣。《姓譜》：「顏姓本自魯伯禽支子有食采顏邑者，因以為族。」此當有本。〈仲尼弟子傳〉，顏氏居其八，顏路顏回顏幸顏高顏祖顏之僕顏韓顏何皆魯人。顏之推云：「仲尼母族。」孔廟韓敕修禮器碑：「顏氏聖舅，家居魯，親里在尼山，漢為昌平亭。」此孔門弟子顏氏為魯人，決非殷民之碻證也。（《春秋》又有郳顏，與魯顏別。《公羊傳》所稱郳婁顏是也。然郳亦非殷後。）其他孔子弟子稍著者，其籍貫皆已考詳於《繫年》。豈得因魯地有殷遺民，遂輕謂魯儒皆殷遺哉？

二 駁儒是柔懦之人為亡國遺民忍辱負重的柔道觀說

《說文》：「儒，柔也。術士之稱。」此當斷為兩句。柔者儒字通訓，術士則儒之別解。胡文不辨許書句讀，遂疑儒術尚柔，僻矣。即謂儒道尚柔，亦未必與亡國遺民相涉。胡文舉正考父佐戴武宣而鼎銘云云，考宋戴公元當周宣王二十九年，上距殷滅已三百二十五年。正考父鼎銘，特其私人之處世格言云然耳，豈得謂是「殷民族一個偉大領袖之教訓？」又豈得據以謂「柔遜乃殷人亡國狀態下之遺風？」考之古說，殷尚鬼，周尚文。尚鬼者，尊信宗教，富於理論想像而長藝術。尚文者，擅政治與軍事之組織而重現實。此為殷周兩部族特性相異之傳說。徵之載籍，確可依信。春秋以下之宋人，大率偏騖理論，不顧事實，有一往無前之概，蓋猶不失古先遺風。宋襄公謂「寡人雖亡國之餘，不重傷，不禽二毛，不鼓不成列」，此謂之狂騖於想像而不顧事實可也，謂是亡國遺風之柔遜則不可。華元之殺楚使者申舟，曰：「過我而不假道，鄙我也。鄙我，亡也。殺其使者必伐我，伐我亦亡。亡一也。」乃殺之。此謂之偏守理論而輕視事實可也，謂是亡國遺風之柔遜，又不可。楚既圍宋，華元夜入楚師，登子反之牀，曰：「敝邑易子而食，析骸以爨，雖然，城下之盟，有以國斃，不能從也。」楚卒為退師三十里而與之平。此豈所謂亡國遺風之柔遜者耶？其他如宋向戌之弭兵，宋王偃之仁義，又如宋人之揠苗而助長，與白日而攫金於市，皆其駑想像忽事實之證也。孔子為殷遺，而居魯邦，為東周文獻淵藪，其所崇重嚮往者，曰文王周公，蓋孔子乃綰合中國往古傳統殷周兩族一偏理想一重實際之兩端，而創為儒道之《中庸》。據《論語》與《周易》，儒家論人事皆尚剛，不尚柔。質之東周殷族風尚，既無柔懦之徵，求之儒家經典明訓，亦無主柔之說。胡文所舉，全無實際，臆測之辭，不攻自破矣。

三　駁儒為殷遺民穿戴殷代古衣冠習行殷代古禮說

儒家所言禮，皆周禮也。孔子曰：「夏禮吾能言之，杞不足徵也。殷禮吾能言之，宋不足徵也。文獻不足故也，足則吾能徵之矣。」此孔子自言夏殷之禮因文獻不足而不能徵。又曰：「周監於二代，郁郁乎文哉，吾從周。」是孔子又言周禮承夏殷之後，集文化大成，而為孔子所願從矣。故曰：「文王既沒，文不在茲乎？」是孔門言禮直承周代，絕無疑義。孔子何以能言周禮，則以西周禮書猶存於魯故也。衛祝鮀有言：「伯禽封魯，其分器備物典冊」，此西周禮書在魯之所由也。故晉韓宣子聘魯，見《易》象與《春秋》，而曰：「周禮盡在魯矣。」齊仲孫湫之省魯，亦曰：「魯秉周禮，未可動。」哀公三年，桓僖二宮災，命周人出御書，宰人出禮書。（以上皆見

《左傳》此皆周之典籍魯有其副之證。故孔子曰：「吾觀周道，幽厲傷之，吾舍魯何適矣。」〈禮運〉又其對哀公曰：「文武之道，布在方冊。」（〈哀公問〉）而莊子亦言之，曰：「其在於詩書禮樂者，鄒魯之士，搢紳先生多能明之。」（〈天下〉篇）此魯存周禮，為儒道所本之明據碻證也。《小戴記．明堂位》：「凡四代之服器官，魯兼用之，是故魯，王禮也，天下傳之久矣。禮樂刑法政俗，未嘗相變也。天下以為有道之國，是故天下資禮樂焉。」此儒業獨盛於魯之所由也。又《左傳》哀公十七年，公會齊侯盟于蒙，孟武伯相。齊侯稽首，公拜。齊人怒，武伯曰：「非天子，寡君無所稽首。」二十一年，公及齊侯邾子盟于顧，齊人責稽首，因歌之曰：「魯人之皐，數年不覺，使我高蹈。唯其儒書，以為二國憂。」孟武伯問孝於孔子，其父懿子，實先為孔子弟子。此稱儒書，即周室相傳古禮書也。若為殷禮，魯之公卿，豈敢據亡國之禮，不稽首而拜，以逆大國之怒乎？再親徵之於孔子，曰：「麻冕，禮也，今也純，儉，吾從眾。拜下，禮也，今拜乎上，泰也，雖違眾，吾從下。」《白虎通．紼冕》篇：「麻冕者何，周宗廟之冠也。」拜乎上者，劉寶楠《論語正義》據凌廷堪《禮經釋例》，謂當時如燕禮，士相見禮，公食大夫禮，聘禮，凡應於堂下拜者，皆不循臣禮之正而拜乎堂上，故孔子非之。據此，則孔子所躬行之禮，其為殷禮乎，抑周禮乎，又不煩言而解矣。

再論儒服。〈儒行〉篇，魯哀公問於孔子曰：「夫子之服，其儒服與？」孔子對曰：「丘少居魯，衣逢掖之衣。長居宋，冠章甫之冠。丘聞之也，君子之學也博，其服也鄉，丘不知儒服。」注：「逢猶大也。大掖之衣，大袂禪衣也。」《莊子・盜跖》篇：「摓衣淺帶，」釋文：摓本又作縫。《列子・黃帝》篇：「女，逢衣徒也。」釋文向秀注曰：「儒服寬長而大。」《荀子・非十二子》篇：「其冠進，其衣逢。」又〈儒效〉篇：「縫衣淺帶，解果其冠。」楊注並曰：「逢，大也。」《淮南・齊俗》：「裙衣博袍。」高注：「裙，褒也。」褒亦大也。又〈氾論〉：「褒衣博帶。」此在禮家謂之侈袂之衣。《周禮・司服》鄭注：「士之衣袂皆二尺二寸而屬幅，其袪尺二寸。大夫以上侈之。侈之者，蓋半而益一焉。半而益一，則其袂三尺三寸，袪尺八寸。」蓋士之袂以布一幅為之，大夫以上之袂加半幅布。儒者縫衣即士服，視當時大夫之服而稍歛其制，烏有所謂穿殷代之古衣？儒術既盛行於魯，及於戰國，而春秋封建衣冠之制漸壞，〈儒行〉作者遂以縫衣為魯之鄉服焉。然要之古無以縫衣為殷製者。《論語》公西華之言曰：「宗廟之事，如會同，端章甫，願為小相焉。」鄭注：「衣玄端，冠章甫。」玄端即正幅之袂，即縫衣也。章甫則為禮冠。此證當時禮冠有用章甫者。若當時未有此制，孔子與子華，乃舍周之委貌而服殷冠，是畔民也。又烏見所謂亡國遺民忍辱負重之柔遜？蓋當時本以章甫為貴族之冠，故孔子既冠章甫，而魯人誦之曰：「袞衣章甫，爰得我所。」然則孔子之冠章甫，以其為士故，非以其為殷遺民故，又昭灼甚明矣。〈郊特牲〉、〈士冠〉記並云：「委貌，周道也。章甫，殷道也。毋追，夏后氏之道也。」

據《白虎通》，此三冠制稍有大小之差。然章甫固為殷冠與否，尚無的證。莊子：「宋人資章甫適諸越」，或自戰國以來，章甫盛行於宋邑，故〈儒行〉作者遂有居宋而冠章甫之曲說，而《禮經》作者乃又以章甫為殷冠。縱使其說而信，則周用六代禮樂，孔門之冠章甫，要以其為禮冠，為士服，不得如〈儒行〉作者謂是鄉服，更不當如胡文所舉，謂之是殷代古衣冠也。若必謂縫衣章甫，乃殷遺亡國之古服，則荀子又云：「章甫絇屨，紳而搢笏」，（〈法行〉篇）豈絇屨搢紳亦殷遺舊制乎？且墨子之書猶有明證。公孟子戴章甫，搢笏，儒服而以見。子墨子曰：「行不在服。且子法周而未法夏，子之古非古。」（〈公孟〉篇）是墨子明以儒服章甫搢笏為法周，又烏見其為殷代亡國遺民之衣冠？

胡文謂儒禮為殷禮者，特舉三年之喪以為說。胡文既謂儒衣冠乃殷民族之鄉服，又以三年之喪為殷民族之喪禮。《論語》子張問：「《書》云，高宗諒陰，三年不言，何謂也？」孔子曰：「何必高宗，古之人皆然。君薨，百官總已以聽於冢宰三年。」高宗諒陰，見於《尚書・說命》之佚文，又見於〈無逸〉，又見於《楚語》與《呂覽》，此非儒家一家之言也。然僅據此文，謂殷高宗曾行三年之喪則可，謂三年之喪即為殷禮，則又不可。考之孟子，舜相堯二十八載，堯崩，三年之喪畢，舜避堯之子於南河之南。舜薦禹於天，十有七載，舜崩，三年之喪畢，禹避舜之子於陽城。禹薦益於天，七年禹崩，三年之喪畢，益避禹之子於箕山之陰。（〈萬章〉篇）稱三年之喪者，以此為最古。竊疑當堯舜之際，中國尚為部族酋長選舉共主之時代，此如烏桓鮮卑契丹蒙古皆有之，而中國定制較為精愜，厥有三端。一者：選舉共主，必先預推其為候選人，以資其政事上之歷練，如堯之使舜相，舜之使禹相，禹之使益相，是也。二者：當前一共主崩，其候選人則試政三年，以驗眾意之嚮背，如堯崩，舜攝政三年，禹崩，益攝政三年，是也。三則於三年之後，必退居以待眾意之決擇，如舜之避於南河之南，禹之避於陽城，益之避於箕山之陰，是也。及王位世襲之制既興，前王崩薨，後王嗣位，而舊禮尚存，蛻變難驟，乃有君死聽於冢宰三年之制。即如太甲居桐，三年而復歸於亳，此亦君薨聽於冢宰三年之古禮也。而禮說之歧，遂謂由伊尹之放。至於武丁諒陰，後世傳為美談，則君薨聽於冢宰三年者，此制在殷世已不常行。而後之儒家乃以三年之喪說之，此雖有所本，而亦有所飾。今謂其原本殷禮，斯失之矣。且三年之喪，本貴族禮，庶民非所能遵。故宰我之問亦曰：「君子三年不為禮，禮必壞。三年不為樂，樂必崩。」而孔子之對亦曰：「君子之居喪」云云。禮不下庶人，所謂天下之通喪者，在當時固不賅庶人言。至孟子乃謂「天子達於庶人，三代共之」。此在戰國，乃有此語。春秋以前，封建井田之制未壞，貴族平民之階級尚存，平民豈得亦守三年之喪禮？至胡文引傅孟真說，謂三年之喪，在東國，在民間，有相當之通行性，（周東封與殷遺民）試問此語何據？胡文遂謂此禮行於絕大多數之民眾，則稍治古史，知封建社會中絕大多數民眾之生活情況者，皆知其不可能，更不煩於詳辨矣。

四　駁儒以相喪為本業及孔門師弟子皆為殷儒商祝之說

儒家崇仁，而本原之於孝。儒家尚孝，而推極之於喪祭。故儒家言禮特重喪祭。然胡文遂謂儒以相喪為本業，則又大謬不然。儒為術士之稱，其所習曰禮樂射御書數，古稱六藝。藝即術也。嫻是藝者，小則為委吏，為乘田。大則宰一邑，道千乘，相宗廟會同。烏見有以相喪為本業之說？胡文所據在《墨子》之〈非儒〉，其說曰：「富人有喪，乃大說喜曰，此衣食之端也。」然此特戰國後人語耳。春秋之際，禮不下庶人，若君卿大夫之喪葬，固有為之宰為之相者，不煩於外求。尚不致俗儒聞喪而集其門，仰以為衣食之端也。春秋之時，尚未有士喪禮。《小戴禮．雜記》：「恤由之喪，哀公使孺悲之孔子學士喪禮，士喪禮於是乎書。」是士喪禮乃孔門創制。其先特有國君卿大夫之喪禮，未必有士喪禮也。若墨子所謂富人有喪，皆大說喜，又曰：「恃人之野以為尊」，人之有富而野者，此正戰國以下，封建井田既廢，社會兼并，乃始有之。相喪為食，下至項梁陳平之時猶然。然豈得以墨子書中語證孔子以前已如此？

至謂士喪禮根本是殷禮，故喪禮之祝人，當然以殷禮為主。又謂儒不但是殷士，其實又都是商祝。則更為荒誕不經。〈檀弓〉：「孔子之喪，公西赤為志焉。飾棺牆，置翣設披，周也。設崇，殷也。綢練設旐，夏也。」又「子張之喪，公明儀為志焉。褚幕丹質，蟻結于四隅，殷士也」。胡文據以為說，謂按士喪禮既夕禮，飾柩設披，皆用商祝為之，可證公西赤與公明儀為志，乃執行士喪禮商祝之職務。夫〈檀弓〉明曰，孔子子張之喪云云，斯見孔子子張外之喪者並不然。不得據此推論儒家喪禮，謂必盡如孔子子張之喪也。此其一。《家語》，孔子之喪，公西華掌殯葬焉，是為志，此猶《史記》吳中有喪，項梁為之主辦之義。孔子之喪，其弟子為之盛禮，備三代之飾，而公西華主其事。至於飾棺設披，則由商祝為之，豈可即以證公西華之為商祝乎？即近時社會喪禮，亦有主辦者，亦有弔祭者，非其家之至戚，即其家之大賓。至於棺歛衣衾，則匠人為之。祈禱拜懺，則僧道為之。相喪者雖曰執紼躬挽，未聞親以相喪者而執飾棺設披之事也。子張之喪，公明儀為之主辦，乃追效殷禮以飾子張之終。非可謂子張與公明儀皆殷士，又以公明儀為商祝也。此其二。且〈士喪〉、〈既夕〉二篇，有明言商祝（凡十次）夏祝（凡五次）者。有泛稱祝（凡二十二次）者。舊注：「泛稱祝者皆周祝。」胡文獨謂泛稱祝者皆指商祝，此已強說。舊注曰：「商祝，祝習商禮者。夏祝，祝習夏禮者。夏祝商祝，總是周人。」是祝皆周人，惟其習夏禮習商禮，乃謂之夏祝商祝，舊注辨析甚明。今胡文乃以商祝為商人，然則今世延僧人以佛事葬親，豈此輩皆出印度五天竺乎？此其三。顓孫師其先陳人，其後為魯人，自古載籍，未有目之為殷人者。胡文獨曰子張是殷士，故送葬完全沿用殷禮。夫既謂儒家皆殷儒，則其喪皆當用殷禮。

〈檀弓〉之記者，又何以特筆書之曰子張之喪云云耶？且子張親受業於孔子，胡文又謂孔子教義已超過保守的殷儒遺風，早已明白宣示從周的態度，則何以其弟子又不用其師教而明背之乎？夫儒家之禮，豈止喪禮？孔子之曰從周，豈專指送死一事？胡文牽綴無理，此其四。若謂《儀禮》稱祝皆商祝，《儀禮》根本皆殷禮，然則豈《儀禮》成書在孔子之前乎，抑出孔子之後乎？且儒家既以《儀禮》為經典，又何說孔子之從周？《周禮》又在何處？此其五。我聞古之稱魯國儒生矣，未聞有殷儒之稱也。我聞儒者之相喪矣，未聞儒者之為祝也。胡文乃謂孔子和那輩大弟子，都是殷儒商祝，又稱之曰職業的相禮人，真不知其說之何從也。

五　駁老子是一個老儒是一個殷商老儒之說

胡文謂老子居周，成周本殷商舊地，遺民所居。夫孔子居魯，不害孔子之為商遺，則老子雖居周，無害老子之為苦縣陳人也。豈得以成周本殷商舊地，遂謂凡居成周者皆商人。此亦猶如因魯分商民，遂謂凡魯人皆殷族耳。至謂老子為史官知禮，又豈得謂春秋時凡知禮者皆殷人乎？以老子為殷商老儒，顯屬無據。且老子既為周室之史官，又何必再業相喪助葬以自活？胡文不啻謂凡言禮皆喪禮，凡喪禮皆為殷禮，而相喪助葬者皆為衣食謀生，其說之無稽，稍具常識，皆可辨之。粗列五事，聊發其緒。其他游辭曲說，本之而引伸者，可不煩再及也。

此稿草於民國四十三年，載香港大學《東方文化》一卷一期。

讀《周官》

《周官》體國經野，猶可說為封建時代之所有。至云設官分職，則明與封建貴族世襲有別，非晚周以下不能有此想也。

太宰之職，治官府，紀萬民；教官府，擾萬民；統百官，諧萬民；正百官，均萬民；刑百官，糾萬民；任百官，生萬民。皆以百官萬民對舉。國之治在官，官之職在民，此非初創封建制度時之政治意識甚顯。

太宰以八柄詔王馭羣臣。一曰爵以馭貴、二曰祿以馭富，春秋時代貴富不別，爵祿不分，戰國以後，乃始有官祿之給。

太宰以八統詔王馭萬民。一曰親親、二曰敬故、三曰進賢、四曰使能、五曰保庸、六曰尊貴、七曰達吏、八曰禮賓。進賢者，民之賢能，皆有以進使於上，則貴族封建之制已墜廢。尊貴，指尊天下之貴者，則游士縱橫之勢已盛，非貴族世襲之貴也。達吏，指察舉勤勞明練之下吏如趙奢之類，皆戰國時事。

九職有閒民，此必井田授地之制已壞，故有閒民也。

九賦有關市之賦，有山澤之賦，有幣餘之賦，則山澤禁地已解放，民間自由商業已漸興，貨幣之使用亦日盛，非春秋以下不能有此。

九兩繫邦國之民，三曰師以賢得民，四曰儒以道得民。春秋時尚無師，有之，惟瞽師耳。師道始見於《論語》。春秋時亦尚不見有儒稱。有之，亦始見於《論語》孔門之問答。社會之有師儒，皆屬後起。乃封建將次崩潰之兆。九曰藪以富得民，此陳恒在齊之所為，而以成其篡業者。以前尚無其例。

太宰祀五帝，又有祀大神祇。鄭注：大神祇謂天地。以其在享先王之前，鄭說殆是也。尊五帝於天地，此斷斷始於戰國晚季，陰陽家言已盛興之後。

《周官》分職，一曰治、二曰教、三曰禮、四曰政、五曰刑、六曰事。治在教前、教在禮前、禮在政前。政者政役之政，鄭注：「政調賦」是也。春秋時代君卿大夫執政，惟知禮與賦耳，固少有於政之外別言治與教者。治在前而禮在後，教在前而政在後，則已戰國之晚世矣。

宮正會其什伍而教之道藝。鄭司農云：道謂先王所以教道民者，藝謂禮樂射御書數。按：太宰九兩，四曰儒，以道得民。鄭注：儒有六藝以教民者。是道藝分言則別，互言則通。《莊子・天下》篇：道術將為天下裂。道術，即道藝也。〈地官〉卿大夫，考其德行，察其道藝。證道之即藝。此皆儒道兩家已興後語。

〈地官〉封人，鄭注：聚土曰封。謂壝埒及小封疆也。大司徒制其畿疆而溝封之，鄭注：溝，穿地為阻固也。封，起土界也。大司馬制畿封國，鄭注：封謂立封於疆為界。此等劃疆分界，穿溝築封，原始封建時代有之。及原始封建已破壞，戰國時代列強兼併後又有之。然在原始封建時，非有大司徒及地官封人諸職，蓋皆出戰國晚年人所想像也。

又制其畿方千里而封樹之，鄭注：樹木溝上，所以表助阻固也。又凡造都鄙，制其地域而封溝之。遂人：鄰里酇鄙具遂，皆有地域溝樹。此皆戰國後人之想像。當西周原始封建時，何嘗有畿方千里之封樹，又何嘗有鄰里酇鄙之封樹乎？

大司徒十二教，十一曰以賢制爵，十二曰以庸制祿，此均封建貴族已次崩潰時之所有。如春秋時，孔子乃以賢制爵，冉有乃以庸制祿也。

大司徒聯師儒，鄭注：師儒，鄉里教以道藝者。此亦師儒分言則別，互言則通也。孟子愛言師，荀卿愛言儒，鄉里皆有師儒，非春秋時代所有。

又頒職事十有二，十曰學藝，鄭注：學藝謂學道藝。春秋時代貴族當學禮，不聞學道藝。

大司徒以五禮防萬民之偽，而教之中。以六樂防萬民之情，而教之和。今按：古者禮不下庶人，刑不上大夫，此以禮樂教萬民，非晚周之世不克有此想。中和二字見於《中庸》。乃秦時書。

又大宗伯，以天產作陰德，以中禮防之，以地產作陽德，以和樂防之。以天地陰陽禮樂中和對言，證《周官》之書與〈易繫〉、《中庸》相先後。

又大司樂以樂德教國子中和祗庸孝友。《中庸》始言中和。孔孟僅言孝弟，不言孝友。祗庸連言，更不見於他書。

大荒大札，令邦國移民，此梁惠王告孟子所云也。春秋時少言移民。

封人掌詔王之社壝，為畿封而樹之。鄭注：畿上有封，若今時界矣。凡封國，設其社稷之壝，封其四疆，造都邑之封域者亦如之。余嘗謂周初封建，乃西周姬姓之武裝移民，戰國時已無此想法矣。故憑《周官》乃不見古人封建之實相。

保氏，掌諫王惡而養國子以道，乃教之六藝，此亦道藝通言之證。春秋以前人常言禮，不知言道與藝。

大司樂，凡有道者有德者使教焉。鄭注：道多才藝者。德能躬行者。今按：春秋以前人少言道藝德行，《周官》則以德行道藝對文者例多不勝舉。皆戰國以下人始有此等想法說法。

宗伯大封之禮，合眾也。鄭注：正封疆溝樹之固。今按：封疆溝樹以合眾，乃孟子所謂民不改聚以後之說法想法也，周初封建豈如此。封疆溝樹，乃以外禦夷，非以內合眾。

大宗伯司尊彝，鬱齊獻酌，醴齊縮酌，盎齊涚酌，凡酒脩酌。鄭注：〈禮運〉曰：玄酒在室，醴醆在戶，粢醍在堂，澄酒在下，以五齊次之，則醆酒盎齊也。〈郊特牲〉曰：縮酌用茅，明酌也。醆酒涚於清，汁獻涚於醆酒，猶明清與醆酒於舊澤之酒也。此言轉相泲成也。獻讀為摩莎之莎，齊語聲之誤也。煮鬱和秬鬯，以醆酒摩莎泲之，出其香汁也。醴齊尤濁，和以明酌，泲之以茅，縮去滓也。盎齊差清和，以清酒泲之而已。其餘三齊，泛從醴，醍沈從盎，凡酒謂三酒也。脩讀如滌濯之滌。滌酌以水，和而泲之，今齊人命浩酒曰滌。明酌，酌取事酒之上也。澤讀曰醳，明酌清酒醆酒，泲之皆以舊醳之酒。凡此四者，裸用鬱齊，朝用醴齊，饋用盎齊，諸臣自酢用凡酒，惟大事於太廟，備五齊三酒。今按：鄭注引〈禮運〉、〈郊特牲〉，皆見《小戴禮記》，皆戰國以下後起之篇。遠之如《詩三百》，近之如《春秋左氏傳》，皆無可證。見此條語之晚出。後儒釋此條者，自孔穎達疏以下迄於清儒，惟見有牴牾，不見有定說，以經無見文，未知是否。豈自周公制禮，歷代相沿，而致此冥漠乎？

大司樂，凡六樂者，一變而致羽物及川澤之示，再變而致贏物及山林之示，三變而致鱗物及丘陵之示，四變而致毛物及墳衍之示，五變而致介物及土示，六變而致象物及天神。今按：〈易繫辭傳〉，在天成象，與此象物之象字同，於羽贏鱗毛介五物之外而有象物，此何物乎？顯屬晚周人語。鄭注：象物，有象在天，所謂四靈。〈禮運〉曰：麟鳳龜龍，謂之四靈。象物果謂四靈否，今不可定。然麟鳳龜龍為四靈，亦晚周人語。

外史掌三皇五帝之書。今按：孔孟皆言堯舜。司馬遷曰：學者多稱五帝，尚矣。然《尚書》獨載堯以來。《大戴禮》有〈五帝德〉、〈帝繫姓〉。〈易繫傳〉始言伏羲神農在黃帝前。此言三皇五帝，必晚周人語。

大司馬司勳，王功曰勳，國功曰功，民功曰庸，事功曰勞，治功曰力，戰功曰多。今按：就春秋時代言，只知有王功國功耳。漢初高祖約，非有功不得侯，亦僅指軍功，即戰國時一甲首而隸五家之首功也。鄭注：庸，法施於民若后稷。勞，以勞定國若禹。力，制法成治若咎繇。今按：封建時代之貴族，以世襲承位，何待有功？而民功曰庸，事功曰勞，戰國以前人，殆無此觀念。治功一觀念，更屬進步。鄭注以禹稷咎繇釋之，本於〈堯典〉。〈堯典〉亦戰國晚出書也。

〈職方〉九州正南曰荊州，其山鎮曰衡山，其澤藪曰雲夢，其川江漢，其浸潁湛。鄭注：潁出陽城，宜屬豫州，在此非也。湛未聞。杜子春云：湛或為淮。今按：九州分域之說，亦起戰國。《周官》荊州無洞庭湘水，知其書出戰國，非漢人所偽。

鄭玄曰：〈職方〉州界，揚、荊、豫、兗、雍、冀與〈禹貢〉略同，青州則徐州地也，幽并則青冀之北也，無徐梁。今按：湘蜀在戰國時，皆不列中國之版圖。秦司馬錯滅蜀，其時蜀為西南夷。屈原沉湘，非洞庭之湘水。可知《周官》之書，既不在春秋以前，但亦非秦漢後人所偽。

職方代掌四夷八蠻七閩九貉五戎六狄之人民與其財用。今按：〈秋官〉司寇有閩隸，《國語》閩芊蠻矣。《周官》之書有閩無粵，知非秦漢以下書，必出晚周也。

〈秋官〉司寇有象胥，鄭注：通夷狄之言者曰象，此類之本名。東方曰寄，南方曰象，西方曰狄鞮，北方曰譯，今總名曰象者，周之德先致南方也，今按：東西北三方與中國通在先，獨南方較最後，故四方之通譯者獨總象名，此亦《周官》書晚出之證。

余舊有《周官著作年代考》，成於民十九二十冬春之間。越四十年，偶繙《周官》，又得劄記近百條。續綴此篇。其他例證，姑不詳列。

此稿未發表。

《墨辨》探源

余為此篇，乃在去歲之春。時旅居閩南，屬稿未半，以事遄返，遂懶續成，棄之故紙堆中，行一年矣。最近讀章氏《名墨訾應論考》各篇，蹊徑新闢，蓋又與梁胡諸人之說不同，不覺見獵而心喜。又感於太炎「非一人所能盡解」之言，因亦重出舊稿，略加繕訂，冀以請教於諸君子之前，並以與當世治墨學者共研之。余孤陋淺學，斷不敢望時賢項背。凡茲所論，或足以當千慮之一得，補異論所未備。至於求新好勝，非余心也。

十三、四、九。

起論　《墨經》之作者年代緣起及主旨

《墨經》成於誰何人之手，此問題自難懸斷，然決非出於墨子之時。蓋墨子創兼愛之說而根據於「天志」。其後屢經異己者駁詰，「天志」之論不足以折敵，其徒乃別求根據而成今之《墨經》上下篇。其說較之「天志」，閎大精微，而益近於哲理。以學說進化大例觀之，墨子之論素樸，殆不能為此說也。宋硜與孟子同時，而較前輩，其論兼愛非攻，根本於人之情欲。蓋從心理立論，已與墨子不同，然猶不逮辯經之深博。辯經當出宋硜之後，大抵在惠施公孫龍之世。惠公孫誠為《墨經》作者與否，今亦不可詳考。然其立論，要為同本同源，則皎然無可疑。惠公孫行事，散見先秦各書，均主偃兵寢攻，宜為墨學之徒。余既各為專篇推闡其立說行事，又散見於余論莊生書中。今不復詳，而專論《墨經》之大義。

今之治《墨經》者，字字而求之，句句而詳之，其不可得而解者若已鮮。而余則有甚疑者：夫墨者何為而發此閎眇之辯？其所辯之對象究為何事？此余所深疑，而今之治《墨經》者所不道也。以余考之，《墨經》上下篇所懇懇篤篤辯不自休者，蓋有一中心問題焉，曰「兼愛」是矣。為《墨經》者，蓋力主兼愛之可能而當然，而當時尚有一輩反對詰難之徒，彼等所難者何辭，今不幸無可考見。（孟子與夷之一番議論尚是初步之辯難。）然細察《墨經》所論，與惠公孫之言，猶可推尋其一二之遺跡。彼一詰駁，此一答辯，而答辯之辭，為求博喻眾曉，故多能近取譬之語。蓋當時養士之風甚盛，食客游士，往來諸侯貴顯之門，筆札之用未溥，而口舌之利為先。每逢一二大師，相聚辯難，大率乃在王者卿相之第。聽眾廣集，真心講論者不多，而素治學問者尤鮮。墨者之徒，以繩墨自矯，以勞苦自竭，已為當時靡衣肉食者所不喜。而來相詰駁者，多半當出儒家，其人大率治禮樂，務文采，有貴族雍容之風，守傳統習俗之見，易受聽眾之同意。而墨者情急求勝，則不免出於一切新奇之論，怪誕之譚。初僅取以喻顯正義，而聽者樂其窈眇，略其根柢，即以其說更相往復。引延愈遠，遂忘本初。後人不深曉，因亦不知其所討論，皆自辯難「兼愛」之理來也。今所傳《墨經》，蓋出當時墨家鉅子，彙集本宗辯難話柄，傳之其徒，俾資捍侮禦敵之用。余所謂《墨經》大義者，即在推闡此意，而經中各條，即當時辯難之例證也。

今當略仿西人哲學分類，摘舉經中各條，別歸三途，以申吾說。

（一）兼愛學說在本體論上之根據：

（甲）《墨經》中論「時」「空」。

（乙）《墨經》中論「名」「數」。

（二）兼愛學說在認識論上之根據：

（丙）《墨經》中論「知識」。

（丁）《墨經》中論「行為」。

（三）兼愛學說在人生論上之根據：

其他瑣義，別詳〈墨辨碎詁〉中，今不併具。

上篇　兼愛學說在本體論上之根據

甲、《墨經》中論「時」「空」

墨家兼愛，初本於「天志」，其後乃轉為「萬物一體論」。萬物苟屬一體，則兼愛自成摯理。墨家欲為「萬物一體論」之組織，不得不將天地諸異併歸一同，是為《墨經》中努力辯論之一事。其首乃在「時」「空」觀念之創新。

〔經上〕同：異而俱於之一也。

〔又〕久：彌異時也。

〔說〕久：合古今旦莫。

〔經上〕宇：彌異所也。

〔說〕宇：蒙東西南北。

久指時間，宇指空間。一切天地諸異，統於「久」「宇」兩觀念中消納。古今旦莫雖異，而俱於一久。東西南北雖異，而俱於一宇。然則天地間凡諸現象，只有二別，曰「宇」曰「久」。而宇久雖異，復俱於一。其說在〈經下〉。

〔經下〕宇：進無近，說在敷。

〔說〕宇：區不可偏舉，宇也。進行者先敷近，後敷遠。行者先近而後遠。

此條言在宇之觀念中無遠近。遠近特在行者之主觀，非宇之本真也。

〔經下〕行修以久，說在先後。

〔說〕行：行者必先近而後遠。遠近修也，先後久也，民行修必以久也。

此條云宇之遠近即是久之先後。行必先近後遠，已於上條說及。然非空間本有遠近。遠近之觀念，起自行動者之主觀。今謂吾行自近及遠，其間不可以無許久之時，此亦起於行動者之主觀，故曰「民行修必以久」也。故《墨經》所論時空，又以消納於行動的主觀之下。如古人日標之影，沙漏之水，今人時計之針，皆是以行修計時久者。故宇久兩觀念，實為同一行動之兩方面的觀察也。本於上述，綜合而得下語：

〔經下〕無久與宇，堅白，說在因。（因疑當作盈）

〔說〕無堅得白，必相盈也。

此條乃前兩條之總義。言本體無久宇之別，如石之堅白，止是因宜立名。撫石得堅，白在堅內。視石得白，堅在白內。一石之內，堅白相盈。如一現象——動作或物體——之內，宇久總是連帶而存在也。

本上所論：天地間諸異，畢竟同體，故曰「異而俱於之一」，即惠施所謂「畢同」「大一」。當知惠公孫輩持堅白之論，本意在明萬物之一體，而伸其兼愛之說。而聽其論者本無誠意研討其兼愛之是非，而空以堅白之論，弔詭可喜，相為譁辯。莊子悲之，故曰：「非所明而明之，以堅白之昧終」也。（堅白之論詳後）

然而墨家之所努力，猶不盡此。上之所引，在將天地諸異歸納於畢同之下。而墨家又將天地間諸同分析而躋於畢異之境，是為墨家「時」「空」論努力之第二步。今先從「宇」字講入。

〔經上〕庫：易也。

〔說〕庫：區穴若斯，句貌常。

〈釋名〉「庫：舍也，物所在之舍也」。墨家謂庫乃刻刻變易者。雖區穴未變，外貌猶常，而實非故物。莊子所謂「藏舟於壑，藏山於澤，夜半有力者負之而趨，昧者不知」也。莊子與惠施友善，故其書中言論，常可相推闡焉。

〔經下〕宇：或徙，說在長宇久。

〔說〕長宇徙而有處，宇。宇，南北在旦又在莫。宇徙久。

旦之南北，至莫已非，故曰域徙。墨家以時空兩觀念相連合，便見空間息息變化，名是實異。墨家乃提出長宇一新名辭。宇若不徙，而長宇則必徙。故又云：

〔經下〕或：過名也。說在實。

〔說〕或：知是之非也，又知是之不在此也，然而謂此南北，過而以已為然。始也謂此南方，故今也謂此南方。

此條乃提出名實之辨。依實而講，現在之南方，已非過去之南方。一切空間名稱，都是借已往之名，移稱現在之實，故曰：「過而以已為然。」或是地域之域。以過去已往者為名，故曰過名。

再舉一例證之：

〔經下〕景不徙，說在改為住。

〔說〕景：光至景亡。若在，盡古息。

此條即「飛鳥之影未嘗動也」之意。影名不變，而影實已非。以證宇名雖同，而其實畢異也。今及其論久者：

〔經上〕止：以久也。

〔說〕止，無久之不止，當牛非馬，若矢過楹。有久之不止，當馬非馬，若人過梁。

止與不止，雖是空間之事實，亦從時間而判定，故云「止以久」。今設某一動作，苟為時不久，則常人便謂不止。如矢過楹，歷時甚暫，見者均信矢過不止。又設某一動作，需稍久之時間者，則常識不知其為動作，而認其有留止。如人過橋梁，常人見者以謂此人明明從橋此端而至彼端，其由此至彼，確已在橋留止多時也。推而言其更久者，如人之一世，自孩提以至老死，百年之間，常人孰不認其有留止？而謂逝者如斯，交臂非我，夫誰信之？墨家說宇雖久而不止，聞者宜其不信。如云牛非馬，人盡首肯。云馬非馬，則百喻而不解矣。但墨家絕對的不止論，言其反面，即為絕對的停止論。如前舉影既改變，則前影非後影。而此前後諸影，各皆終古止息，更無變動也。故《經》云「止以久」，而《經說》則謂「有久不止」，相反相成，非矛盾也。墨家此等處甚多，不得以異說相訾應論。又

〔經下〕均之不絕，說在所均。

〔說〕均：髮均懸輕，重而髮絕，不均也。均，其絕也莫絕。

此條亦言時間。均是「鈞」之借字，為稱衡之義，不作均等解。輕髮懸重物，其髮必斷。說者則謂輕固不可以懸重。實則方其斷時，已非引時。苟無引時，何致有斷時？即其斷果，可證引事。故曰：「均不絕，絕不均。」常人認為同時者，今乃細為分辨。公孫龍謂「髮引千鈞」，是其義。當其引時，並非即是斷時，故曰均不絕。當其斷時，已非引時，故曰絕不均。

墨家將「宇」「久」兩觀念，細細分析，最後所賸，只有當下之現在，或現在之當下一境。非

宇非久，即宇即久。此惠施所謂「畢異」之「小一」也。當知「大一」「小一」，「畢同」「畢異」，非自相矛盾，猶如莊生所云：「萬物莫大於秋毫而泰山為小，莫壽於殤子而彭祖為夭」者，是在善觀，不能拘著也。

墨家本此時間的新觀念之下，復有引伸數義，玆當附論者。

〔經上〕 始：當時也。

〔說〕 時或有久，或無久。始當無久。

始是在昔當初之義。常人云及始字，便若自始迄今，中間定有一段時間。墨家則云始者止在當下，始即是始，並無久。《經》中別有多條發明此意：

〔經下〕 在諸其所然者於未然者，說在於是推之。

〔說〕 在堯善治，自今在諸古也。自古在之今，則堯不能治也。

在訓為察。自今察古，覺堯之善治。自古察今，則堯不能治。堯之道烏足以治戰國之亂局？其實堯之道只以治在堯之當時，並未以之治在後之戰國。戰國時人謂堯之能治，乃以當時人眼光觀察於堯也。如今人欲以孔子學說治現世，不知彼自以現世目光看孔子，孔子在春秋時，豈已預見現世變局，而謂其當時之說，乃求以治現世乎？故墨家說始，只在先前，不在當今。所謂始者，已屬過去，故云「無久」。又如：

〔經下〕堯之義也，生於今而處於古，而異時。說在所義二。

〔說〕堯𩮂，或以名視人，或以實視人。舉彼堯（舊作友富商三字，依梁校改。）也，是以名視人也。指是𩮂也，是以實視人也。堯之義也，是聲生（舊作也字，依梁校改。）於今，所義之實處於古。（《說》中兩𩮂字舊一作霍，一作臛，依張氏《閒詁》箋改。）

此條又提名實之辨。堯治天下而癯瘦，是堯之義之實，此事實乃處於古。（處即住，息，止，不動之意。）而堯之義聲，乃現世之新生，與往昔事實判然兩事。所以現世之古代，非即古代之古代。粗心人言之，乃認為同一古代耳。猶如前刻鳥影，非後刻之鳥影，而常人猶認其為一影也。

上之兩條，均可證明始止於當時之理。綜以為言，即現在之過去仍為現在，而非真過去。今再引其論現在之將來者：

〔經上〕且：且言然也。

〔說〕且：自前曰且，自後曰已，方然亦且。

且是將來之意。但前之以謂將來者，後又謂之已往。可見將來亦是「現在化」之將來，並非現在外之將來也。故曰：「方然亦且。」方然便是現在，所謂將來，實亦是現在也。今不曰現在而曰方然，方然則亦現在亦將來也。又

〔經下〕且然不可止而不害用工，說在宜。

〔說〕且猶是也。且然必然，且已必已，且用工而後已者，必用工而後已。

此云且猶是也，猶說將來即是現在。真將來不可必，而現在之將來則可必。故云且然即是必然，且已即是必已。《爾雅．釋詁》：已，此也。〈小取〉篇亦云：「且入井，非入井也。止且入井，止入井也。且出門，非出門也。止且出門，止出門也」，一人方將入井自盡，固非彼已入井，然我即今止之，便是止其入井，不云止其且入井。此即且然必然之義，即是將來為一現在之將來之義。所以雖云將來，實係現在，不妨因宜而用力。若實屬將來，則現在無可用力也。

上之兩條，綜以言之，即現在之將來仍屬現在。合諸更上三條，再為綜說，則一切去來今三世分別，實只是當下一個現在。將去來今三世併作一剎那，故謂之「小一」。一剎那中含去來今三世，故謂之「大一」。《墨經》中之宇宙觀，即組織完成於此一往一復之綜合與分析之中。

然上論兼愛學說，其根據乃在萬物一體，故必併諸異為一同。今復析一同為諸異，則與萬物

一體之論將有妨礙，而於兼愛之說似無裨補，而謂《墨經》胥出於擁護兼愛之說者又何據？曰：不然。從異求同，其有助於兼愛之說者易見。從同辨異，其有助於兼愛之說者難曉。墨家非將凡世識之所謂同者，悉辨別以見其異，則凡世識之所謂異者，亦將不得混合以見其同。故墨家「畢同」「大一」之說，實築其基礎於「畢異」「小一」之上。即此「小一」之「畢異」，而見其為「畢同」之「大一」耳。故墨家之分異諸同，乃所以合同諸異也。至其關係於兼愛之理論，亦有明白顯見於經文者。如：

〔經下〕可無也，有之而不可去，說在嘗然。

〔說〕可：已然則嘗然，不可無也。久，有窮無窮。（依梁校改）

久有窮而無窮，即以「小一」為「大一」也。久有窮者，如前引處，住，止，息，不動，諸論，皆發明久有窮之義也。惟久止息不動，嘗然而不可去，故得為無窮。質言之，前一剎那非後一剎那，是久有窮也。每一剎那各含去來今三世，萬古止息不更移動，是久無窮也。墨家為久之有窮而無窮，故既曰「且然不可止，不害用工」，又曰「無窮不害兼」。故墨家言「畢同」「畢異」，見兼愛之當然。墨家言「有窮」「無窮」，見兼愛之可能也。

〔經下〕無窮不害兼，說在盈否知。

〔說〕無：南者有窮則可盡，無窮則不可盡。有窮無窮未可知，則可盡不可盡未可知。人之盈否未可知，而必人之可盡不可盡，亦未可知，而必人之可盡愛也誖。人若不盈無窮，則人有窮也；盡有窮，無難。盈無窮，則無窮盡也；盡有窮無難。

說中南字，盧云：「當讀如難」。（王充《論衡・案書》篇：「仲舒之言雩祭可以應天，土龍可以致雨，頗南曉也。」是其證。）首無字，牒經標題。南者以下至而必人之可盡愛也誖，乃述難者之言。孫校云：「當作而必人之不可盡愛者也誖」添一不字，謂為墨者自辯之辭，梁校從之，非也。盈，充盈義。人若不盈無窮以下始為墨者答辯之語。《經說》中兼詳對面詰難之辭者頗有其例。大抵此條詰難之辭，分為兩層。謂所指人有窮則可盡，無窮則不可盡，為一層。既所指人不充盈則不可盡，為兩層。而墨家對於宇宙的根本觀念，則即以有窮為無窮。自消極的破壞方面言之，髮引千鈞，絕時已非引時。一剎那後之人，已與一剎那前之人不同。自積極的建設方面言之，則一尺之棰，日斫其半，而棰體不動。所賸雖微，猶為一棰之全體。（此當於次章詳論。）故墨家兼愛，雖千萬年後之人類，固非吾今日愛之能力所及，而我之為愛，正可以說愛及人類之全體。何者？人類全體不以滅去過去未來之人類而加損，即當下已為人類之全體。猶如一尺之棰，不必加上斫去之一半，始得為棰之全體，即當下而棰之全體凝然不動如故也。故人類之盈無窮與不盈無窮可以不問，而人類之可以兼愛，則其理卓乎不可復搖也。本條答辯之辭，僅虛為往復。至於持論根柢，當於全經中會取。

乙、《墨經》中論「名」「數」

墨家宇宙論，茲以便宜分為兩部：一論「時」「空」，一論「名」「數」。惠施歷物，都從「時」「空」發議；而公孫龍堅白之辨，白馬之論，則自「名」「數」見旨。其根柢皆在擁護兼愛。《墨經》中論「時」「空」者，略具上引。今當條理其「名」「數」之部。

《墨經》中談名數，最重「兼」「體」之別。

〔經上〕體：分於兼也。

〔說〕若二之一，尺之端也。

兼是全體，體是部分。尺端一二之辨，亦復如是。墨家提倡兼愛，論其事實，終不能盡人而愛，（一）則在我之力有不及，如過分疏遠者。（二）則在彼之德有不可，如盜賊亂人。此皆不當愛或不可愛。反對者以此詰難，謂墨家有兼愛之名而不踐其實。墨家之解，則在申明雖不能人人而愛，而已無損於兼愛之理。本此努力，遂有兩義：

（一）體分於兼，即已非兼。　（二）兼去其體，仍自為兼。

〔經下〕：一，偏棄之。

〔說〕一：一與一亡，不與一在。偏去。（依梁校改。）

一即是體，二則是兼。梁云：「必有二，然後一乃可見，是一與二在也。無二之一，則等於零。故曰一與一亡，不與一在。言僅有一則並一之名不能成立也。」可證體從兼中分出，便不為兼。

自此推演，即生下論：

一、白馬非馬，　　二、狗非犬。

〔經下〕狗，犬也。而殺狗非殺犬也，可。說在重。

〔說〕狗：狗，犬也。而殺狗謂之殺犬不可，若兩䫈。

此條重字，亦有來歷。

〔經上〕同：重，體，合，類。

〔說〕同：二名一實，重同也。

犬未成豪曰狗，則狗可以有犬名。然狗雖可有犬之名，而實則只是一狗。如白馬雖可有馬之名，而實則只是一白馬。故曰：「二名一實謂之重。」此辨驟視若無意義，而墨家言之不倦，正為可以解釋其兼愛理論之故。蓋凡此之論，均是從一意相承而來。此一意者，即所謂

「殺盜非殺人」

是也。墨家講兼愛，但不能不殺盜，反對者即持此為難，云：「君等說兼愛人類，則盜亦人類一分子，亦在君等愛下耶？」墨家之答曰：

盜，人也。多盜，非多人也。無盜，非無人也。奚以明之？惡多盜，非惡多人也。欲無盜，非欲無人也。世相與共是之。若若是，則雖盜人人也，愛盜非愛人也，不愛盜非不愛人也，殺盜非殺人也，無難矣。（〈小取〉）

此所謂殺盜非殺人，即〈經下〉之謂殺狗非殺犬也。此云盜人人也，亦可改為盜人非人，如云白馬非馬。蓋盜即是人類中偏去之一。一並非二，故偏去其一，與二無妨。

〔經下〕偏去，莫加少。說在故。

〔說〕偏：俱一無變。

此謂偏去者，是「一」是「體」，與「兼」「二」無關。故去不加少，不生變也。殺去一盜，於人類全體不生變化，不致減少，依然是一人類全體，亦無礙於吾之兼愛。墨家縈迴迂曲，指狗說馬，其意只在擁護兼愛之說。今姑捨其議論之是非勿問，而推闡其所以如此持論之故，豈不彰彰甚顯哉？顧墨家所謂偏去莫加少者，終若於常識相違反，不得不別有證明。

〔經下〕非半不𣃔，則不動，說在端。

〔說〕非：𣃔半，進前取也。前則中無為半，猶端也。前後取則端中也。𣃔必半，無與非半，不可𣃔也。

此條即證明偏去莫加少之義。半即是偏，不必定為全體中之一半，只是全體中一部分耳。猶云一，只是二中之一部分，不必定認一為二之半。𣃔木者必𣃔去其部分，非𣃔去其全體。所云𣃔者，既非全𣃔，即猶無𣃔。亦非不𣃔，即非半之𣃔。故云：「無與非半，不可𣃔也。」所云𣃔既是部分，則其全體必仍遺留。故云：「不動。」譬如尺棰，𣃔去其九寸，猶存一寸，仍為棰體，因其𣃔去者非全體而係部分之故。墨家此論，與其「大一」「小一」之說，正相通貫。苟有其體，必可分斮。斮既非全，必有遺留。至於遺留之量，為多為少，自常識視之為不同，自墨者言之為無異。何者？「大一」「小一」「異而俱於之一」也。云「說在端」者，《經》中別有論端一條：曰

〔經上〕端，體之無，句序而最前者也。

〔說〕端：是無同也。

端者，略如幾何學中所謂點。體乃體分於兼之體，與幾何學中之體不同。〈經下〉云：「體分於兼，說若二之一，尺之端。」（引見前）故端是尺之體。（尺略如幾何學中之線。）何謂「體之無？」端雖尺之一體，而實等於無也。今設斮去尺之一端，而尺仍有兩端如故。今設前後兩端俱為斮去，而此尺之仍有前後兩端猶如故。（按，此即上引一條所云不動。）則端之於尺，不幾等於無乎？以其去而不加少也。故曰：「體之無」，又曰：「是無同。」是無同者，同於無也。序而最先者，端在尺之兩首，以序言之，居最先也。然則集眾無之部分可以成一有之全體乎？

〔經上〕厚：有所大也。

〔說〕厚：惟無所大。

惠施亦云：「無厚不可積也，其大千里。」墨家若未嘗言積無所大以成有所大，僅謂自此方面觀之為有所大者，自彼方面觀之則為無所大耳。今總括上述，則體分於兼，即異於兼，其與兼之關係等於零。兼必有體，方其體去，兼亦仍自為兼而無變。故兼愛人類，則盜亦在兼愛之中，而兼愛者可以殺盜。

墨家此論，猶有其補足之附義。

〔經上〕損：偏去也。

〔說〕損：偏也者，兼之體也。其體或去或存，謂其存者損。

墨家雖言偏去莫加少，亦復謂其存者損。顧墨家之意，以謂損者，非惟無害，抑又有益。

〔經下〕無欲惡之為益損也。說在宜。

〔說〕若識麋與魚之數，惟所利，無欲惡。傷生損壽，說以少連。（孫校連疑當作適。）是誰愛也？嘗多粟，或者欲不有，能傷也。若酒之於人也。且恕人利人，愛也。則唯恕弗治也。

此條《經說》多未詳，然大意可得而言。無欲惡之為益，即是以損而為益。人能損其欲惡至於無欲惡，豈不於人轉有益。如麋魚酒粟，可以養生，然亦以少而適可為佳；多進反以傷生損壽。智者損人酒肉，正是愛人利人之意，其意亦若為兼愛者殺盜而發。又

〔經下〕損而不害，說在餘。

〔說〕損：飽者去餘，適足不害。能害飽，若傷麋之無脾也。且有損而後益。

此條《經說》，亦難盡解。然謂損而不害，則甚明顯。能害飽三字，猶云能害者飽，飽則有害也。綜上三條會其大意，則墨家謂兼中去體，可以謂之有減損，而不得謂之是缺少。惟其無所缺少，故仍為一完整之全體，而減損則對於全體為無害，且時亦有益。《經說》雖舉養生飲食為例，然其立論本意所在，則決不盡於養生飲食。故余謂其為墨家兼愛者殺盜人之補足義也。

今更綜觀本章所引，則墨家所謂「萬物一體論」者，實建築其基礎於「名」「數」的理論之上。彼所謂「大一」「小一」，亦惟可於「名」「數」的觀念中求之。而其論此最透澈者，則如：

〔經下〕數：句物一體也。說在俱一，惟是。（數字舊本作歐。張以歐物連讀，孫云疑當為數物之誤，而不得其解。今按數字當斷句，其說詳下。）

〔說〕俱：俱一，若牛馬四足。惟是，當牛馬。數牛數馬則牛馬二，數牛馬則牛馬一。若

數指，指五而五一。

此條乃言物可分數，而實只一體也。如數牛馬之足，則牛馬各四足。儻數牛數馬，則牛馬各一。儻合數牛馬，則牛馬為二。四足已包在一馬之內，猶如五指已包在一手之內。《莊子・齊物論》云，「天地一指也，萬物一馬也。」天地可以分析，如一手之五指。萬物可以合併，如百體之一馬。（莊子又云：立百體而謂之馬。）此不過因是乘宜，暫為名數，而天地則一體也。然精而察之，墨家所謂萬物一體者，正亦由名數之分合證成之耳。故墨家之萬物一體論，可以稱之為「唯名的萬物一體論」，或「名數的萬物一體論」。道家所持，則為「唯氣的萬物一體論」，或「陰陽的萬物一體論」。此則莊周與惠施之所異。其說別詳。（以上成於十二年春間，以下新續）

中篇　兼愛學說在認識論上之根據

丙、《墨經》中論「知識」

墨家初言兼愛，本於「天志」。既不足以折服人心，乃轉而為「名數的萬物一體論」，略如上述。然而辯難之來，猶未已也。今試問：墨家何從而得此萬物一體之知識？亦何以知人類之盡可愛？今《墨經》中解答此項問題者，略當於近世哲學中之認識論。試更約述如次：

〔經上〕見：體，盡。

〔說〕見：特者體也。二者盡也。

此言見有二種：（一）體見，（二）盡見。特者猶云一也。「盡者莫不然也」。〈經上〉蓋一為部分之見，而一為全體之見也。人類本自有見全體之可能。然而按之人類知識之實際，則若有不然。有所見，必有所不見。有所聞，必有所不聞。寧有所謂盡見哉？墨家之言曰：

〔經下〕不可偏去而二，說在見與俱，一與二，廣與修。

〔說〕見不見離。一二不相盈，廣修，堅白。

物有可以偏去其一者，有不可偏去而二者，此墨家「名」「實」之辨也。如有一石，擊而碎之則為二，是若可以偏去。然一石既碎，仍俱是石，即上引所謂「俱一無變」也。如一石之堅白，此為不可偏去而二。今我見石，所見者白，所不見者堅，堅之於白，不可偏去。又如見一物之修與廣，亦不可偏去。而人之目則見白不見堅，此謂之見不見離。而謂一二不相盈者：

〔經下〕於一有知焉，有不知焉。說在存。

〔說〕於石一也。堅白二也，而在石。故有知焉，有不知焉可。

此條一二義解與前舉正似。石者一也，堅白二也，二為全體，一為部分，此是《經》中貫通大例。然則堅白是全體，而石是部分也。故公孫龍子云：「物白焉不定其所白，物堅焉不定其所堅；不定者兼，惡乎其石也？」（〈堅白論〉。）又曰：「且指者，天下之所兼。」（〈指物論〉。）此皆以堅白為兼——即全體，以石為體——即部分之證。（說詳余著公孫龍之學說。）余又謂是名實之辨者，石是其名，堅白其實。堅通萬物之堅以為堅，白通萬物之白以為白。試搗一石，成為齏粉，其間粒粒堅白，亦復各無少缺。至於石之名號，則因宜乘便而立。故公孫龍謂堅白石可二而不可三，明只有堅白二實，石是虛名，不成三也。此即一二不相盈之義。謂堅之與白相盈則可，謂石與堅白相盈則不可。然而人之見石。見其白不見其堅，則見固不可以盡歟？曰：否，不然。人見石之白而不知其堅者，特以初見不習之故。其後時與石遇，目視而得其白，手拊而得其堅，習之既久，則以目視者，不徒見白，亦且知堅。則為盡見矣。

〔經下〕知而不以五路，說在久。

〔說〕知者，若瘧病之於瘧也。知以目見，而目以火見，而火不見。惟以五路知。久不當以目見，若以火見。

此條乃言盡見由經驗而得之理。久者即經驗也。人之病瘧者，非有前日經驗，何知今日之為瘧？又如人初遇火，目覩見光，手炙知熱，是知以五路也。（五路猶云五官。）其後既有經驗，久則見火即知其熱，無須手觸而後知。故初見見其光，久見見其熱。熱非吾目可見。目見其光而又見其熱者，徒以見光而知其為火。又知火之為物熱。然則彼物熱者，非以吾目為見，乃以彼火之名為見。故曰：「知以目見而目以火見。」然火之為名云何能見？正以吾往日五路之經驗見耳。故今見光而知熱者，非目能見，亦非火名能見，乃吾從昔手觸之見。故曰：「而火不見，惟以五路知。」五路何以能不觸物而知？是在經驗。有經驗則聞其名而知矣。故曰：「久不當以目見，若以火見。」吾人聞火之名而想見其光與熱者，此見若含於火名之內，而實非在火名之內，乃在吾人五官之經驗，積之既久，乃可以不當於五官而亦有見耳。此墨家說明盡見之來歷也。

〔經下〕火熱，說在頓。

〔說〕火：謂火熱也，非以火之熱我，有若視白。

此與前條一意。見火而知其熱，不必由火之熱我也。如視白而知其堅，亦不必由石之觸我也。其說在頓。頓者積也。猶前條之久，皆吾人之經驗也。

〔經下〕聞所不知，若所知，則兩知之。說在告。

〔說〕聞：在外者所知也。在室者（此六字係梁校補。）所不知也。或曰：「在室者之色，若是其色」，是所不知若所知也。……夫名，以所明正所不知，不以所不知疑所明。若以尺度所不知長。外，親知也。室中，說知也。

此條墨家在知識論中明白提出名字之地位。名者，人類經驗之共同標幟也。人之知識，決不能盡恃一己之經驗，而貴乎借助於他人之經驗，則有賴於名。人類自有名，而所知與所不知可以兩知。如聞石之名而知堅白之實也。故〈經上〉之說云：「告，以之名舉彼實也。」

〔經下〕知其所不知，說在以名取。

〔說〕知：雜所知與所不知而問之，則必曰：「是所知也，是所不知也。」取去俱能之，是兩知之也。

此條亦言有名則可以知其所不知。夫人類知識，其起源本由於經驗，而名則自有知識而起。然逮其有名，乃可以知其不曾經驗之知，夫而後知識乃不為經驗所限。故知識起於經驗，而不限於經驗。

〔經上〕知：聞，說，親，名實合，為。

〔說〕知：傳受之聞也。方不㢓，說也。身觀焉，親也。所以謂，名也。所謂，實也。名實耦，合也。志行，為也。

此條墨家論知識最詳密。知識不能盡靠親知，即當身之經驗，而又有俟夫傳受。傳受者，他人之經驗，而我接受之也。又不止於此，而有待於推說。推說者，本此而推諸彼，而空間時間不足以為我之隔閡也。而傳聞推說，其事均有賴於名。名實合乃為知，否則如瞽者之言鉅白而黔黑，而不能合於取舍之實，則傳聞推說非知也。知不發源於經驗者非真知，知而不歸宿於行為者亦非真知。故以行為為知識之殿焉。今不能一一詳論，而特論其知識不必限於身觀之親知之一事。夫人類無窮，何可一一親知，而始見人類之可以兼愛？墨家於此乃提出推知之為重要而可信。

〔經下〕擢慮不疑，說在有無。

〔說〕疑，無謂也。臧也今死而春也。謂之人（舊作文文，均以形近而譌。）死也可。

此條即言推知（即說知）之足信也。《說文》：「擢，引也。」即推論之義。又按《說文》：

「春：推也」，（此字自來未得其解。）以臧之死，推而慮之，逕謂凡人有死可也。苟有人焉，疑及推慮之不足信，而必待夫親證，則豈不無謂之甚乎？經文「說在有無」，有無二字，乃承上條所論而來。

〔經下〕無不待有，說在所謂。

〔說〕無：若無焉，則有之而後無。無天陷，則無之而無。

此亦論推知之要也。人類知識，若徒恃親知，或前人之聞見，（即傳聞之知。）則僅足以知有，而不足以知無。無者，有有而後無，有未始有之無。譬如天陷，古來曾無見者，然人知有所謂天陷，其事能否且勿問，然因有推知，而人類知識，遂可以及於耳目見聞之外，天地未有之事也。故人類有確知其事而又不能實指者。

〔經下〕所知而不能指，說在春也。逃臣狗犬遺者。（遺本作貴，王校〈非攻下〉云：「賁隸書與貴相似，疑遺損泐成賁，遂譌為貴。」）

〔說〕所春也，其執固不可指也。逃臣不知其處，狗犬不知其名，遺（舊本作遺，今以意改。）者巧弗能兩也。

此條春字亦訓推。逃臣定有居處，而不能指出其居處何在。畜狗馬者，錫之以名，（今人亦然。）知其有名而不知其名是何。人類親知，祇限於當身近處。至於異地異時，隔絕遼遠，雖有巧者，不能兩知。則人類知識之有貴於推也明矣。推知者，即「以所明正所不知，不以所不知疑所明」（引見前。）是也。

〔經下〕不知其數而知其盡也，說在明者。

〔說〕不一一知其數，惡知愛民之盡之也？或者遺乎其明也？（明舊作問，孫據〈說〉改經文明字，梁校依之，非也。當據經文改說為是。）盡愛人則盡愛其所明，（此明字舊亦作問。）若不知其數而知愛之盡之也無難。

此條乃正言兼愛不必盡知人而愛之之理。如人見火即避，知其焦膚炙骨，不必盡火而試之者，明也。避火者，避吾之所明。愛人者，亦愛吾之所明。豈必盡人而知其可愛與否，乃始為兼愛之說耶？疇昔之火炙人，吾知之所明也。今昔之火炙人與否，吾知之所不知也。今將以所明正所不知而避之乎？抑將所不知疑所明，而姑近試之乎？墨家之兼愛，則亦在夫以所明正所不知而已。〈經上〉說：「所以明也」。則明正自推知而來。

〔經下〕知狗而自謂不知犬，過也。說在重。

〔說〕知：知狗者重知犬則過，不重則不過。

二名一實為重，（〈經上〉。）知狗而自謂不知犬者，是不能推也。人盡知己之可愛，己之父母妻子之可愛，而不知人盡己也，人亦盡為人之父母妻子，而謂不知人類之可以兼愛與否，是亦知狗不知犬之類也。其他經中論及知識問題者尚多，取顯吾意，不復盡舉。

下篇　兼愛學說在人生論上之根據

丁、《墨經》中論「行為」

最後當略述經中論及行為之部，而先觀其論行為與知識之關係。

〔經上〕為：窮知而縣於欲也。

〔說〕欲雜其指，（孫校雜為靳字。）智不知其害，是智之罪也。若智之慎之也，無遺於其害也，而猶欲雜之，則離之。（孫校離即罹。）是猶食脯也。騷之利害，未可知也。欲而得

（依孫校增。）騷，是不以所疑止所欲也。廧外之利害，未可知也，趨之而得力，（孫校力疑作刀。）則弗趨也，是以所疑止所欲也。觀為窮知而縣於欲之理，雝脯（孫校當是蔪脯之誤。）而非恕也，雝指而非愚也，所為與所不為（依張校改如此。）相疑也，非謀也。

此條多疑字，未可盡解。然循察大意，則甚為明白。墨家謂人類行為不係於其知而係於其欲。對於一事之利害，知之已盡，猶未足以決定其行為之趨向。凡決定其行為之趨向者則在於欲。其所舉雝指食脯廧外三例，今不能確曉其為何事。然觀上下文意，則其意可得略說者：（一）雝指本有害，其人已盡知之而猶欲雝，是行為不決於知識而決於欲望之證一。（二）食脯之利害猶未盡知，而其人竟欲食脯，是行為不決於知識而決於欲望之證二。（三）廧外之利害猶未盡知，而其人不肯趨至廧外，是行為不決於知識而決於欲望之證三。綜觀三例，（一）為明知其害而為之。（二）為不知其利害而為之。（三）為不知其利害而不為。而總之曰：「食脯非由其智，雝指非由其愚」，行為與知識無關，而縣於欲望，此墨家論行為之大意也。墨家所以為此議者，蓋緣時人與墨者詰難，多問何由知人類當兼愛云云，墨家既答其疑，（見前篇）又謂人之愛人與否，不關其知識。苟誠欲兼愛人者，亦不在其必欲知兼愛人之利害是非也。

〔經下〕不知其所處，不害愛之。說在喪子者。

〔無說〕

此條證明愛不必俟知之理。人果愛其子，何必知其已死之子或已亡之子究在何處。則人以兼愛之利害是非來相詰難者。墨家可以謂君自不欲兼愛，否則豈必盡知之而後兼愛之哉？

〔經上〕知：聞，說，親，名實合，為。

〔說〕……志，行為也。

此條以行為歸入知識之最後一步，而曰「志，行為也」，此即為窮知而縣於欲之義。墨家論行為既以「志」「欲」為言，自不得不帶有偏於動機論之傾向。此蓋《墨經》本出惠公孫之際，其間已受儒家——孟子一派——學說之影響也。今欲發明墨家對於人生論之精義，則不可不首及其對於「仁」「義」之辨。

〔經上〕仁：體愛也。

〔說〕仁：愛己者非為用己也。不若愛馬者。

〔經上〕義：利也。

〔說〕義：志以天下為愛而能能利之，不必周。（周本作用，疑形近而誤。）

仁義相比而論，自受儒家影響。惟辨仁義即辨愛利，而主愛無盡利有盡，亦為兼愛論辨護，而與其先常言兼相愛交相利者有別矣。仁者體愛，〈經上〉：「體，分於兼也。」〈兼愛〉下篇云：「別而非兼。」人非無愛，而皆為別愛，此墨家所深惡。何謂別愛？各愛其親，不愛人之親，是別愛也。體愛者，乃於人類中別出其親以為愛，是亦別愛，非兼愛也。兼愛必盡人類而愛。〈小取〉篇云：「獲，人也。愛獲，愛人也。臧，人也。愛臧，愛人也。」彼非別有愛於臧獲。彼之愛臧獲，即其兼愛之心之流露。愛其親者，亦當本於兼愛以為愛，不當為體愛，即別於人之外以為愛也。〈小取〉篇又云：「獲之親，人也。獲事其親，非事人也。其弟，美人也。愛弟，非愛美人也。」此則為體愛矣。故儒家要人推廣愛親愛弟之心以愛人，而墨家則謂此心即不愛人之心也。故一以己為本，推己以及人。一以人為本，由人以及己。其愛同，其所以愛者不同。其曰：「愛己者，非為用己也，不若愛馬者。」愛馬之愛與愛己之愛何以異？曰：愛馬者為其有用於馬，其愛止於其馬。愛己者，非為有用於己而愛。己為人類之一體，人自有兼愛人之心，因亦愛及於己也。是其愛雖在己，而愛之心不止於己。〈大取〉篇云：「為天下厚禹，厚禹也。為天下厚愛禹，乃為禹之人愛也。厚禹之加於天下，而厚禹不加於天下。若惡盜之為加於天下，而惡盜不加於天下。」厚禹乃屬功利之事，厚愛禹則屬愛人類之心，故曰為禹之人而愛。此乃為兼愛也。故又曰：「愛人不外己，己在所愛之中」，是兼愛者不害於為己。儒家言仁、終為體愛，非墨者所取。但愛而不及用，則為二者所同。是《墨經》此處釋仁字只言愛己，已為對儒家遠有讓步矣。仁只言愛，而義則兼及於利。此為仁與義之別。但利亦視其力之所能及，故曰：「不必周。」

巫馬子謂子墨子曰：「子兼愛天下，未云利也。我不愛天下，未云賊也。功皆未至，子何獨自是而非我哉？」子墨子曰：「今有燎者於此，一人奉水將灌之，一人摻火將益之，功皆未至，子何貴於二人？」巫馬子曰：「我是彼奉水者之意，而非夫摻火者之意。」子墨子曰：「吾亦是吾意而非子之意也。」

此即墨家愛利之辨也。愛之事不必周，而愛之心必周。愛之功不必周，而愛之志必周。故〈大取〉篇云：

志功為辨。

當時之詰難於墨家之兼愛者，蓋多不辨於志功也。故〈小取〉篇云：

愛人待周愛人而後為愛人。不愛人不待周不愛人，不周愛，因為不愛人矣。

此愛之心必周之說也。

〔經上〕孝，利親也。

〔說〕孝：以親為愛而能利，利親不必得。

愛親者必求利之，然親不必得利。此條所云，即志功之辨也。又〈大取〉曰：

籍臧也死而天下害，吾持養臧也萬倍，吾愛臧也不加厚。

此又志功之辨之最透徹者也。我愛親而吾之親不必得其利。然不害我之愛。此重在志，不在功。我之持養臧也萬倍，然我之愛之者不加厚。我之志固在天下，不在臧。

〔經下〕仁義之為外內也內，說在仵顏。（按此疑當作仁義之為外內也仵，說在顏。下一內字由仵字誤移在下而衍。）

〔說〕仁：仁，愛也。義，利也。愛利，此也。所愛利，彼也。愛利不相為內外，所愛利亦不相為內外。其謂仁內也，義外也，舉愛與所利也，是狂舉也。若左目出右目入。

此條辨仁內義外，亦即辨志功之意。誠愛之仁而求有以利之義者在我，受我之愛與得我之利者在彼，故曰：「愛利，此也。所愛利，彼也。」《經》云：「說在顏者」，即說若左目出右目入。愛利相為用，如兩目之相為視，有相濟，非相反也。孟子亦有仁內義外之辨，《墨經》出世，當較後於孟子。仁內義外，想是當時一種普通意見也。志功之辨，孟子亦有之。此皆墨辯思想受儒家影響之顯見者。當時儒家議論，殆以愛之為志，而以利之為功。墨家乃以愛之利之皆是志。同時亦皆是功。志可盡，功不可盡。較於本初所論兼愛，議論入細矣。大凡一派學說，常與其反對一派交相影響，遞為進變。細加爬剔，昭然可見。觀於墨辯所論仁義諸條，即可以知其非出於墨子之當時也。

今為綜述大意，則墨家認為周利人之事有不可必，而周愛人之心非不能有。故墨家之言兼愛，乃以周愛人之心，行周利人之事。而人之周受其利與否，則於墨家之兼愛理論無妨也。此為墨家建立其兼愛學說於行為論上之大概。然循此立論，已與儒家論仁孝無大別。儒家以孝弟為仁之本，而仁者亦未能博施於民而濟眾，雖堯舜其猶病之，則與《墨經》此處之辨，復亦何異。故後人終取儒家之仁，而不再主墨家之兼愛也。

本篇刊載於民國十三年《東方雜誌》之四月期。

《墨辨》碎詁

余草〈墨辨探源〉，尚有賸義，續為〈碎詁〉一篇。惟此稿已遺失不全，今就其僅存者附刊於此。

（一）〈經下〉春字解

〈經下〉之下（五一）

〔經〕擢慮不疑，說在有無。

〔說〕擢疑，無謂也。臧也今死，而春也，得文文死也可。

按《說文》：「擢，引也。」此與〈小取〉篇「援」字同義。（胡適說，見《哲學史大綱》第三章）即推論之意。又案《說文》：「春，推也。」（胡氏謂春是人名，誤。）「得」當為「謂」字，草書形近而誤。「文文」當為「之人」之譌。今改定其文如下：

擢，疑無謂也。臧也今死，而春也，謂之人死也可。

此謂以臧之死推而慮之，雖謂凡人有死可也，使於此而疑之，則無謂也。

〈經下〉之上（四〇）

〔經〕所知而勿能指，說在春也，逃臣狗犬貴者。

〔說〕所春也，其埶固不可指也。逃臣不知其處，狗犬不知其名，遺者巧弗能兩也。

按：《說文》：「春，推也。」說在春，即推論之意。事有雖屬所知而弗能確指者，則可以推論知也。故《說》云：「所春也，其勢固不可指也。」梁釋謂：「明明知之而無從指之，如知有逃臣而不能指其逃在何處，知有狗犬而不能指出其名」，皆是。惟釋末句未憭。今按：經文「貴者」當作「遺者」。王校〈非攻下〉云：「隸書與貴相似。」《說》中「遺者」亦「遺者」之誤。埶與勢同。舊作「執」，依張皋文說改。知舊作「智」，依梁任公校釋改。

巧弗能兩之「兩」，謂同時兼知也。《荀子解蔽》：「心生而有知，知而有異。異也者，同時兼知之。兼知之，兩也」。「兩」字義與此同。本經下行亦有「取去俱能之，是兩智之也」，均可證。此謂我惟知當今近處而已，推而至於遼遠，則雖巧固不能兼而知也。「兩」孫校作「罔，」謂即網羅之網，梁釋從之，殊非是。

（二）〈經下〉䰘字解

〈經下〉之下（五五）

〔經〕狗，犬也，而殺狗非殺犬也，可。說在重。

〔說〕狗，狗犬也，而殺狗謂之殺犬，不可，若兩䰘。

梁釋：「狗不過犬之一種，故殺狗可謂之非殺犬。狗為犬之一種，故殺狗可謂之殺犬。兩䰘義未詳」，今案：䰘當作「螝」，《莊子》：「螝二首」。《韓非子》曰：「蟲有螝者，一身兩口，爭食相齕，遂相殺也」，《古今字詁》：「螝，古之虺字，」引見《顏氏家訓》卷三。《管子・水地》，「蟡者，一頭而兩身，其形若蛇。」蟡恐即螝字而異說。狗是犬而殺狗非殺犬，反正相滅，如「螝」之兩首爭食相殺也，故曰「若兩螝」。

（三）〈經下〉荊沈解

〈經下〉之下（五七）

〔經〕荊之大，其沈淺也，說在具。

〔說〕沈，荊之貝也，則沈淺非荊淺也。

此條張梁皆云未詳。孫校沈當為「沆」，沆謂大澤也。《經》「具」《說》「貝」並當為「有」。今案：「具」字不誤。說中「貝」字亦當作「具」。「荊」疑「刑」字之誤。《周禮》注：「鉶，羹器也」。《詩・閟宮》毛包截「羹」，傳「羹」，大羹，鉶羹也，則鉶自盛羹之器。荊刑並鉶借字。孫校沈作「沆」是也。「沆」為「羹」字借音，非大澤義。以今字寫之，當云：

鉶之大，其沆淺也，說在具。

淺深論其所具，不論為具之器，故曰「羹淺，非鉶淺也」。

(四)〈經上〉庫字解

〈經上〉之上（四八）

〔經〕庫，易也。

〔說〕庫，區穴若斯，貌常。

孫從盧校「庫」為「庳」，梁校釋從之，其實非也。〈釋名〉：「庫，舍也，物所在之舍也。」《說》云：「庫，區穴若斯，貌常。」謂區穴未變，外貌猶常，而實非故物矣，故曰「易」。莊子所謂「藏舟於壑，藏山於澤，夜半有力者負之而走，昧者不知」也。此與〈經下〉「宇或徙，說在久」一條意略相似。梁謂「〈經下〉宇或徙一條與此條下動或徙一條文義皆同」，亦非也。下條《經說》云：「動，徧際徙，若戶樞免瑟。」今案：「徧際徙」者，謂徙其區穴位置，故曰「動」。如矢之過楹，人之過橋，是域徙之動也。如南北之在旦又在莫，若未變而實已變者，是域徙之宇也。兩條似不可混。戶樞，戶之所以轉動開閉之機。樞主其運轉，故曰樞機。免，逃逸義。瑟，弦樂。皆有動義。惟免瑟連用必有誤，未詳。張純一《閒詁》箋此條，較為得之。

（五）〈經下〉糈字解

〈經下〉之下（七〇）

〔經〕唱和同患，說在功。

〔說〕唱無遇，無所周，若粺。和無遇，使也，不得已。唱而不和，是不學也。智少而不學，功必寡。和而不唱，是不教也。智多而不教，功適息。使人奪人衣，罪或輕或重。使人予人酒，功或厚或薄。

遇舊作「過」，從孫校改。智少而不學，功必寡「功」字，智多而不教「多」字，從孫校增。功或厚或薄「功」字從梁校。

梁云此條義未詳，今案：此條義甚顯白，惟粺字不可解，當作痹。《說文》：「痹，濕病也。」為麻痹風痹，《素問》所謂「時痛而皮不仁」者也。孫校作「稗」未是。唱無和，和無唱，皆無功，故曰「同患」。唱者不遇和，若人身痹，心不使身，是「不周」也。梁疑周當為「用」，亦非。和者不遇唱，則所行逼於使令，不得已耳。使人奪衣，唱罪輕，奪者罪重。使人予酒，唱者德厚，予者薄。何者？奪衣之事成於和者，予酒之實出自使者也。故曰「說在功」。功，成事之所始也。

（六）〈經上〉合解

〈經上〉之下（八三）

〔經〕合，正宜必。

〔說〕合，兵立反中，志工正也，臧之為宜也。非彼必不有，必也。聖者用而弗必。必也者可勿疑，仗者兩而勿偏。

合舊作古，依梁校改。

此條諸家均不得其解。今案：合有三義，（一）正（二）宜（三）必。《說文》：「合，合口也。」兩器相合，一仰一覆，區位相反，而各向其中，合也。「兵立反中」四字，正釋此義。「兵立」當是「丘位」二字之譌，「位」字人傍移上誤為「兵」也。古語「丘」「區」音同而義通，謂區位相反而各向中也。「志工」二字當移「正也」之下，「正也」一語，即釋上「丘位反中」之合也。「工」當從孫校作「功」。臧僕之為，志功以從事，宜也，所以求合其主也。「志功」即孟子「志功食」之辨，亦即〈大取〉篇所謂「志功為辯」者也。合必有彼與此。徒此無彼，必不成合，故曰「必」也。通人知合之權不盡在我，而有在彼，故勿必於合也。「用而弗必」者，「用」即〈經說上〉「諾不一利用」之「用」，《莊子・齊物論》所謂「用也者，通也」，皆是也。夫至於彼此相合，此必彼此深信，乃可勿疑而合也。「仗者兩而勿偏」，「仗」字亦當為「必」字形近而譌。言必然之合，出於彼此兩方，勿可以偏面強也。今重寫定《經說》文句如下。

合，丘位反中，正也。志功，臧之為，宜也。非彼必不有，必也。聖者用而弗必，必也者可勿疑，必者兩而勿偏。

又按：兵立反中「兵」字，或當作「弁」，以形近而誤。孫校〈節用中〉云：「弁，變之段字。」「立」古通「位」，《春秋》桓二年「公即位」，石經《春秋》作「公即立」是其例。則「兵立反中」或「弁位反中」之誤，即謂變其位而反向中也。義亦通，並存再考。

本篇刊載於民國十七年蘇州中學之校刊七月期。

推止篇

先秦思想界之一分野

關於先秦求知對象及思想方法之爭辨，可謂有推止對立之一分野。尤其討論名墨兩家思想之轉變異同，此一分野更值注意。此篇旁涉儒道，舉要綜述之如次。

一、初期儒墨

儒家言求知方法率主推。《論語》不見推字，然曰：告諸往而知來者。又曰：溫故而知新。雖百世可知。又曰：聞一以知二，聞一以知十。又曰：能近取譬。又曰：舉一隅不以三隅反則不復。又曰：恕，己所不欲，勿施於人。後人以推己及人解恕字。此皆孔子言求知制行主推之證。

《墨子》〈尚賢〉、〈尚同〉、〈兼愛〉、〈非攻〉、〈節用〉、〈節葬〉、〈天志〉、〈明鬼〉、〈非命〉、〈非儒〉諸篇，其運思持論，大率多推此以及彼。如曰：今王公大人，有一牛羊不能殺，必索良宰。有一衣裳不能制，必索良工。有一罷馬不能治，必索良醫。有一危弓不能張，必索良工。逮至其國家則不然。（〈尚賢〉）又曰：今有人於此，少見黑曰黑，多見黑曰白。少嘗苦曰苦，多嘗苦曰甘。小為非，則知而非之。大為非，攻國，則不知非。（〈非攻〉）此皆以推論立說。如此之例，隨處可舉，不煩詳引。

二、孟子

孟子始明言推字，並確奉以為立義制行之主要原則。故曰：推恩足以保四海，不推恩無以保妻子。古之人所以大過人者無他焉，善推其所為而已矣。孟子又喜用擴充字，如曰：凡有四端於我者，知皆擴而充之矣，若火之始然，泉之始達。苟能充之，足以保四海。苟不充之，不足以事父母。既言擴充，又言達。如曰：親親，仁也。敬長，義也。無他，達之天下也。又曰：人皆有所不忍，達之於其所忍，仁也。人皆有所不為，達之於其所為，義也。人能充無欲害人之心，而仁不可勝用也。人能充無穿窬之心，而義不可勝用也。人能充無受爾汝之實，無所往而不為義也。凡其言擴充，言達，皆與其言推之義相一貫。

上引孟子言，似偏重於立心行事。然立心行事必歸於義理，而所以求知於義理者則貴推。故其評陳仲子則曰：是尚為能充其類也乎？又曰：充類至義之盡。此孟子言推，本主推求義理可知。

孔、墨與孟子，其運思持論既同主於推，然墨子非儒，孟子則願學孔子而距楊墨。孟子曰：楊子取為我，是無君也。墨子兼愛，是無父也。能言距楊墨者，聖人之徒也。可見儒墨立論雖皆主推，而所以為推之道有不同。於是其推論所及，乃達於絕相反之兩極端。即此可見推之可恃而不可恃。有可推，有不可推，不可推則貴能止。止者，止而不推之義。首先提出此推與止之辨論者似亦為墨家。後起墨家演變而成辯者，辯者源出於墨，其證即在墨子書。今墨子書中有〈經〉上下、〈經說〉上下及〈大取〉、〈小取〉篇，皆墨家言，亦皆是辯者言也。故後人即謂之墨辨。墨家何以流變而為辯者，余舊作〈墨辨探源〉一文闡其意。此篇於此不復詳，特專就墨辨中〈大取〉、〈小取〉兩篇以明其所論推止之涵義。

三、《墨子・大取》篇

《墨子・貴義》篇：子墨子曰：今瞽者曰：鉅者白也，黔者黑也，雖明目者無以易之。兼白黑使瞽取焉，不能知也。故我曰瞽不知白黑者，非以其名也，以其取也。孟子曰：楊子取為我。又曰：魚與熊掌不可兼得，捨魚而取熊掌。生與義不可得兼，捨生而取義。此諸取字，皆言別擇取捨。遇有不可得兼，始有取。孟子用此兼取二字，正承墨家來。墨家主兼愛，遇愛有不可得兼，乃不得不有所取，而所取又有大小不同。〈大取〉、〈小取〉命篇，義即在此。有取大，有取小，此〈大取〉、〈小取〉之所由分篇也。

〈大取〉篇云：

天之愛人也，薄於聖人之愛人也。其利人也，厚於聖人之利人也。大人之愛小人也，薄於小人之愛大人也。其利小人也，厚於小人之利大人也。

此節實已提出墨家兼愛論之新義。以人與天相比，天之於人，乃愛薄而利厚。以大人與小人相比，大人之於人，亦是愛薄而利厚。如此言之，則兼愛乃不如兼利之更為重要，而薄愛亦無傷於其為兼愛。此一大前提確立，則遇有所別擇時，自必以取利捨愛為原則可知。主兼愛而又有取於薄愛與捨愛，此不得不謂是墨家之新義矣。

〈大取〉篇又云：

於所體之中而權輕重之謂權。斷指以存腕，利之中取大，害之中取小也。害之中取小，非取害也，取利也。

斷指者非不愛指，而卒取於斷指，此非捨愛乎？然此非取害，乃於利之中取大，故寧取存腕之利也。《淮南．說山訓》有云：人之情，於利之中則爭取大，於害之中則爭取小。孟子亦曰：魚與熊掌不可得兼，則捨魚而取熊掌。今指與腕皆所愛，兩愛不可得兼，則取其愛之大者，故主斷指以存腕也。孟子亦言權，是知墨家新義乃時有取於儒家言，而多與儒義相通，此尤宜注意也。

〈大取〉篇又云：

殺一人以存天下，非殺一人，以利天下也。殺己以存天下，是殺己以利天下。於事為之中而權輕重之為求。求非為之也。害之中取小，求為義，非為義也。

此辨求之與為有不同。殺一人，非一獨立行為，僅是一手段，此手段亦僅以求利天下而已。利天下是義，故殺一人乃以求為義，非謂以殺一人為義也。然殺己則與殺人不同。人而至於殺己自殺，斯不得不認為是一獨立行為，而不可復認其僅為一手段。此即孟子所謂捨生取義，此一行為之本身即是義。今墨家亦採此說，則已明白提高了己之地位，明認己之與人有不同，此乃後起墨家接受儒家義而有此新論，與墨家初起時立論意態不同矣。

〈大取〉篇又云：

利之中取大，非不得已也。害之中取小，是不得已也。所未有而取焉，是利之中取大也。於所既有而棄焉，是害之中取小也。

利之中取大，乃為一種自由主動之取，故曰非不得已。害之中取小，乃為一種迫逼被動之取，故曰是不得已。自由主動之取，乃為一種積極向前，於所未有之中而取焉，如墨家主兼愛兼利天下，是本所未有，而擇取以為義以求其實有也。迫逼被動之取，乃屬一種消極而退屈之行為，於所既有之中而棄，如斷指以求存腕，殺一人以求存天下，斷指殺人皆是害，不得已而取之，蓋於既存事實中有所不獲俱全，故不能不有所棄也。取斷指，即是棄指。有取於棄指者，非取棄指之害，乃以取存腕之利也。是棄小利以求存大利，取小害以求免大害也。

〈大取〉篇又曰：

義可厚，厚之。義可薄，薄之。謂倫列。為長厚，不為幼薄。親厚厚，親薄薄。親至薄不至。義厚親，不稱行而類行。

墨者主兼相愛，交相利，然其實所愛利於人者，亦有厚薄之分。此皆不得不然。不得不然者，凡以求為義也。抑且厚於長者，不即是薄於幼者。雖有至親，亦非謂即有至薄。是則愛有厚薄，亦非即是不兼愛。惟義應於親厚而因厚其親，此亦不得以厚親為一單獨行為，然此亦非一種不得已。故曰不稱行而類行，僅是類於行而已。此節提出倫列之愛，愛可以有厚薄，亦是墨家後起新義也。若由此再推衍之，則墨家之主兼愛，豈不與儒家之言仁更無甚大之區別乎？故曰此乃墨家之後起新義也。

〈大取〉篇又曰：

為天下厚禹，為禹也。為天下愛禹，乃為禹之人愛也。厚禹之為加於天下，而厚禹不加於天下。若惡盜之為加於天下，而惡盜不加於天下。

為天下而厚禹，此即所謂義可厚而厚之也。所為厚其人者，固不是為其人而厚之，然所厚者則其人也。至於為天下而愛禹，則必兼因於禹之為人可愛，以及我之真愛其人。愛與厚之不同，即是愛與利之不同也。可以厚其人，未必即愛其人。所為厚禹者，其意兼及於天下。然厚禹之實際所為，則惟禹一人受之，未必能天下之人皆兼受其厚也。此猶惡一盜，其意乃為天下而惡此盜，然惡盜之實際所為，不能謂其為惡天下，因天下固非兼受此惡也。然則以名言之，則曰兼愛，以實際所取言之，則不妨於人有厚有愛，於人有惡有棄矣。此亦墨家後起新義，顯為墨家初起主張兼愛時所未及。惟言愛其人，則為人之當愛而愛，此猶最先言兼愛義，惟不本以天志，斯又更見其近於人情，近於儒家言矣。

〈大取〉篇又曰：

愛人不外己，己在所愛之中。己在所愛，愛加於己，倫列之愛己，愛人也。

上言義可厚厚之，義可薄薄之，謂倫列。今言兼愛，己亦當在所愛之內，而己又於凡所愛之人中為最親而當厚者，則由倫列之愛而愛己，豈非即是愛人乎？若循此推之，又焉見墨家言之必如《莊子・天下》篇所譏反天下之心而天下不堪乎？此又墨家新義所大異於其初之顯而易見之一例也。

〈大取〉篇又曰：

聖人之法死亡親，為天下也。厚親，分也。以死亡之體渴興利。有厚薄而毋倫列之興利為己。

親亡而有葬祭之禮，是為死亡親。即所謂生事之以禮，死事之以禮也。聖人之法死亡親，乃為天下，此即《論語》慎終追遠民德歸厚之義。是墨家後起義，乃一同於儒家也。因人各有親，厚其親，乃人人分內事。親已死，若以為其死而薄葬之，而渴於興利，是其厚薄乃無倫列。既無倫列，則其興利，亦僅為己而已。若知厚於人而首當厚者非其親莫屬，則死亡親非為己也。此一節原文義旨有難明處，姑為約略說之如此。若所說果於原旨有得，則後起墨家亦主愛己厚親，亦主以葬祭之禮厚其親矣。

〈大取〉篇又云：

愛眾世與愛寡世相若。兼愛之又相若。愛尚世與愛後世，一若今之人也。鬼非人也，兄之鬼，兄也。

如愛一家，愛一邑，推及於愛邦國，愛天下，所愛有大小，自兼愛之義言之，皆不相害，各得謂之為兼愛。由愛今世推及於上世後世，亦不相害，要之皆是兼愛。蓋愛於寡，非即不愛於眾。愛於今世，非即不愛於上世與後世。葬祭之禮，即是愛及上世也。人死為鬼，鬼已非人，可不在所愛之列。然若為其兄之鬼，則仍不妨對之有愛。此乃愛其兄，非愛及於鬼，愛及非人也。如是推言之，兄之鬼尚當愛，豈可謂父母既死為鬼，即非其父母不當愛乎。更推此而言之，尚世之古人皆已亡，後世之人皆未生，宜若不列於所愛。然主兼愛者，不害於愛上世，愛後世，正如其愛今世也。此皆證後起墨家義取圓宏，雖亦仍主兼愛，而與其初起時之主張，則顯有甚大之變通矣。

〈大取〉篇又云：

小園之圜，與大園之圜同。

圜有大小，不害其同為圜。如愛寡世，此小圜。愛眾世，此大圜。所愛範圍有大小，然不害其同所愛，並同為兼愛。然則愛一家。亦即已是兼愛。愛一國亦即已是兼愛。非必愛天下而始得謂之為兼愛。此即小圜之圜與大圜之圜同之說也。兼愛者，乃是一種全體愛。一家亦一全體，一國亦一全體，與天下同為一全體，惟大小不同而已。其為一全體之愛則一也。此亦墨家後起新義與最先主張兼愛之立論有不同。蓋事有不得而兼者，則惟求取其大。如僅愛一己，則不如兼愛一家，更不如兼愛一國，然亦何必求其能盡愛一世乃始謂之是兼愛乎？此乃墨家後起兼愛新義之力求圓通，所為與原始兼愛論有別也。

〈大取〉篇又云：

知是世之有盜也，盡愛是世。知是室之有盜也，不盡惡是室也。知其一人之盜也，不盡惡是二人。雖其一人之盜，苟不知其所在，不盡惡其朋也。

知此世有盜，不害於兼愛者之盡愛此世。若知此室中有盜，即不能盡愛此室中之人矣。然雖不能盡愛此室中之人，亦不能因此而盡惡此室中之人也。即如於二人中明知其中一人為盜，亦不能盡惡此二人。何以故？愛可泛類而推，惡則必當嚴止於其所當惡。故明知此二人中有一盜，不得已而不盡愛此二人則可，乃萬不可盡惡此二人也。又如知其一人為盜，而不知其人之所在，則亦必不能盡惡其人之朋。凡此皆以見惡必有限，惟愛乃可以無限。亦可謂為愛而可以有惡，然不能為惡而可以無愛。故不害於兼愛者之有時亦取於惡盜，然不能因惡盜而不取於兼愛也。

〈大取〉篇又云：

苟是石也白，敗是石也，盡與白同。是石也大，不與大同。

石之白，破是石而盡白也。石之大，破是石，則失其大矣。人之可愛，若石之白。故寡可愛，眾亦可愛。惟愛眾之道與愛寡之道則不能不有別。如知此世有盜，不害於盡愛此世。知此室有盜，則不盡愛此室矣。此猶石之破而有大小之異也。然則以愛言，則大圜之圜與小圜之圜同。以惡言，則大圜之圜與小圜之圜不同矣。故以愛言，則愛寡世可與愛眾世同。以惡言，則惡一盜非即是惡天下也。

〈大取〉篇又云：

仁而無利愛，利愛生於慮。昔者之慮也，非今日之慮也。昔者之利人也，非今之利人也。愛獲之愛人也，生於慮獲之利，非慮臧之利也。而愛臧之愛人也，乃愛獲之愛人也。去其愛而天下利，弗能不去也。

此節辨利愛與仁之不同。徒有仁心，不加以慮求，則無愛利之實矣。而愛之與利亦有辨。蓋所謂慮者，必隨時地隨事宜而變。如今日慮有以利於臧，與昔日之慮有以利於臧者，可以異而變，而所愛於臧者則今昔無變也。昔也臧為我僕，我乃愛於臧而慮有以利於臧。今也獲為我僕，我乃愛於獲而慮有以利於獲。所慮以利於臧者與所慮以利於獲者可不同，然其愛於臧之與愛於獲，則同是一愛，無不同也。且愛必慮其利。於彼有利，乃見於我有愛。故自此一端言之，則由仁生愛，由愛生利。若由彼一端言之，則有仁無愛，不如去仁存愛。有愛無利，不如去愛存利矣。《論語．子罕》言利，與命與仁，故儒家重言仁而輕言利。墨家不然，乃輕言仁而重言利。此與儒義正相反。抑且後起墨家又由兼愛而轉重於兼利。若其人而為盜，無利於天下，抑且於天下不利，我斯去其愛。不愛盜非即不愛人。若必使我不愛人而始得利人者，我斯不愛於人矣。此不可不謂是墨家兼愛理論中一大轉變。今試問世固可有不愛之而始能利之之具體事證否？於此問題，〈大取〉篇作者早已解答在前。彼固謂天之愛人，薄於人之愛人，而天之利人，則厚於人之利人也。人固當法天，則不得不有取於薄愛之而厚利之之一途矣。老聃承其後而益進，乃曰天地不仁，以萬物為芻狗。此一轉變，宜非墨家初期提倡兼愛之說時之所能逆料。而思想轉變之轍迹，則顯然有如此。至是而墨家兼愛之主張，乃終不得不趨於衰退無力矣。

〈大取〉篇又云：

> 貴為天子，其利人不厚於匹夫。二子事親，或遇熟，或遇凶，其事親也相若。非彼其行益加也。外勢無能厚吾利者。籍臧也死而天下害，吾持養臧也萬倍，吾愛臧也不加厚。

此節重申愛與利之辨，而又改從另一面言之。所利有厚薄，非愛有厚薄也。愛之斯必求有以利之矣。然而有外勢之限焉。天子之利人，則必厚於匹夫，遇歲熟之子之事其父，必厚於遇歲凶之子，然而有不然者，則外勢限之也。抑且天子之愛人，非必厚於匹夫，遇歲熟之子之愛其父，非必厚於遇歲凶之子。愛既同，則為利雖有厚薄，等於無厚薄。此如厚養一臧，雖加於養常人者萬倍，然我愛臧之心則非有加，此皆愛與利之當分別而論也。

〈大取〉篇又云：

> 長人之與短人，其貌同者也。故同。人之指也與人之首也異，人之體非一貌者也，故異。

將劍與挺劍異，劍以形貌名者也，其形不一，故異。楊木之木與桃木之木也同。諸非以舉量數命者，敗之盡是也。故一人之指，非一人也。方之一面，非方也。方木之面，方也。

此節申同異之辨。人有長短之異，然其為人之貌則同。首與指同屬於人之一體，然首貌與指貌則異。且不能謂人之一指為人，如不能謂方之一面為方也。必合人之全體而始謂之人，如必合方之四面而始謂之方也。故兼愛者，乃兼愛人之為類。人中有盜，不愛盜，不得謂是不愛人。凡以量數舉者，敗之盡是。敗乃破義，分散義。如言人，一世人與一人均是人，故兼愛人者不必能盡愛人始謂之兼愛人，愛一人亦不害其為兼愛人。然人之中有盜，有臧與獲，有我之父母，此皆異於類，非以數量舉。故盜之與臧獲之與我之父母，雖同為人中之一人，然猶如人首與人指之有別，不得謂愛父母則必愛臧獲又必愛盜，始得為愛人也。此則同異之辨也。不因人中有盜而仍主兼愛人，此固利之中取其大，亦是於其類而辨之也。

〈大取〉篇又云：

夫辭，以類行者也。立辭而不明於其類，則必困矣。

今日兼愛人，則是以人為類也。曰必兼愛我之父母與臧獲與盜，而不知我之父母之與臧獲之與盜，則不相為類。若斥人之不愛盜而謂其乃不愛人，則亦不明於其立辭之類矣。此處提出一類字極重要。《墨子．公輸》篇，義不殺少而殺眾，不可謂知類。今必以殺一人謂非兼愛，亦是不知類也。此處提出一行字亦極重要。辭以類行，若非其類，則必不可行而止。行即推也。持論固貴於能類推，然遇非其類，則必止而不推矣。當止而不止，則必困。故〈大取〉篇之立論，乃是推至於極而轉尚於知止焉。

〈大取〉篇有文句難解者，今皆棄不列，僅列其文句之較可解者。然即如上引，亦多譌字，脫字，衍字，及上下倒置字。姑依前人校勘，又加己意，約略定如上文，不復一一詳加以說明，姑就此以推說其大意。就於上之所說，則篇名〈大取〉，乃是於利之中取其大，故曰〈大取〉也。曰兼，則必全取之。然有時不獲全取，則惟求能取其大。讀者取此篇以與墨子書中〈兼愛〉上中下三篇之所論列，即墨家初期所倡兼愛之說相較，則見其遠為細密，然亦於原義遠有流失矣。故知〈大取〉乃墨家後起之說也。

墨家初倡兼愛，由今推想，其說必遭多方之疑辨與反駁。後起墨家乃針對此等疑辨與反駁而為辨護，其為說益精益密，然其所陳義乃亦不得不與最先倡議時有甚大之轉變。舉其要者，如辨天與人之分際，如辨愛與利之輕重，此顯與先所持論有不同。因最先立論，人惟一本天志，兼相愛，交相利，而不顧事實之有不可能，故必擇取焉而始可也。於是言兼愛而仍有取於倫列之愛，仍有取於愛有厚薄之分，仍有取於愛親愛家愛己之愛，然亦仍主愛之與仁有不同。而更要者，乃為求利而可以捨愛。苟可捨愛，則兼愛之論豈不將根本破敗乎？蓋此乃後起墨家不得不接受儒家以及並世各方之諍議而變其先說。惟其尚功利，則為墨家一大要端，斯則始終無變而已。此觀於上引〈大取〉篇諸節而可見者。

由墨家漸轉為辯者，亦可於〈大取〉篇得其梗概。〈大取〉篇之為辨，本為墨家辯護其兼愛之主張，此已申述如前。今就其後起之演變言，則所辨不外兩大項。一曰大與小，一曰同與異。墨家主兼愛，他人之攻擊之，亦不以其名而以其取，曰：既主兼愛，何以亦愛其父。墨家答之曰：父愛不害於兼愛，是即大圜小圜同也。然或曰：既主兼愛，何以亦殺盜。墨家又答之曰：殺盜非殺人，是大圜與小圜異矣。今列兩圖如次。

兼愛者亦愛其父，父在所愛之列，是大圜與小圜同。取其大，是愛父不害於為兼愛也。

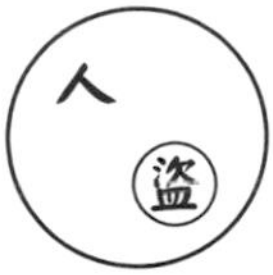

兼愛者亦殺盜，是大圜與小圜異。取其小，則殺盜非殺人，不愛盜非即不愛人也。

大要後起之辨，不出此兩項。〈大取〉篇以申述前項即大圜與小圜同者為其主要之論點。〈小取〉篇所辨，則主要在後一項，即大圜與小圜異者為其主要之論點。惟其大圜與小圜同，故可推。惟其大圜與小圜異，故不可推。不可推則止而不推。〈大取〉、〈小取〉分篇之主要意義即在此。今試再就〈小取〉篇加闡釋焉。

四、《墨子．小取》篇

〈小取〉篇有云：

凡辯者，將以明是非之分，審治亂之紀，明同異之處，察名實之理。處利害，決嫌疑，焉摹略萬物之然，論求羣言之比。以名舉實，以辭抒意，以說出故，以類取，以類予。有諸己，不非諸人。無諸己，不求諸人。或也者，不盡也。假者，今不然也。效者，為之法也。所效者，所以為之法也。故中效，則是也。不中效，則非也。此效也。譬也者，舉他物以明之也。侔也者，比辭而俱行也。援也者，曰子然，我奚獨不可以然也。推也者，以其所不取者同於其所取者予之也。是猶謂彼者同也，我豈謂彼者異也。夫物有以同而不率遂同，辭之侔也，有所至而止。其然也，有所以然也。其然同，其所以然不必同。其取之也，有所以取之。其取之也同，其所以取之不必同。是故辟侔援推之辭，行而異，轉而危，遠而失，流而離本，則不可不審也，不可常用也。

此節明白指出有以同而不率遂同，故譬侔援推之辭不可不審，不可常用。此即主止不主推之所由來也。何以有以同而不率遂同，蓋名以舉實，而辭以抒意。如云盜人也，是名以舉實也。殺盜非殺人，則辭以抒意也。在殺盜者之意，固不為殺人也。若僅以名推，則譬侔援推之辭可以行而異，轉而危，遠而失，流而離本，故不可以不知其有所至而止。〈小取〉篇首先提出此一主要分別，故篇中所辨，即在孰可推與孰不可推而當止也。

〈小取〉篇又云：

故言多方殊類異故，則不可偏觀也。夫物，或乃是而然，或是而不然。或一周而一不周，或一是而一不是也，不可常用也。故言多方殊類異故，則不可偏觀也。

此類字極關重要，然而亦必分別言之。如孟子曰：凡同類者舉相似，何獨至於人而疑之，聖人與我同類者，故充類至義之盡而曰人皆可以為堯舜。然其斥告子則曰，犬之性猶牛之性，牛之性猶人之性與。蓋孟子言人之性善，乃就於人之為類而言之。孟子固不言犬牛之性皆善，故孟子之為推，亦就於人之為類而推之。至於與人異類者，則止而不推矣。物有類，言亦有類。明於言之多方殊類異故，故能有諸己者不以非諸人，無諸己者不以求諸人。不以此一言之是，而盡非他言以為不是也。此下荀子尤好言類。至於《中庸》則曰：道並行而不相背。老子則曰：道可道，非常道，名可名，非常名。亦知一名一道之不可常用，不可普遍應用於多方殊類也。此一義甚為重要。此一類字，或為孟子所首先提出，或為後起墨家所首先提出，今已不可詳論。要之此一觀念所貢獻於當時之思想界者，實不可不重視。而在同一時期中，雖屬思想界之相對方，仍不能不各有取於某一同一觀念以為持論相辨之基本，此亦治思想史者所常見之一例也。

〈小取〉篇又曰：

白馬，馬也。乘白馬，乘馬也。驪馬，馬也。乘驪馬，乘馬也。獲，人也。愛獲，愛人也。臧，人也。愛臧，愛人也。此乃是而然者也。獲之親，人也。獲事其親，非事人也。其弟，美人也。愛弟，非愛美人也。車，木也。乘車，非乘木也。船，木也。入船，非入木也。盜人，人也。多盜，非多人也。無盜，非無人也。奚以明之，惡多盜，非惡多人也。欲無盜，非欲無人也。世相與共是之。若若是，則雖盜人人也，愛盜非愛人也，不愛盜非不愛人也，殺盜人非殺人也，無難矣。此與彼同類，世有彼而不自非也，墨者有此而非之，無他故焉，所謂內膠外閉，其心無空乎？此乃是而不然者也。

此節即說明大圜有與小圜同，亦有與小圜異者。如愛臧愛獲同為愛人，而殺盜則不得謂是殺人是也。其謂墨者有此而非之，蓋指墨者亦不能不事其親，不愛其弟，亦不能不惡盜，不殺盜，而世人爭非之，謂其有背於其所主張之兼愛。〈小取〉篇針對此等誹議為辯護，謂此與彼同類，世有彼而不自非，墨者有此而非之，此等處，正是運用譬侔援推之辭也。可知譬侔援推之辭非不可用，惟用之當審，當知其所宜止耳。

〈小取〉篇又云：

且好讀書，非好書，好讀書也。好鬬雞，非好雞，好鬬雞也。且入井，非入井也。止且入井，止入井也。且出門，非出門也。止且出門，止出門也。若若是，夭非夭也，壽夭也。非命，有命也。非執有命，非命也。無難矣。此與彼同類，世有彼而不自非也，墨者有此而非之，無他故焉，所謂內膠外閉，其心無空乎？此乃是而不然者也。

此節字句多誤，今以意更定，亦不復一一詳說之，固不知其果是否，然大意當約略如所更定也。墨者主非命，此非命之說，世亦必多非之，此處乃後起墨家之自辯。謂墨家主非命，非言有命之非，乃謂堅執有命之非也。所謂非命，非言其誠無命，乃僅以非夫人之堅執有命而一切諉之於命而不務於人力也。如言夭，乃因壽而謂之夭。夭者亦有生，惟較壽為夭，非以無生為夭也。則非命者，乃因人之執有命而非之，非謂無命也。如此為辯，乃可緩外來之爭議。然初期墨家之極端主張，則亦因是而消失矣。

〈小取〉篇又曰：

愛人待周愛人而後為愛人。不愛人不待周不愛人。不周愛，因為不愛人矣。乘馬，不待周乘馬然後為乘馬也。有乘於馬，因為乘馬矣。逮至不乘馬，待周不乘馬，而後為不乘馬。此一周一不周者也。居於國則為居國，有一宅於國而不為有國。桃之實，桃也。棘之實，非棘也。問人之病，問人也。惡人之病，非惡人也。人之鬼，非人也。兄之鬼，兄也。祭人之鬼，非祭人也。祭兄之鬼，乃祭兄也。之馬之目眇，則謂之馬眇。之馬之目大，而不謂之馬大。之牛之毛黃，則謂之牛黃。之牛之毛眾，而不謂之牛眾。一馬，馬也。二馬，馬也。馬四足者，一馬而四足也。馬或白者，二馬而或白也，非一馬而或白，此乃一是而一非者也。

此言周與不周之辨，即大圜與小圜有異有同之辨也。惟其如此，故一切名辭言說有可推，有不可推。不可推，則止而不推。止而不推，其所取也小。本篇重在申說此義，故以〈小取〉名篇也。觀於〈大取〉、〈小取〉兩文，知墨家先後持義已多變，已多採納多方反對者之爭論而漸趨於和順，然亦因此而漸流為辯者言。此後所謂辯者，其淵源實始於墨家，惟更偏向於名辭辨說方面之發展，後人乃別目之曰名家，其實名家即墨之支流與裔也。

五、惠施

惠施為名家之尤著者。其實惠施乃墨者徒，亦一辯者也。與莊周友好，其緒言多見於莊周之書。莊周稱之曰辯者，當其時本亦無所謂名家也。《莊子・天下》篇引惠施歷物之意曰：

至大無外，謂之大一。至小無內，謂之小一。無厚不可積也，其大千里。天與地卑，山與澤平。日方中方倪，物方生方死。大同而與小同異，此之謂小同異。萬物畢同，畢異，此之謂大同異。南方無窮而有窮，今日適越而昔來。連環可解也。我知天下之中，燕之北，越之南是也。氾愛萬物，天地一體也。

施言氾愛萬物，猶墨家言兼愛天下。惟墨家言兼愛，乃主兼愛人，乃就於人之為類而言之，施則由人推及萬物，推而益廣，泯人物之分，此非〈小取〉篇所謂遠而失，流而離本矣乎？抑且墨家言兼愛，乃上本之於天志。其後墨辨繼起，如上引〈大取〉、〈小取〉諸篇皆頗不言天。此見墨家前後持論運思之變。而惠施乃改言天地一體，此所言之天地，乃與墨家之言天志天鬼大不同。亦可謂惠施之兼言天地，乃旁通於莊周，非上承於墨翟也。惟其天地萬物本為一體，故當泛愛，此又與墨家初期本天志而言兼愛者大不同。惠施何以知天地之一體？乃本其大一小一之畢同而言之。大一小一，猶〈大取〉篇之言大圜小圜。大圜小圜同一圜，大一小一亦同一一。惠施言大同與小同之小同異，即類之不同也。萬物畢同畢異，則破類而為言。小一畢異，斯無可為類。大一畢同，則無不同類。抑且同體，是亦無所為類矣。故惠施之言，其實乃是破類以為言，亦可謂是不知類之言，皆〈小取〉篇之所斥也。惠施又曰：日方中方倪，物方生方死，今日適越而昔來，此就時間先後言，亦猶〈大取〉篇之言尚世後世猶今世也。惠施之為辯，主要在於會通時間空間之一切相異而歸納之為一同，遂以成其天地一體之論。此乃純從名言立論，故後世稱之曰名家。此由初期墨家天志之主張不為時人所接受，故墨家後起為辨，乃改途而另取立場，惠施乃專從名言異同而別創天地萬物一體之新論耳。

六、莊周

莊周與惠施相友好，兩人之思想言論亦頗多相通。莊周亦曰：

> 天下莫大於秋毫之末而太山為小，莫壽乎殤子而彭祖為夭。天地與我並存，而萬物與我為一。（〈齊物論〉）

又曰：

> 自其異者視之，肝膽楚越也。自其同者視之，萬物皆一也。（〈德充符〉）

是莊周亦主萬物一體，與惠施相同也。然兩人之人生觀則大相異。莊周僅主自適，不言氾愛，其意態似偏於消極，此為道家與名墨之相異。

莊惠相異，又可觀於其濠梁之辯而得之。《莊子・秋水》篇云：

> 莊子與惠子遊於濠梁之上。莊子曰：儵魚出游從容，是魚樂也。惠子曰：子非魚，安知魚之樂？莊子曰：子非我，安知我不知魚之樂？惠子曰：我非子，固不知子矣，子固非魚也，子之不知魚之樂全矣。莊子曰：請循其本。子曰女安知魚樂云者，既已知吾知之，而問我，我知之濠上也。

觀於上引之所辯，惠施雖主天地一體，而萬物在此一體之內，乃可以各不相知。不惟人不知魚，抑且我不知汝。同體而不相知，此種意見，亦可謂淵源於墨氏。何者？墨子倡兼愛，其所持論，一本天志。故曰我有天志，譬若輪人之有規，匠人之有矩。又曰兼相愛則交相利。又曰皆若信鬼神，天下豈亂。又謂言必有三表，一者上本之於古者聖王之事，二則原察百姓耳目之實，三則發以為刑政。要而言之，其信天鬼，尚功利，重現實，莫不偏於外傾唯物，而於人類內部自有之心智與情慧，則極少注重。後起墨家，雖於初期墨家持論過偏之說頗加矯正，然於其唯物外傾之基本態度，則未能稍有所變也。今惠施不言天鬼，而改言天地萬物，不本之於三表，而惟重名辭言辨，專求以己之所持論說服人，而於人之心智情慧，則亦漫不加察，此非墨氏唯物外傾之傳統之變相而益甚焉者乎？故莊子譏之曰：辯者之徒，飾人之心，易人之意，能勝人之口，不能服人之心，辯者之囿也。惠施既主氾愛萬物，而又謂其互不相知，則試問既不相知，何能相愛？在墨家初期，則曰上本天志，則當相愛。在惠施則曰，就於名言之畢同而成為大一，則當相愛而已。固不計及於人之心知也。

莊子則頗重知。彼言大年小年，因言大知小知。又曰：井蛙不可以語於海者，拘於墟也。夏蟲不可以語於冰者，篤於時也。曲士不可以語於道者，束於教也。民之與鰌與蝯猴三者之知於處者各不同。民之與麋鹿與蝍且鴟鴉四者之知於味者又不同。民之與蝯蝙狙與麋鹿與鰌與魚四者之知於色者又不同。夢中之知與覺不同，髑髏之知與生人不同，此亦皆其不相知也。然莊子正為物有不相知，故尤重言知。知必貴於能會異類，通異情，乃始可以達於大方，而免拘於一曲。至少亦當知其所不知。此莊惠兩人立論大不同所在，亦即道家與名墨兩家所不同一要端也。

莊子又稱惠施以堅白之昧終，是知惠施亦持堅白之論。〈大取〉篇有云：苟是石也白，敗是石也，盡與白同。白既如此，堅亦宜然。是謂一石之堅與白，如粉散之而仍同此堅與白，此即〈大取〉篇所謂小圜之圜與大圜之圜同也。此就其畢同者言之也。告子曾接聞緒言於墨氏，故告子之持論亦尚同。其言曰：生之謂性。是謂凡有生則性相同。不惟人與人無別，抑且人與其他生物亦無別。故孟子質之曰：生之謂性，猶白之謂白歟！告子曰然。孟子又曰：白羽之白，猶白雪之白，白玉之白歟？告子又曰然。孟子乃曰：然則犬之性猶牛之性，牛之性猶人之性歟。此下不見告子答語。其實告子既主生之謂性，則犬牛有生，人亦有生，其性亦不能大異。此由墨家持論，於人之心知情慧之有相異，本不加察，而專從外面功利觀點立說，乃欲人之視人之父若其父，而不悟人之心知情慧之不能然也。惠施言同異，亦專就名物言。如人既非魚，則人魚相異，自可不相知。我既非汝，則我汝亦可不相知。不相知而可相愛，此與初期墨家之言兼愛，可謂異蔽而同病。莊周之為說則不然。莊子蓋能深察於人之與我之與萬物，其心知情慧既各相異，不能同一，故雖曰一體並生，而實難相愛，故不如相忘而各期於自適也。

今若專就此一端言之，則莊子立論較近孟子，而惠施則較與告子為近。孟子主推，乃由人之心知情慧推，亦推極之於同類之人而止。惠施之為推，乃由名辭言辨推，乃推而及於天地萬物，而於人與人間之心知情慧之可以各異，則置之不論，而不悟其不可以不論也。故莊子譏之曰：唯其好之也，以異於彼其好之也，欲以明之彼。非所明而明之，故以堅白之昧終。此謂惠施自好於為堅白之辨，而不悟他人之不能盡好於此堅白之辨。因欲以非彼之所能好者而明之於彼，是猶民食芻豢，而欲明之於麋鹿蝍且與鴟鴉，而不悟麋鹿蝍且鴟鴉之各有所食所甘所嗜所好，既非同類，即難相明。自非大知，何能知此心知情慧之各相異而不易於相明乎？

然而此大知不易遇。故莊子又曰：萬世之後而一遇大聖，知其解者，是旦暮遇之也。於是莊子又曰：

> 然則我與若與人，俱不能相知也。

又曰：

> 故知止其所不知，至矣。

孔子曰：知之為知之，不知為不知。惟大知始能知其不相知。莊子在濠梁之上，固言人可以知魚樂。然人與魚與萬物之如何各適其適，各樂其樂，固可各不相知。既不相知，則縱能兼相愛，不能交相利。故不如相忘於道術兼相忘於江湖也。

莊子又曰：

天地與我並生，而萬物與我為一。既已為一矣，且得有言乎？既已謂之一矣，且得無言乎？一與言為二，二與一為三，自此以往，巧歷不能得，而況其凡乎？故自無適有以至於三，而況自有適有乎？無適焉，因是已。

適即推也，已即止也。莊子之意，既不能由名辭言說為推以相明，則不如各自止於彼我之定分，各求能自適而已。故惠施主推，莊周主止，此兩人之態度相異也。

七、公孫龍

公孫龍承惠施名辨之學，亦墨徒也。然公孫龍又接聞於莊周晚年之緒論。故公孫龍之言論頗亦與惠施有異。其〈名實論〉有曰：

天地與其所產焉，物也。物以物其所物而不過焉，實也。實以實其所實而不曠焉，位也。出其所位，非位。位其所位焉，正也。其正者，正其所實也。正其所實也，正其名也。其名正，則唯乎其彼此焉。謂彼而彼不唯乎彼，則彼謂不行。謂此而此不唯乎此，則此謂不行。其以當，不當也。不當而當，亂也。故彼彼當乎彼，則唯乎彼，其謂行彼。此此當乎此，則唯乎此，其謂行此。其以當而當，正也。故彼彼止於彼，此此止於此，可。彼此而彼且此，此彼而此且彼，不可。夫名，實謂也。知此之非此也，知此之不在此也，則不謂也。知彼之非彼也，知彼之不在彼也，則不謂也。至矣哉！古之明王。審其名實，愼其所謂。至矣哉！古之明王。

龍之此文，首當注意者，乃謂實在名先。故曰：名，實謂也。又曰：正其所實，正其名也。因有此實，始有此名，無此實，則不復有此名矣。故正名必先正實，定實始能定名也。此說顯與惠施不同。惠施歷物，乃因大一小一之名而遽以定萬物之為一體，此則近於因名而定實矣。此兩人一極大不同點也。

然細究公孫龍之所謂實，亦有甚堪詫異者。公孫龍有告魏王七說，見於《列子．仲尼》篇。其第一說曰有意不心。墨家與辯者，皆重言名物，少言心知情慧，此乃其共同大傳統所在。公孫龍亦不能自逃於外也。然龍之言曰有意不心，則雖抹去心之內層，置一切心知情慧於不談，而固已注意及於言者之意，此則又其不同也。

〈小取〉篇以名舉實，以辭抒意，分名與辭而兩之，而公孫龍則似並名與辭而一之。故乃有白馬非馬之論。公孫龍〈白馬論〉有曰：

求馬，黃黑馬皆可致。求白馬，黃黑馬不可致。使白馬乃馬也，是所求一也。所求一者，白者不異馬也。所求不異，如黃黑馬有可有不可，何也？可與不可，其相非明。故黃黑馬一也，而可以應有馬，而不可以應有白馬，是白馬之非馬審矣。

蓋一名之立，在外所以指物，在內所以明意，公孫龍則偏重其內在者。故公孫龍之所謂實，實指意言，不指物言。若意在求馬，或意在求白馬，因人意所求有不同，故其出言用名亦不同。故求馬，可以黃黑馬應。求白馬，則不可以黃黑馬應。此可與不可之別定在求者之意。公孫龍主辨名之異同，必顧及人之用此名者之意。意之所在，即名之所當。不可離其名之內在所當之意而一任於馬之為名而推之，則白馬馬也，誠無以非。然以白馬應求黃黑馬者，則必違逆無當於求馬者之本意矣。

公孫龍此之所辨，其實〈小取〉篇已言之。曰：獲之親，人也。獲事其親，非事人也。又曰：盜人，人也。惡多盜，非惡多人也。欲無盜，非欲無人也。故曰：以辭抒意。今公孫龍乃進而以意辨名也。

公孫龍告魏王第七說，又曰：孤犢未嘗有母。驟視之，無不認其為詭辨。何者？孤犢雖無母，然不當謂之未嘗有母。然公孫龍之持此辨也亦有說。夫孤犢之必嘗有母，此人所盡知，可不待言。公孫龍之意，乃據言者之意而云也。夫孤者，無母之稱。因此犢無母，故稱之曰孤犢。在言者之意，僅言此犢無母，非言此犢之嘗有母。試為設譬，如言老人，言者之意，僅言此人年老，必非言此人之亦嘗有少年時。此非極明白易知乎？公孫龍既主正實以正名，而彼之所謂實者，所重乃在言者之意。此人言孤犢一名，此一名中，並不涵此犢嘗有母之意，此所謂彼彼止於彼，此此止於此也。莊子曰：言非吹也，言者有言。所言緊何，即言者其人之意也。雖言者之意固必及物，然公孫龍則重意不重物。故曰孤犢嘗有母，乃專指外面此犢言，非指言此孤犢者當時內在之意言。今若捨言者當時內在之意，而僅就其所言之外面之物言，此只成為一自然名，一科學名，或邏輯名，與社會日常人生所通用之人文名有不同。公孫龍之所重，則在此日常人生所運用之人文名，而不重在自然名，科學名，與邏輯名。故惠施言萬物一體，而公孫龍則僅主彼彼止於彼，此此止於此而已也。

公孫龍有〈堅白論〉，亦闡此意。曰：

> 視不得其所堅而得其所白者，無堅也。拊不得其所白而得其所堅者，無白也。

此亦專就人之心知之接於外物者而言。視石而知其白，不知其堅也。拊石而知其堅，不知其白也。就石之為物言，則堅白不相離。就言此堅白者之人之內存之意言，則意指在白，不必兼堅。意指在堅，不必兼白。於是而有離堅白之論。若就離堅白之辨而推言之，則是手拊不知有目視，目視不知有手拊，手之與目，亦是同在一體，則豈非同在一體而可各不相知乎？此則公孫龍之所以終與惠施同列為名家也。

〈堅白〉篇又曰：

離也者因是，力與知果不若因是。

又曰：

離也者，天下故獨而正。

曰因是，曰獨而正，語皆見於莊子書。故知公孫龍之持論，乃有聞於莊周之緒言，故其立說，亦主止不主推也。

今再論惠施公孫龍與墨家之關係。墨家初起，本為一力行團體，同時亦為一說教團體。惟其說教之內容，則不免趨於極端與過激。因其專就外在之物質功利言，而於人之內存之心知情慧，乃一切置於不顧也。嗣經各方之懷疑駁難，而使墨家之說教者，不得不逐步退讓，漸趨和順。此於〈大取〉、〈小取〉篇中之所答辯而可見其大概矣。在〈大取〉、〈小取〉篇中之所答辨，主要在提出一論題之立辭，有可推，有不可推。不可推則當止於此一辭之本意，而不為離題之推論。今已不知〈大取〉、〈小取〉篇之作者及其成篇時期。然觀其內容，初期墨家說教成份已見沖淡，斯其力行精神亦必減弱，此為墨家集團兼愛苦行之風漸趨低潮之證。至於惠施，雖亦淵源墨說，迹其生平，墨家初期一種強力苦行之風已不復見，乃使其轉成一辯者，而為此後名家開宗。然論其所辯說，則較之初期墨家範圍益有推擴。初期墨家主兼愛，乃專對社會人羣言，而惠施則改說天地一體而主氾愛萬物，此已成為一種名理之辨論。氾愛萬物，僅可能懸為一口號。若求實踐，真欲建立為一項人生力行之標準，則其事甚難。而惠施亦未見於此方面真有所努力也。公孫龍承惠施而起，乃並氾愛萬物之官面話而亦屏棄之，並不復提。其主要用意，乃專在探究名理。〈大取〉、〈小取〉言立辭有不可推，而公孫龍乃由此而益進，主張一名止於一實，一實定於一意，意各相異，斯名亦不可推。於是馬之一名則必止於其為馬而非白馬。白馬之一名則必止於其為白馬而非馬。甚至於白之一名則止於白，堅之一名則止於堅，石之一名則止於石。至於石之為物，其同時是否兼涵有堅白之二者，此一事實亦可置之不論。此乃一種名理探討之趨於極端，較之初期墨家之說教精神離去益遠。由公孫龍之說轉落於人事，乃不得不由說教轉而向立法。故曰：審其名實，慎其所謂，至矣哉！古之明王。公孫龍乃一名家，而稱道及於古之明王，斯知名家精神亦必淹沒消失於後起法家之樊籬而不復能自振矣。

八、老子

繼此再言老聃與荀卿。老聃之書，斷當後於莊周而略前於荀子。老荀二家之陳義，所以見其為深厚而博大者，亦由其能會通當時運思持論之推與止之兩分野而交融并包之。若不究於上述諸家持論運思之遞相衍進，則亦無可瞭解於老荀兩家立言之由來。老子之書，乃主能止於道，而由道以為推也。故曰：

> 道常無名。始制有名，侯王若能守之，萬物將自賓。

又曰：

> 道隱無名。道可道，非常道。名可名，非常名。

此數語中，道之地位顯然高出於名之上，而惠施公孫龍名理之說絀矣。

又曰：

有物混成，先天地生。

吾不知其誰之子，象帝之先。

此皆指道言。舉出此道之一觀念，而初期墨家天志天鬼之論，亦復可棄置不問矣。

又曰：

處無為之事，行不言之教。

則墨名兩家力行強教博辯善談之風亦將由此而熄。此皆顯見老子思想之後來居上。蓋老子言乃承先起墨名諸家而益進也。

又曰：

聖人抱一為天下式。昔之得一者，天得一以清，地得一以寧，神得一以靈，谷得一以盈，萬物得一以生，侯王得一以為天下貞。

此一即道也。

又曰：

自古及今，其名不去，以閱眾甫，吾何以知眾甫之然哉以此。

又曰：

執古之道，以御今之有。能知古始，是謂道紀。

又曰：

天下有始以為天下母。既得其母，以知其子。既知其子，復守其母。致虛極，守靜篤，萬物並作，吾以觀復。

又曰：

不出戶，知天下。不闚牖，見天道。其出彌遠，其知彌少。

此皆本於道以為推，而可以有深知大用於天下，以此較之莊周之悲觀而自止於消極者亦異矣。

九、荀子

荀子為儒家言，其言曰：

墨子蔽於用而不知文。惠子蔽於辭而不知實。莊子蔽於天而不知人。（〈解蔽〉）

又曰：

老子有見於詘，無見於伸。墨子有見於齊，無見於畸。

荀子評諸家之所失，洵為深允。而荀子最喜言統類，其言曰：

以人度人，以情度情，以類度類，以說度功，以道觀盡。古今，一度也。類不悖，雖久同理。（〈非相〉）

大率墨名道諸家所言，或偏重天，或偏重物，皆不能以人度人，以情度情，而又漫於分類之觀念。就思想方法言，正由其不知以類度類，故亦不能以人度人，以情度情也。

荀子又曰：

聖人之辯，成文而類。聽其言則辭辯而無統者，夫是之謂姦人之雄。

蓋知類斯有統。統者，即就其類而見其有統也。故荀子書每統類並言，如言壹統類（〈非十二子〉）是也。

又曰：

以淺持博，以古持今，以一持萬。奇物怪變，所未嘗聞也，所未嘗見也。卒然起一方，則舉統類而應之，無有疑怍，是大儒者也。（〈儒效〉）

又曰：

以類行雜，以一行萬。（〈王制〉）

又曰：

凡人之患，蔽於一曲，而闇於大理。（〈解蔽〉）

闇於大理者，由其不知類。蔽於一曲則無統。此所謂倫類不通（〈勸學〉）也。

荀子既言君子必辯，（〈非相〉）又特著〈正名〉篇，蓋名不正則辯無所施矣。正名仍必重於知類。

荀子曰：

制名以指實，然則何緣而以同異，曰緣天官。凡同類同情者，其天官之意物也同，故比方之疑似而通，是所以共其約名以相期也。

又曰：

心有徵知，徵知必將待天官之當簿其類，然後可也。

惠施以大一小一萬物畢同畢異之辨而謂天地一體，是漫其同異，亂其分類，外緣之於名辭言說而不先緣之以天官也。此則於人之心知為無徵。徵者驗也。今謂萬物與我一體，此必徵之於人之心知，而人之心知所憑以為徵驗者，又必待其耳目視聽天官之當簿於在外之實物，一一點驗，然後知其果為類與不類也。故曰：

五官簿之而不知，心徵之而無說，則莫不然，謂之不知。

此可見知必緣於天官，必直接親徵於外面之物而後始有知，不得僅憑名言推說以為知。莊子譏惠施，謂其飾人之心，易人之意，能勝人之口，不能服人之心，非所明而明之，而以堅白之昧終，是即誤於憑名言推說以為知，而不知有心之徵知也。

荀子內本心知，外據實物，而指出名之所由起，乃又重為規定其可推與不可推之界限。其言曰：

（待天官之當簿其類）此所緣而以同異也。然後隨而名之。同則同之，異則異之。單足以喻則單，單不足以喻則兼。單與兼無所相避則共。雖共不為害矣。知異實者之異名也，故使異實者莫不異名也。不可亂也。猶使同實者莫不同名也。故萬物雖衆，有時而欲徧舉之，故謂之物。物也者，大共名也。推而共之。共則有共，至於無共，然後止。有時而欲徧舉之，故謂之鳥獸。鳥獸也者，大別名也。推而別之，別則有別，至於無別，然後止。名無固宜，約之以命。約定俗成，謂之宜。異於約，則謂之不宜。名無固實，約之以命實。約定俗成，謂之實名。名之固善，徑易而不拂，謂之善名。物有同狀而異所者，有異狀而同所者。可別也。狀同而為異所者，雖可合，謂之二實。狀變而實無別，而為異者，謂之化。有化而無別，謂之一實。此事之所以稽實定數也。此制名之樞要也。

凡名家之為辨，不論於惠施之為推，與夫公孫龍之主止，上引荀子之言，皆足以破之而有餘。蓋荀子能指出名言之緣起而見其無獨立性。約定俗成，僅為一彼我共喻之工具。斯其為說，較之老子之道名並舉，尤為確當。若如老子之說，則道亦一名，其所異於名言之名者亦有限矣。

今再就推與止之立場而言，則荀子亦與老聃不同。蓋就於名言之辨而論其當推與當止，其事易。就於行事之實，禮義之辨，而論其當推與當止，則其事難。老子之論道，其實仍無異於一名，其弊將流於空洞無實。而荀子不然。其辨道與名，皆本於人事之實然以為說，故荀子每主止，不主推。非其不主推，乃因深知夫善為推之不易，故不如先求其知有所止也。荀子曰：

凡以知，人之性也。可以知，物之理也。以可以知人之性，求可以知物之理，而無所疑止之，則沒世窮年不能徧。

此猶莊子言以有涯隨無涯也。荀子舉物以為知之對象，知之範圍當擴及於天地萬物，此與儒家初起孔孟言知皆側重於人文道德範圍以內者大異矣。此因荀子承墨名道家之後，其為說亦不得不變。此種變而遞進，不得謂非先秦晚期儒家思想一大進境。所惜者，荀子似尚未深瞭於物理之難知，而僅以不可徧知為患，乃急求其有所止，此則荀子之失，所謂猶未達夫一間也。

於是荀子曰：

學也者，固學止之也。惡乎止之，曰：止諸至足。曷謂至足，曰：聖也。聖者，盡倫者也。

王者，盡制者也。故學者以聖王為師，乃以聖王之制為法，法其法以求其統類，以務象效其人。嚮是而務，士也。類是而幾，君子也。知之，聖人也。（〈解蔽〉）

是則荀子言知，雖其對象已遠見宏擴，推而及於天地萬物，然其立論之主要中心，則仍不出人文倫理範圍，此荀子之所以仍不失為儒家傳統也。至於如何綰合此兩者，使天地萬物之知與人文倫理道德之知可以相融而無間，相得而益彰，此固猶為荀子所未逮。

荀子又曰：

多言而類，聖人也。少言而法，君子也。多言無法而流湎然，雖辯，小人也。（〈大略〉）

蓋惟聖人為能知統類。惟其知能充類，故行能盡倫，法能盡制也。其為辨無法而流湎然，此猶〈小取〉篇所謂辟侔援推之辭，行而異，轉而危，遠而失，流而離本也。

荀子與孟子異者，孟子主性善，故主各本己心以為推。荀子主性惡，故主能先止於前人所已見已得之善，而奉聖王為師法也。是則孟荀兩家，正可代表儒家傳統下一主止一主推之兩分野之對立矣。

一〇、《墨經》與〈經說〉

繼此當略論墨子書中〈經〉上下，〈經說〉上下諸篇。此諸篇決不出於墨子之當年，抑且就墨家思想之流變言，此諸篇當特為晚出。以今考之，當尚在〈大取〉、〈小取〉篇之後。何以知其然？〈大取〉、〈小取〉篇之大義，已論如前。自此兩篇以下，墨家多流而為辯者。然〈大取〉、〈小取〉之為辨，其為初期墨家主張兼愛作辯護之痕迹尚易見。而〈經〉上下、〈經說〉上下，則其為辯，若已漸趨於獨立發展之階段，離初期墨家之言論主張已益遠。又其辨論之題目與範圍，亦已遠為恢擴。凡其用字造句，乃及其陳義內容，並頗有與《公孫龍子》、《荀子》以及《莊子》〈外〉、〈雜〉諸篇相涉者。故知此四篇尚應在〈大取〉、〈小取〉篇之後也。此諸篇當已入墨家之晚期，《莊子．天下》篇所謂相里勤之弟子五侯之徒，南方之墨者苦獲已齒鄧陵子之屬，俱誦《墨經》而倍譎不同，相謂別墨。以堅白同異之辯相訾，以觭偶不仵之辭相應。此見《墨經》蓋屬墨分為三時之作品。此諸篇，當並不成於一時一人之手，疑必遞有增集與改動，而始歸納成此諸篇。此輩並謂別墨，各誦《墨經》而相訾應，此必於其所誦，殆亦各有其足成之功焉。惟今已無可深論。然就當時思想之進程言，則此諸篇之為晚出，蓋無可疑。

今姑舉《墨經》中一兩端約略言之。首當舉其言止與推者。〈經下〉云：

止，類以行之，說在同。〈說〉：彼以此其然也，說是其然也，我以此其不然也，疑是其然也。此然是必然，則俱。

又曰：

止，因以別道。〈說〉：彼舉然者，以為此其然也，則舉不然者而問之。

〈大取〉云：言以類行。〈小取〉云：以類取，以類予。故得其類則行，是可推而知其然者。失其類則止，則不可推。道不同而類異則別，此宜各止其所而不可妄以相通也。又曰：

推類之難，說在名之大小。〈說〉：謂四足獸與牛馬異。物盡異，大小也。

此即惠施萬物畢同畢異，《荀子・正名》篇以萬物為大共名，鳥獸為大別名之辨也。惟惠施言畢同畢異，而《墨經》此條僅言盡異，不言盡同，蓋由其知推類之難，其為思也益進，所以異乎惠施，遂亦不輕言天地之一體也。故又曰：

異類不仳，說在量。〈說〉：木與夜孰長，智與粟孰多，爵親行價四者孰貴。麋與虎孰高。蚓與蠶孰脩。

異類不相比，斯不可推，不可行，而宜止。就於名家言，此則偏近於公孫龍之言止，而與惠施之尚推異。就上所引，知《墨經》作者當不出惠施以前也。

《墨經》中有一事尤當鄭重指出者，乃為其言知。儒家言知，重在人文範圍，故曰以人度人，以情度情，以類度類。人與人同類，斯其一切倫理道德之所當，皆可推而知。墨家初期言兼愛，亦就人文範圍言，惟推至於言天鬼，與儒家言已稍有不同。至於〈大取〉、〈小取〉始言及凡物，然以取譬相喻，非舉以為求知之對象。惠施歷物，乃始擴開人文境界，推言及於天地萬物。然惠施僅就於名之大小同異而推論之，而不知名之非所以為知。故惠施主論亦重在名，不重在知。莊子始重知，其所舉以為知之對象者又偏及於天地萬物而盛言大知。此誠儒墨以來所未有。然莊子又曰：生也有涯而知也無涯，以有涯隨無涯，殆已。已而為知者，殆而已矣。故莊子言知之對象，雖已偏及於天地萬物，然實不欲追隨於天地萬物以為知。莊子之言知，僅欲人不拘於一時一地一己之小知，以求擴開大知，逍遙乘化而止。公孫龍言意不言知。故曰：彼彼止於彼，此此止於此，惟求一名止於一實，而言白馬非馬，其意欲以正名，非在求知。此亦與惠施同失。惟《墨經》則重言知，又以凡物為人求知之對象，不限於人文範圍，又深言及於為知之方，即人之所以求知者，此可謂繼莊子而益進矣。若以《墨經》與惠施公孫龍相比，惠公孫皆僅重言名，不重言知，而《墨經》則重知。故雖可同屬於辯者言，而一屬墨家，一屬名家，顯自不同，此蓋由其意趣之相異也。

茲略舉《墨經》論知諸條申述之如次：

〈經上〉云：

知，材也。〈說〉：知也者，所以知也，而不必知，若目。

慮，求也。〈說〉：慮也者，以其知有求也，而不必得之，若睨。

知，接也。（此語亦見《莊子．庚桑楚》。）〈說〉：知也者，以其知遇物而能貌之，若見。

恕，明也。〈說〉：也者，以其恕論物而其知之也著，若明。

此處明白舉出物為知之對象，知物連言，此為先秦諸子言知一絕大重要之進展，所當鄭重指出，深切注意，而決非驟然而得至於此者。夫人之有知於物，則必憑五官，此屬常識，似無可多論。墨子亦以原察百姓耳目之實為立言之三表，然必如此處所提出，乃見討論知識成為一獨立之問題，實為以前所未有。人類知識之完成，可分四階段。凡知，首先必憑五官，而五官不必能知，如有目不必能見，是為知之第一階段。繼此乃有追索尋求。追索尋求由於思慮，若運目以睨視，是為第二階段。然睨視仍不必遽有見，必待與外物相接而後可有見，此為第三階段。然有見仍不必遽得為知，又必其見達於著與明之一境，乃始成知。是為知之第四階段。凡此諸分辨，雖若無甚深奧義，然就思想史之進程言，不僅孔墨初期言不及此，即孟軻莊周惠施公孫龍時代，亦復未言及此。即老聃、荀況亦尚未言及此。此必為一種晚出之說，似無可疑。

又曰：

生，形與知處也。

為：窮智而縣於欲也。

此言人之生命，必其身之形與其神之知相處，乃得為生。若僅俱身形，而無神知，即不得為有生，則知之重要可知。然人之行為，則不必決定於其所知。其所知已盡，而仍待其人之欲望為其行為作最後之抉擇。此一分辨，似與荀子意見正相反對。荀子曰：

欲不待可得，而求從所可。欲不待可得，所受乎天也。求者從所可，受乎心也。所受乎天之一，欲，制於所受乎心之多，固難類所受乎天也。（〈正名〉）

是謂人之欲望必受制乎心之智慮，而《墨經》則謂人之智慮已盡，而其最後之判決則有待於其人之欲望。此兩家意見之不同。然就其提出同樣問題而加以精密之討論，則正見《墨經》與荀子當略同時。必至此時期，乃始有此項思想之出現也。

又〈經上〉曰：

知：聞，〈說〉：親。名實合，為。〈說〉：傳受之，聞也。方不障，說也。身觀焉，親也。所以謂，名也。所謂，實也。名實耦，合也。知行，為也。

此言知分三種。有傳聞之知。有推說之知。有親接之知。傳聞之與推說，是由名言而有知也。然由名言而有知，又必求名實之合，又必由所知而繼之以行，始成為行為。徒依於名，不必盡合乎實。徒有於知，不必盡成為行。此其重實尚行之意，猶不失為墨家之傳統，所由異於惠施公孫龍之徒務言辨而成為名家也。

又〈經下〉曰：

知而不以五路，說在久。〈說〉：知以目見，而目以火見，而火不見。惟以五路知。久不以目見，若以火見。火熱，說在視。〈說〉：謂火熱也，非以火之熱我。見，若視白。

知必以五路，此與荀子言五官同。五官乃人之知識所從得之必當經由之道路，故亦謂之五路也。然亦有不經五路而知者，如目見火，識其明，手觸火，覺其熱，待經驗積久，不待手觸，僅憑目見，知其為火，斯知其有熱矣。此如目見石，知其白。手觸石，知其堅，待經驗積久，則目視石，不僅知其白，亦得知其堅矣。此說正以破名家離堅白之辨也。

又曰：

聞所不知，若所知，則兩知之。說在告。〈說〉：在外者，所知也。在室者，所不知也。或曰：在室者之色若是其色，是所不知若所知也。夫名以所明正所不知，不以所不知疑所明。若以尺度所不知長。室外，親知也。室中，說知也。

此條申闡親知與說知之辨。苟非親知，何從憑以為說知，一也。又謂名者貴能以所明正所不知，不貴以所不知疑所明。名家大病正犯此。如石堅白為所明。堅白盈離之辨，是以所不知疑所明也。白馬為馬是所明。白馬非馬則又是以所不知疑所明矣。此又《墨經》之為辨，所由與名家異也。

以上略舉〈經〉上下言知者若干條，其字句間，亦有參各家校勘而以己意酌定者，此不一一詳論。《墨經》其他言知諸條亦不盡錄，即此可以見《墨經》論知之大概。要而言之，《墨經》言知以物為對象，不專限於人文範圍，一也。又重親知，即謂直接觀察觸及於物而得之知，二也。親知憑藉五官，三也。積久有經驗，乃可不憑五官而知，四也。有親知，有積久之知，又可有聞人告說之知，此始是由言而知，五也。必求名與實合，六也。如是求知，然後始能憑其知求而有所得，七也。故知行必相配合，八也。知之終極境界曰明，九也。然亦有知之所無奈何者則曰欲，十也。

據此知《墨經》中言知，大體近荀子，而與惠施公孫龍以及莊周之所言為遠。言知而兼及於慮與得，明與欲，凡所討論之問題，皆見於荀子書。雖儒墨兩家見解主張有不同，然其所討論之問題則不害於相同。故知《墨經》時代，宜與荀子相先後也。

二、《大學》

荀子之後有《大學》。何以知《大學》後於荀子？即就本篇所討論之線索言，《大學》重言止，顯承荀子來。就思想歷程言，不能先有曾子門人作為《大學》重言止，而孟子繼之始重言推，此就本文上所論列之線索而可見其不然矣。《大學》之言曰：

> 大學之道，在明明德，在親民，在止於至善。

又曰：

> 知止而後有定，定而後能靜，靜而後能安，安而後能慮，慮而後能得。

必知止而後能慮，斯即荀子教法也。《墨經》亦言慮與得，可知其時代相近，皆當出先秦之晚期，故其思想線索與其討論問題多相通也。

又曰：

《詩》云：邦畿千里，惟民所止。《詩》云：緡蠻黃鳥，止於丘隅。子曰：於止，知其所止，可以人而不如鳥乎？《詩》云：穆穆文王，於緝熙敬止。為人君，止於仁。為人臣，止於敬。為人子，止於孝。為人父，止於慈。與國人交，止於信。

所引《詩》辭言止者三，皆非《大學》所主張言止之本義。又與國人交，豈止於信而即已乎，此尤其牽強之迹。故知《大學》為晚出書，決不能在孟子前。其言止，即猶荀子之言師法也。

而《大學》書中尤可注意者，則在其言格物致知，此即上引《墨經》之言親知，荀子之言天官當簿之類，此皆以物為知之對象，又貴於直接觸及於物之知，此乃孟子以前儒家所不言，故知《大學》之為晚出也。

一二、《中庸》

後世與《大學》並稱者有《中庸》，此二篇皆收入《小戴記》，宋以後取以與《論語》、《孟子》同列為四書。若以本篇所論當時思想分野言，則《大學》重言止，而《中庸》重言推。兩書皆當出荀子後。以當時思想先後衍進之歷程言，亦不能謂曾子之徒先言止，子思又重言推。且子思之為推，其恢宏又益過於孟子。孟子言性善，主於人之為類而言之。《中庸》曰：天命之謂性，乃已兼與物而言。故曰《中庸》之推益過於孟子。今即就本篇之所陳而繩之，二書之為晚出，亦可定矣。

《中庸》之言曰：

致中和，天地位焉，萬物育焉。

又曰：

君子之道費而隱。夫婦之愚，可以與知焉。及其至也，雖聖人亦有所不能焉。夫婦之不肖，可以能行焉。及其至也，雖聖人亦有所不能焉。

君子語大，天下莫能載焉。語小，天下莫能破焉。

君子之道，譬如行遠，必自邇。譬如登高，必自卑。

故君子不可以不修身。思修身，不可以不事親。思事親，不可以不知人。思知人，不可以不知天。

此以修身而推至於知天。又曰：

唯天下至誠，為能盡其性。能盡其性，則能盡人之性。能盡人之性，則能盡物之性。能盡物之性，則可以贊天地之化育。可以贊天地之化育，則可以與天地參矣。

此以盡性而推至於與天地參。皆其尚推之證。

本於上所論列，亦可謂《大學》與荀子較近，而《中庸》與孟子較近。是又主推主止一對立也。綜而觀之，儒墨名道四家，其持論制行，莫不各有重推重止之異。故曰此乃先秦思想一大分野也。

《中庸》又重言明，如自誠明自明誠之說，此明字，《莊子》、《墨經》皆所喜言，而與《論語》、《孟子》所言明字稍不同，此亦《中庸》晚出一證也。

一三、《呂氏春秋》

先秦諸子中《呂氏春秋》最為晚出，其書成於眾手，折衷諸家，而先秦遺言亦頗有存者。故其書中有主止，有主推，茲各引一則以見例。〈察今〉篇云：

先王之所以為法者人也，而己亦人也，故察己可以知人，察今則可以知古。古今一也，人與我同耳。有道之士，貴以近知遠，以今知古。以益所見知所不見。故審堂下之陰而知日月之行，陰陽之變。見瓶水之冰而知天下之寒，魚鼈之藏也。嘗一脟肉，而知一鑊之味，一鼎之調。

此頗似於主推。其〈別類〉篇云：

知不知，上矣。過者之患，不知而自以為知。物多類然而不然。夫草有莘有藟，獨食之則殺人，合而食之則益壽。萬堇不殺。漆淖水淖，合兩淖則為蹇，濕之則為乾。金柔錫柔，合兩柔則為剛，燔之則為淖。或濕而乾，或燔而淖，類固不必可推知也。小方、大方之類也。小馬、大馬之類也。小智、非大智之類也。魯人有公孫綽者，告人曰：我能起死人。人問其故，對曰：我固能治偏枯。今吾倍所以為偏枯之藥，則可以起死人矣。物固有可以為小，不可以為大。可以為半，不可以為全者也。相劍者曰：白所以為堅也，黃所以為牣也。黃白雜，則堅且牣，良劍也，難者曰：白所以為不牣也，黃所以為不堅也。黃白雜，則不堅且不牣也。又柔則錈，堅則折，劍折且錈，焉得為利劍？劍之情未革，而或以為良，或以為惡，說使之也。義小為之則小有福，大為之則大有福。於禍則不然。小有之不如其無也。射招者，欲其中小也。射獸者，欲其中大也。物固不必，安可推也。高陽應將為室，家匠對曰：未可也。木尚生，加塗其上，必將撓。以生為室，今雖善，後將必敗。高陽應曰：緣子之言，則室不敗也。木益枯則勁，塗益乾則輕。以益勁任益輕，則不敗。匠人無辭而對，受令而為之。室之始成也善，其後果敗。高陽應好小察而不通乎大理也。驥驁綠耳，背日而西走，至乎夕，則日在其前矣。目固有不見也，智固有不知也，數固有不及也。不知其說所以然而然，聖人因而興制，不事心焉。

此言事物之理多有不可推以為知者也。惟其所舉例，都屬自然物理範圍，甚少關於人文倫理範圍者。在自然物理範圍之內，多有不可推而知，故於此求知，則必貴於親知與實驗。此一思想線索，從《墨經》、《荀子》以來，實為先秦晚期之一派新思潮。惠施莊周以前，絕無此種思路。惠施莊周雖亦多言天地萬物而辨其可知與不可知，然亦甚少此境界。就此觀之，《大學》致知在格物五字，正可與上引《呂氏》此篇作同一解釋，以其同屬先秦末期出品也。若此一闡釋無大謬，則不可不謂凡上所陳，自《墨經》、《荀子》以下論知，乃晚周思想系統一新開展。而其關於儒家思想系統方面則更屬重要。初期儒家凡言求知立行之大原則，與其所取用之方法與途徑，大體不過如荀卿所謂以人度人，以情度情，以類度類而已。此乃偏以人文社會為中心，而於天地萬物自然外境則顯見有所忽。墨名道三家，較於外物注意為多。後起儒家因迭與此三家爭長，而亦引起其對外物方面之關切。荀卿開其端，《大學》格物致知之說即承此而來，而《中庸》言盡物性，贊化育，亦顯為軼出儒家人文傳統，有異於孟子以前之為說。其他如〈易繫辭〉亦然，如云知周乎萬物而道濟天下之類是也。凡此皆當認為是晚周儒家之新觀點，新創闢。惜此下遽經劇變，列國分峙轉而為天下一統，學者興趣又多集中於政事實際之應用。先秦學術，至此面目已非，精氣不屬，乃不能對於上述對物求知之一途繼續發揮，以漸達於圓密成熟之境。而陰陽家言天人相應之說遂風起雲湧掩蓋一切，此亦在《呂氏》書與《中庸》書中可微窺其端倪矣。而《大學》格物致知一義乃終陷於黯晦不彰，此亦至可惋惜之事也。

直至南宋朱子《大學》格物補傳，始重窺斯意，而朱子平生論學，於此方面實亦較少發揮。陽明乃以孟子良知釋《大學》知字，其非《大學》正解，無待詳辨。而王學流傳，於《大學》格物二字言人人殊，終無愜解。清儒轉入訓詁考據，於此問題遂不復理。繼自今，儻復有儒學新興，如何會通天人，綰人文與自然而一之，內而心知情慧，外而物理事變，不偏不倚，兼顧並重，並可使西方科學新知與中國儒家人文舊統獲得調和，以為人類求知立行建一新原則，創一新體系，此事牽涉甚大，則非本篇之所能深論矣。

又按：《呂氏．愛類》篇有曰：

仁於他物，不仁於人，不得為仁。不仁於他物，獨仁於人，猶若為仁。仁也者，仁乎其類者也。

此說仍守儒家舊統。即《大學》言格物致知，亦極乎治國平天下而止，與《呂氏》此文立意不相妨。《中庸》乃始務於致廣大而言盡物性，又言贊化育，雖言之若恢遠，而未有親切之指示，則豈不易之乎其為推矣。朱子定《論》、《孟》、《學》、《庸》為四書，而謂《大學》開示學者為學次第，首當先誦。次《論語》，次《孟子》，最後始及《中庸》。以其陳義深遠，天人性命之淵微，非初學所能驟解也。此項分別，深可體味。

《呂氏．離謂》篇又曰：

言者以諭意。言意相離，凶也。亂國之僞，甚多流言而不顧其實。鄭國多相縣以書者，子產令無縣書，鄧析致之。子產令無致書，鄧析倚之。令無窮，鄧析應之亦無窮。洧水甚大，鄭之富人有溺者，人得其死者，富人請贖之。其人求金甚多，以告鄧析。鄧析曰安之，人必莫之買矣。得死者患之，以告鄧析。鄧析又答之曰：安之，此必無所更買矣。子產治鄭，而鄧析務難之。與民之有獄者約，大獄一衣，小獄襦袴，民之獻衣襦袴而學訟者不可勝數。以非為是，以是為非，是非無度，而可與不可日變。所欲勝因勝，所欲罪因罪。鄭國大亂，民口讙譁。子產殺鄧析而戮之，民心乃服，是非乃定，法律乃行。今世之人，多欲治其國而莫之誅鄧析之類，此所以欲治而愈亂也。

當春秋子產之世，宜無此等詭辯。殆是戰國晚世，辯者言流行，乃傳說有此。故公孫龍期有明王之審名實，荀子乃言聖王之所先誅，而《呂氏》承之，此可藉以想見當時辯者言流行社會影響之一般，故以並著於此焉。

《呂氏》又有〈淫辭〉篇，其言曰：

非辭無以相期，從亂則亂，亂辭之中又有辭焉，心之謂也。凡言以諭心也。言心相離，則多所言非所行，所行非所言，言行相詭，不祥莫大焉。

此下遂歷引公孫龍兩事說之。故知公孫龍所論雖主止，雖求有如古明王之審名實，而其人其書所以終不免歸入於淫辭詭辯之列也。余昔年曾為《惠施公孫龍》一書，頗論兩家異同，而未縱言及此。本篇彙列兩家先後思想之與兩家相關者，明其流變異同，庶治名家言者於惠公孫兩家之說，可得一更較正確之認識，更較平允之評價也。

本篇刊載於民國五十二年《新亞學報》六卷第一期

惠施歷物

余舊著《惠施公孫龍》一書，收入上海商務印書館國學小叢書，於民國二十年出版，距今已逾四十年。全書共十三篇，今擇取其中有關申釋惠公孫名辨者共六篇，略加改定，收入此編，俾便與闡論墨辨諸篇，共同閱讀。

《莊子・天下》篇稱惠施多方，其書五車，今皆不可見。所傳惟歷物之意，惠施自以為大，觀於天下，以曉辯者，辯者相與樂之，則知歷物之意者，實惠施學說之結晶，而影響於當時之思想界者甚大。嘗鼎一臠，亦足以見惠施學說之大意也。其言曰：

至大無外，謂之大一；至小無內，謂之小一；無厚不可積也，其大千里；天與地卑，山與澤平；日方中方睨，物方生方死；大同而與小同異，此之謂小同異；萬物畢同畢異，此之謂大同異；南方無窮而有窮；今日適越而昔來；連環可解也，我知天下之中央，燕之北，越之南是也；氾愛萬物，天地一體也。

近人章炳麟、胡適，先後為之解義，余茲所論，較之二氏，不無異同，學者自為比觀可也。大抵歷物要旨，在明天地一體，以樹氾愛之義。至其文理，當如下解。

至大無外，謂之大一；至小無內，謂之小一；無厚不可積也，其大千里；天與地卑，山與澤平。

此言宇（四方上下曰宇。）

今曰身，身有外。所居曰堂屋，堂屋復有外。所傍曰林園，林園復有外。所依曰山川，山川復有外。所載曰員輿，所拱曰日局，而員輿日局又莫匪有外。凡立形占位者皆有外。亦莫匪有內。於日局之內有員輿，於員輿之內有山川林園堂屋，堂屋之內有身，身之內又不勝其有焉。舉凡有外者而謂之一，則無外矣；無外是至大也。舉凡有內者而謂之一，則無內矣；無內是至小也。是何物耶？曰宇。宇者，統凡立形占位者而一言之也。形位之有外，必為形位，則亦宇也，故宇無外。

其於內也亦然。故宇一也，而至大焉，而至小焉，至大至小亦一也。

統凡立形占位者而名之曰宇，而宇無形位。（莊子曰，有實而無乎處者，宇也。）無形位故無厚不可積。宇無厚，故天與地等卑，山與澤齊平，自宇而言之也。山之於澤至高，天之於地至遠，而曰無厚，此至大為至小也；不可積而大千里，此至小為至大也。直所從言之異也。

日方中方睨，物方生方死。

此言宙（古往今來曰宙。）

凡言變。不能一時，必兼古今。然深言之，方言今而今則既古矣；方思今而今則既古矣；方覺知有今，而今所覺知又古矣。豈惟我之言思覺知？一時之變，方至於今，而所至即已古矣。故中睨死生，異變而同時。統凡成變占時者而一言之曰宙。宙合凡有方既為無方既，猶宇合凡有內外為無內外。故自宙言之無時變，（莊子，有長而無乎本剽者，宙也。）無時，故死生中睨同變。無變，故死生中睨同時。此亦所從言之異也。

大同而與小同異，此之謂小同異；萬物畢同畢異，此之謂大同異。

此言物（物兼事言。）

事同有時變，物同有形位。時變同有古今，形位同有內外，此為小同；有古今內外故有異，此為小異。宇徙為宙，宙化為宇。一久而分萬所，故見宇。一所而異萬久，故見宙。無所則無久，無久則無所，故宇宙一體而不可析。析之者，乃世之言思然也。故宇之與宙也實同，特所從言之異也。宇宙現象，一連續比較而已。連續故見有事，比較故見有物。自一物之連續而總言之曰事，自一事之比較而析言之曰物。物無非事，事無非物，故事之與物也實同，特所從言之異也。事與宙皆言其時變，物與宇皆言其形位。捨宇宙無事物，捨事物無宇宙。故事物之與宇宙亦同。同無內外，同無古今，是謂畢同。析其畢同者而有宇宙事物之異；析其宇宙事物而有古今內外之異。古今內外之間，又各自有其古今內外之異焉。循此而至於畢異，此之謂大同異。是亦所從言之異也。至此而宇宙事物之本體明矣。

以上三節歷說物之本體也。

南方無窮而有窮。

此承無內外言

南北自位而言。在我謂之南，在彼不謂之南，彼自別有其南也。各自有其南，則南為無窮；各不自以謂南，則南為有窮。

今日適越而昔來。

此承無古今言

今昔自時而言。方我適越，則曰今日。及其抵越，乃云昔來。

連環可解也。

此承無古今言

夫時無起迄，無方既，是連環也。析而言之曰今世，則一世為今，有起迄，有方既。更精而析之曰今歲今月今日，則歲月日各為今，各有起迄有方既。惟所言以謂之今，是連環可解也。此猶言地域之無窮而有窮也。

我知天下之中央，燕之北，越之南是也。

此承無內外言

中無定位。居燕之北者，不自以為北，而以燕為南焉，彼則自以為中也。居越之南者，不自以為南，而以越為北，彼亦自以為中也。中之無定位，猶今之無定時也。

以上一節四句，歷說物之變相也。

氾愛萬物，天地一體也。

此立論正旨

事物異同，皆由名言。既知天地一體，故當氾愛萬物也。

以上一節兩句，歷說應物正道也。

本篇及下一篇〈惠學鈎沉〉俱成於民國七年，並曾收入上海商務印書館出版之余著《惠施公孫龍》一書。

惠學鉤沉

「流落人間者，泰山一毫芒」，「惠施多方，其書五車」，今可得而徵者，惟歷物十句，則亦惠氏一毫芒也。余讀《莊周》、《呂覽》，惠氏之遺文佚事，往往有見。既為之作傳略，復比論其學術條貫，俾研惠學者，資豹窺焉。

一曰尚用

惠子墨徒也，墨學主用，惠子亦然。

惠子謂莊子曰：「魏王遺我大瓠之種，樹之成，實五石。以盛水漿，其堅不能自舉。剖為瓠，則瓠落無所容。非不呺然大也，吾為其無用而掊之。」（《莊子・逍遙遊》。）

又曰：「吾有大樗，臃腫不中繩墨。枝卷曲不中規矩。立之堤，匠者不顧。今子之言，大而無用，眾所同去也。」（同上。）

又惠子謂莊子曰：「子言無用。」（〈外物〉。）

惠之不滿於莊者，曰其無用，則惠子論學之主用可知。然惠子好辯，人之論惠子，亦常以其文辯無用譏之。

惠子為魏惠王為法，成，惠王以示翟翦。翦曰：善也而不可行。今舉大木者，前乎輿謣，後亦應之，此其於舉大木者善矣。豈無鄭衛之音哉，然不若此其宜也。夫國亦木之大者也。（《呂氏・淫辭》。）

白圭謂魏王曰：「市丘之鼎，以烹雞。多洎之前淡而不可食，少洎之，則焦而不熟。視之蝺焉美，無所可用。惠子之言似於此。」惠子聞之，曰：「不然。使三軍饑而居鼎旁，適為之甑，則莫宜於此鼎矣。」（《呂氏・應言》。）

「由天地之道，觀惠施之能，其猶一蚊一䖟之勞者也，其於物也何庸？」（《莊子・天下》篇。）

二曰重功

孟子有志功之辨（〈滕文公〉彭更問一節）墨家亦曰：「志功不可以相從。」（《墨子・大取》。）凡尚用者率重功。

莊子曰：「射者非前期而中，謂之善射，天下皆羿也，可乎？」惠子曰：「可。」（《莊子・徐無鬼》。）

射者苟中，則許之為善射，此重功之見也。

三曰勤力

尚用重功，則不得不勤力。墨之道，「日夜不休，以自苦為極，曰，不能如此，非禹之道也，不足為墨。」惠施亦然。惟墨翟苦行，施則深思，此其異。

莊子謂惠子曰：「孔子行年六十而六十化，始時所是，卒而非之，未知今之所謂是之非五十九非也？」惠子曰：「孔子勤志服知也。」莊子：「孔子謝之矣。而其未之嘗言。」（《莊子・寓言》。)

「仁者見仁，知者見知」。惠施意，今之所知，則今日是之，斯可矣，不論其始卒也。

昭文之鼓琴也，師曠之枝策也，惠子之據梧也，三子之知幾乎，皆其盛者也，故載之末年。唯其好之也，以異於彼其好之也，欲以明之彼。非所明而明之，故以堅白之昧終。(《莊子・齊物論》。)

莊子曰：「今子(惠子)外乎子之神，勞乎子之精，倚樹而吟，據槁梧而瞑。天選子之形，子以堅白鳴。」(《莊子・德充符》。)

夫充一尚可，曰愈貴道，幾矣。惠施不能以此自寧，散於萬物而不厭，卒以善辯為名。惜乎！惠施之才，駘蕩而不得，逐萬物而不反，是窮響以聲，形與影競走也，悲夫！(《莊子・天下》篇。)

惠子之「外神勞精」，猶夫墨子之「摩頂放踵」也。「非所明而明之，以堅白之昧終」，則猶宋鈃尹文之「上說下教強聒而不舍」也。「不能自寧，逐萬物而不反」，此墨惠之同風也。

四曰明權

尚用重功，不徒勤於力，又將明於權。墨家屢言之，曰：「利之中取大，害之中取小。」（〈大取〉篇。）又曰：「欲正權利，惡正權害。」（〈經上〉。）皆權也。

匡章謂惠子曰：「公之學去尊，今又王齊，何也？」惠子曰：「今有人於此，欲必擊其愛子之頭，石可以代之。子頭所重也，石所輕也。擊其所輕，以免其所重，豈不可哉？齊之所以用兵不休，攻擊人不止者，大者可以王，其次可以霸也。今王齊，壽黔首之命，免民之死，是以石代愛子頭，何為不為？」（《呂氏・愛類》。）

此惠子用權之大者。

五曰本愛

凡所為尚用重功勤力而明權，皆有所本，曰本之於愛。墨翟唱兼愛之說，惠施亦曰「泛愛萬物」焉。

惠子謂莊子曰：「人故無情乎？」莊子曰：「然」。惠子曰：「人而無情，何以謂之人？」莊子曰：「道與之貌，天與之形，惡得不謂之人？」惠子曰：「既謂之人，惡得無情？」莊子曰：「是非吾所謂情也。吾所謂無情者，言人之不以好惡內傷其身，常因自然而不益生也。」惠子曰：「不益生，何以有其身？」莊子曰：「道與之貌，天與之形，無以好惡內傷其身。」（《莊子・德充符》。）

惠子之學本於愛，故主有情，又當有為以益生。

莊子妻死，惠施弔之，莊子方箕踞鼓盆而歌。惠子曰：「與人居，長子老身，死不哭，亦足矣，又鼓盆而歌，不亦甚乎！」（《莊子・至樂》。）

惠子之責莊子，亦責其無情也。

六曰去尊

墨家之愛無差等，惠施亦曰「天地一體」，故主平等而去尊。

匡章謂惠施曰：「公之學去尊」。（《呂氏・愛類》。）

七曰偃兵

主兼愛，因及非攻寢兵，又墨惠之所同。

魏瑩與田侯牟約。田侯牟背之，魏瑩怒，將使人刺之。犀首聞而恥之，曰：「衍請為君攻之。」季子聞之曰：「兵不起七年矣，此王之基也。衍亂人，不可聽也。」華子聞之曰：「善言伐齊者，亂人也。善言勿伐者，亦亂人也。謂之亂人也者，又亂人也。」曰：「然則若何？」曰：「君求其道而已矣。」惠子聞之而見戴晉人。戴晉人以蠻觸喻。（《莊子・則陽》。）

釋文司馬云：「田侯，齊威王也。」俞樾云：「史記威王名因齊，田齊諸君無名牟者。惟桓公名午，與牟字相似，牟或午之譌。然齊桓公午與梁惠王又不相值也。」今按：田桓公與梁惠王年實相值，惟當惠王之初年，其時惠施尚未至魏，魏亦未都大梁。戴晉人以大梁為言，則在魏徙都之後，而田桓公已死矣。且犀首在魏用事，亦在惠王中世，田侯牟之名必有誤。戴晉人為人，他亦無可考，其事信否不可知。然惠施平日持論，主寢兵息爭，則即此亦堪推見。

八曰辨物

墨惠之學有其同，亦有其異。本於愛而主尚用重功，而言非攻寢兵，其同也。其論所以有愛則異。墨本天志，而惠則辨物。故曰「天地一體，泛愛萬物也」。其所以泛愛萬物，由於天地本屬一體。此惠施持論所以異於墨翟，亦惠施學說特創之點，最為其精神之所在也。

惠施歷物之意，以此為大，觀於天下而曉辯者。（《莊子・天下》篇。）南方有倚人曰黃繚，問天地所以不墜不陷風雨雷霆之故，惠施不辭而應，不慮而對，徧為萬物說，說而不休，多而無已。（同上。）

歷物之意，已具別釋，至其「徧為萬物說」者，今已不可見。蓋嘗論之，古之持論者，或本於天帝，或溯之古聖賢王，或內反之於己心，或以時王政令法度為斷，或歸之於羣事。至尋諸自然，索諸物理，則孔墨李克吳起孟軻宋銒許行陳仲之徒所未道，其風實始於惠氏，而莊周則同時之聞風興起者也。故曰：

弱於德，強於物。（《莊子・天下》篇。）

散於萬物而不厭。（同上。）

逐萬物而不反。（同上。）

此惠氏之風所由卓也。

莊子與惠子遊於濠梁之上，莊子曰：「鯈魚出遊從容，魚之樂也。」惠子曰：「子非魚，安知魚之樂？」莊子曰：「子非我，安知我不知魚之樂？」惠子曰：「我非子，固不知子矣。子固非魚也，子之不知魚之樂全矣。」莊子曰：「請循其本。子曰汝安知魚樂云者，既已知我知之而問我，我知之濠上也。」（《莊子．秋水》。）

濠梁之辯，千古勝話，雖二賢閒遊，機鋒偶湊，非關理要，而即此推尋，亦有可得而論者。惠別物以辨異，莊即心以會通，此二子之殊也。惠子思深刻鏤，文理密察，正與其平日持論大類。而莊則活潑天機，荒唐曼衍，無畔岸，無町畦，亦其大體然也。

又按：莊書持論，多與惠施相出入。曰：「至精無形，至大不可圍。」（〈秋水〉。）又曰：「精至於無形，大至於不可圍。」（〈則陽〉。）此惠氏大一小一之說也。曰：「六合為巨，未離其內。秋毫為小，待之成體。」（〈知北游〉。）又曰：「天地為稊米，毫末為丘山。」（〈秋水〉。）

此惠氏天地卑山澤平，無厚之大千里之說也。曰：「時無止，終始無故。」（〈秋水〉。）曰：「效物而動，日夜無隙。」（〈田子方〉。）此惠氏日方中方睨，物方生方死之說也。曰：「自其異者視之，肝膽楚越也，自其同者視之，萬物皆一也。」（〈德充符〉。）此惠氏萬物畢同畢異之說也。曰：「天地與我並生，萬物與我為一。」（〈齊物論〉。）此惠氏天地一體之說也。曰：「未成乎心而有是非，是今日適越而昔至也。」又曰：「方生方死，方死方生，方可方不可，方不可方可。」（均〈齊物論〉。）此則明引惠語。其他可比附相通者，更僕數不能盡。宜乎惠子死，莊周有無以為質之歎矣。今觀莊周書，皆極論萬物，天地山澤，鯤鵬蜩鳩，樗櫟大椿，瓦礫矢溺，莫不因物以為說，本物以見旨，此惠氏歷物之風也。惟莊主無情，惠主有情。莊主不益生，惠主益生。故惠承墨家之遺緒，莊開老聃之先聲。同為自然物論之大宗，創一時風氣，闢積古拘囿，豈不豪傑之士哉。《莊子・天下》篇盛詆惠子，此韓退之所謂「兩家子弟材智下，不能通知二父志」也。

九曰正名

辨於物，則知名相之繁賾，而言思之不精，於是而主正名，此亦惠學之本幹，所由成其一家言者也。

惠子之據梧，以堅白之昧終。（《莊子・齊物論》。）

天選子之形，子以堅白鳴。（《莊子・德充符》。）

堅白之辨，惠施唱之，而公孫龍之徒承之。

惠施以此為大，觀於天下而曉辯者，「天下之辯者相與樂之，以與惠施相應，終身無窮。」（《莊子・天下》篇。）

凡當時之辯者，其先皆原於惠氏也。

莊子書多與惠說相通，已具前論。余讀其〈齊物論〉一篇，稱引所及，頗涉公孫龍。如云：「以指喻指之非指，不若以非指喻指之非指也。以馬喻馬之非馬，不若以非馬喻馬之非馬也。天地一指也，萬物一馬也。」《公孫龍子》有〈指物論〉，謂：「物莫非指而指非指」，此以指非指之說也。又有〈白馬論〉，言「白馬非馬」，此以馬非馬之說也。〈齊物論〉又云：「惡乎然，然於然，惡乎不然，不然於不然。物固有所然，物固有所可，無物不然，無物不可。故為是舉梃與楹，厲與西施，恢詭憰怪，道通為一。」又曰：「類與不類，相與為類。」此公孫龍〈通變論〉之說也。篇中屢言「因是」，亦見公孫龍書。考莊周之卒，公孫龍方盛年，未必龍書先成。竊疑公孫龍諸辨，在莊周時皆已有之，皆惠施開其端。如堅白之論是也。宋元王時有兒說，採白馬非馬之論，余考其人在施龍間，知白馬非馬一題，亦不始公孫龍。推此為言，辯者論題，實相傳遞挹注，如墨家初傳「天志」「明鬼」「兼愛」「非攻」「尚賢」「尚同」諸題亦師師相授，先後一貫不廢失。故墨徒雖盛，而墨書不多。名源於墨，兩家精神亦復相肖似。〈天下〉篇稱惠書五車，《漢志》僅存一篇，《公孫龍》獨有十四篇，或者論題相續，後來居上，公孫之說行，而惠氏之說廢，其間有消息之道歟？許行慎到皆主齊物，今莊周〈齊物論〉行，許慎之說皆廢矣。此豈不一好證哉？文獻不足，無可確論，要之辯者言原惠氏，則斷斷無疑。

又按：晉時汲郡人發魏襄王冢，得古書，有「名」，「瑣語」，「繳書」等。名即名家書。惠施為魏相，其書或亦尊藏為官書，與草野著述不同。魏冢之名書，其殆為惠氏之遺書耶？

十曰善譬

惠施論泛愛去尊偃兵，此承乎前以為統者也。其辨物正名，此建乎己以成家者也。辨物正名為其體，而善譬為之用。

客謂梁王曰：「惠子言事善譬，使無譬，則不能言矣。」王因謂惠子曰：「願先生言事直言無譬也。」惠子曰：「今有不知彈者，告之曰彈之狀如彈，則喻乎？」曰：「未也。」曰：「彈之狀如弓，以竹為弦，則知乎？」曰：「知矣。」惠子曰：「夫說者固以所知喻其所不知而使人知之，王曰無譬，則不可矣。」王曰：「善。」（《說苑．善說》篇。）

凡辯者之論，皆有所譬。

山淵平，天地比，齊秦襲，入乎耳，出乎口，鉤有須，卵有毛，是說之難持者也，而惠施鄧析能之。然而君子不貴者，非禮義之中也。（《荀子．不苟》篇。）

惠子蔽於辭而不知實。（《荀子．解蔽》篇。）

今按：儒者言有壇宇，行有坊表，其言在於先王禮樂。惠子逐萬物以為辯，鉤有須，卵有毛，宜乎其見譏也。然遂謂之「誘其名，眩其辭，而無深於其志義」。（語見《荀子．正名》。）此在辯者之末流容有之，惠氏之辯，不盡爾也。儒以詩禮發冢，豈得謂六經乃椎埋書哉？

《莊子．寓言》亦其類。莊子之寓言，猶惠子之用譬也。然莊書傳世日遠，而名家言多消歇不見誦者，即以文字言之，亦自有故。莊子曰：「寓言十九，重言十七，巵言日出，和以天倪。」（〈寓言〉篇。）此莊周自述其著作之大例也。巵言曼衍，日出無窮，荒唐謬悠，亦足可喜，而名家如惠子歷物，公孫五論，以及《墨經說》上下，皆潔淨精微，枝葉盡伐，此不如者一也。重言耆艾，經緯本末，上道黃帝堯舜，下亦孔丘老聃，皆一世所尊仰，名家惟有狗馬龜蛇，此又不敵者二也。兼此兩端，莊生遂以寓言見稱，名家以善譬受斥矣。則甚矣文之不可以已也。

惠氏一家之學，具茲十事，雖不能備，固當粗見涯略耳。

《公孫龍子》新解

序

《漢書・藝文志》名家《公孫龍子》十四篇，《隋志》、《群書治要》、《意林》皆不錄。《舊唐志》三卷。又一卷，陳嗣古注；又一卷，賈大隱注。《通志》一卷，亡八篇。《今道藏本》上中下三卷，與《唐志》同，凡六篇。則《唐志》所稱三卷，殆亦止六篇，與《通志》一卷亡八篇者，篇數正合。或陳賈所注一卷本，亦與《通志》所稱一卷者同。則此書至唐時，或分一卷，或分三卷，要之皆為六篇之殘本也。今傳本亦六篇，當即唐以來舊本。而考首篇〈跡府〉，與下五篇文字不類；殆前人所為序言，而後人誤列為本書；則龍書之傳而可信者，實僅五篇。又考揚雄〈法言〉，稱「公孫龍詭辭數萬」，今傳五篇文字，僅得二千言；則龍書之傳者，真無幾也。龍在戰國晚世，以雄辯聳動天下；故莊子書稱「儒墨楊秉四，與惠施而五」，秉即龍字也。荀子著書，亦屢引其言，以致駁詰；足證其在當時為學派一大宗矣。余考其行事，說燕趙以偃兵，諫平原以讓賞，皆有道義持守，與一般游士說客不同。又其交友如魏牟毛生，皆高士有本末。後人不察，苟取荀況鄒衍門戶之見，疑龍為小人之徒，以詭異荒誕斥之。異學相誹，自是先秦習氣；即孟子之距墨翟，荀卿之排孟子，其抨擊譏彈，皆已踰情。使後人徒信孟子書，必以墨翟為小人；徒信荀子書，必謂孟軻非賢士。而今知其不然，則以墨孟之書，猶為人所誦習故也。公孫龍縱非墨孟之比，而卓然成家，自表見於一世，其議論學說，亦自有不磨之真。而其書既多佚，存者又幽窅深隱，驟難索解，遂使後人一概廢棄，目為妄怪，良可惜也。今陳賈注既均佚，所傳有宋謝希深注，文義淺陋，無所發明。清儒考訂古籍，於龍書亦尠研治。近人好墨辯，乃稍稍尋施龍遺言，然終無為此書條理而發揮之者；余深憾之。因為別作新解，正其字句之譌，釋其義解之理，雖不能復覩龍書之全，然即此求之，亦可以見其為學持論之大概矣。謝注於〈堅白〉篇間有精詣，與注他篇文不同，疑或承襲舊注，或別有所取，如郭象之竊向秀。今既不可深考，姑為採摘，以存古人之一二焉。其他有所稱引，具詳本條，茲不贅。

〈白馬論〉

「『白馬非馬』，可乎？」

曰：「可。」

曰：「何哉？」

曰：「馬者所以命形也；白者所以命色也；命色者非命形也。故曰『白馬非馬。』」

曰：「有白馬，不可謂無馬也；不可謂無馬者非馬㊀也？有白馬為有馬，白之非馬何也？」

㊀俞云：「非馬也當作非馬邪，古也邪通用。此難者之辭。言有白馬不可謂無馬。既不可謂無馬，豈非馬邪。」（俞樾〈讀公孫龍子〉，下同。）

曰：「求馬，黃黑馬皆可致。求白馬，黃黑馬不可致。使白馬乃馬也，是所求㊀一也。所求一者，白者不異馬也。所求不異㊁，如黃黑馬有可有不可㊁，何也？可與不可，其相非明。故黃黑馬一也，而可以應有馬，而不可以應有白馬。是白馬之非馬審矣。」

㊀俞云：「一猶言不異也。使白馬而即是馬，則是求白馬即是求馬，故曰白者不異馬也。」今按：白者不異馬，乃據常識言之。下文白者非馬，乃公孫龍離白於馬之論也。離白於馬，因離白馬於馬，又離堅白，使一切離而止於獨，此名家正名之旨也。

㊁如猶而也。古書通用，說見王氏引之《經傳釋詞》。

曰：「以馬之有色為非馬，天下非有無色之馬也，天下無馬可乎？」

曰：「馬固有色，故有白馬。使馬無色，有馬而已耳，安取白馬。故白者非馬也。白馬者，馬與白也。馬與白，非馬也㊀。故曰白馬非馬也。」

㊀俞云：「此兩句中各包一句。其曰馬與白也，則亦可曰白與馬也。其曰馬與白馬也，則亦可曰白馬與馬也。總之離白與馬言之也。」

今按：俞說未是。吾友屠君正叔謂此處疑有脫文。應作「白馬者，馬與白也。馬與白，非馬也。故曰白馬非馬也」。意謂命形之馬加命色之白，不得復以馬稱，猶之一加一不得復為一也。今從之。常識謂白屬於馬，故馬可以包白馬，公孫龍則謂馬命形，白命色，各有所主，不相屬，故曰「馬與白」，乃馬形之外更增白色，便非單舉馬形所可範圍，故曰「馬與白非馬」。馬與白非馬，故曰「白馬非馬」。

以不相與為名，未可。故曰「白馬非馬」未可㊀。

㊀俞云：「按此又難者之辭。馬未與白為馬，則為黃馬為黑馬皆可也。白未與馬為白，則為白牛為白犬皆可也。此就不相與言之也。合馬與白，則就相與言之也。既相與矣，而仍謂白馬非馬，則是相與而以不相與為名，此未可也。未可猶言不可也。又按：馬初不與白為馬，白初不與馬為白，合馬與白，始有白馬之名，何得言復名白馬？復名謂兼名也。《荀子・正名》篇：『單足以喻則單，單不足以喻則兼。』楊倞注曰：『單，物之單名也。兼，復名也。』復名白馬，正所謂單不喻則兼也。合馬與白，則單言之曰馬，不足以盡之，故兼名曰白馬。是謂復名白馬，猶今言雙名矣。」

今按：難者據常識立論，白屬於馬，則馬白相與為一。公孫龍離白於馬，謂馬形白色，各成其一，則馬之與白不相與而為二。今只一實，(馬)而云是兩名，(白馬——即白與馬。)是相與以不相與為名也。

曰：「以有白馬為有馬，謂有白馬為有黃馬，可乎？」

按：此乃公孫龍轉詰難者之辭。

曰：「未可。」

按：此難者答辭。

曰：「以有馬為異有黃馬，是異黃馬於馬也。異黃馬於馬，是以黃馬為非馬。以黃馬為非馬，而以白馬為有馬，此飛者入池，而棺槨異處，此天下之悖言亂辭也。」

按：此公孫龍據難者意引論也。然後折入己意，謂既異黃馬於馬，則亦不得同白馬於馬也。

曰：「有白馬不可謂『無』有馬者，離白之謂也。是離者，有白馬不可謂有㈠馬也。故所以為有馬者，獨以馬為有馬耳。非有白馬為有馬。故其為有馬也，不可以謂馬㈡馬也。」

㈠俞云：「有馬當作無馬，涉下文三言有馬而誤耳。此即承上不可謂無馬而言，亦難者之辭。言吾所云有白馬不可謂無馬者，止論馬不馬，不論白不白。故曰『離白之謂也。』就此所離者而言之，白為一物，馬為一物，明明有白有馬。不可謂無馬也。」

㈡俞云：「此難者之辭，承上文而言。止論馬不馬，不論白不白。若必以白者為非馬，則白者何物乎？白即附馬，不可分別。故見白馬，止可謂之有馬而已。不然，白馬一馬，馬又止馬，一馬而二之，是馬馬矣。」

今按：俞氏說非也。前云「白為一物，馬為一物，明明有白有馬」。後又云「白即附馬，不可分別。故見白馬，止可謂之有馬」。是前後自相矛盾也。文中「有馬」字皆不誤。首句「無馬」亦當作「有馬」。「有白馬不可謂有馬」者，即「白馬非馬」意。此乃公孫龍離白於馬者持之。「離者」之稱，即指公孫龍持離堅白之論也。難者謂誠如「離者」之論，獨以馬為有馬，有白馬即非有馬，然則有黃黑馬亦非有馬，而天下無無色之馬，則「離者」之稱有馬，其實不可以稱於任何一馬。故曰：「其為有馬也，不可以謂馬馬也。」馬馬連稱，即任何一馬之意，猶人人即任何一人之意也。任何一馬不可以云有馬，則所謂有馬者，豈不轉成空話耶。

曰：「白者不定所白，忘之而可也。白馬者言白，定所白也。定所白者，非白也。馬者，無去取於色，故黃黑皆『所』可以應。白馬者，有去取於色，黃黑馬皆所以色去。故唯白馬獨可以應耳。無去者，非有去㊀也。故曰：『白馬非馬』。」

今按：言白者不定所白，則白雪白馬均白也。忘其雪與馬之別可也。言馬者不定何馬，則黃馬黑馬均馬也，忘其黃與黑之別可也。故曰：「馬者無去取於色」，即忘馬之色也，非馬無色也。此針對難者馬馬之譏而云也。皆所以應，當作皆可以應，與下唯白馬獨可以應句相對，涉皆所以色去之文而誤。

㈠俞云：「言馬，則無去者也。以白馬應可也，以黃馬黑馬應可也。無所去也，言白馬則有去者也，取白馬則不得不去黃馬黑馬矣。一則無去，一則有去，明明分而為二，豈可合而為一。故曰：『白馬非馬。』」

今按：「白馬」「有去」，「馬」「無去」，明「馬」之為「無去」，則無「有馬不可以謂馬馬」之疑矣。

指物論

物莫非指，而指非指。

今按：物者實體，指者名相。今有一物，撫之堅，視之白，名之曰石，堅白石皆即指也。離堅白無石，離名相無體，故曰物莫非指。指對物而言，名相以指對實體而言。苟無實體，則名相所指對者應是無所指對，故曰而指非指。

天下無指，物無可以謂物㊀，天下「而」無物，可謂指乎？㊁

㊀俞云：「此承物莫非指而言。」

㊁俞云：「此承指非指而言。天下而物，當作天下無物，字之誤也。」

今按：指物對待之名。無名相則無以喻物，無物亦無名相可立也。

指也者，天下之所無也；物也者，天下之所有也；以天下之所有為天下之所無，未可。

此乃難者之辭。據常識立論，物乃實有，故曰天下之所有。名相虛立，故曰天下之所無。今曰物莫非指，是以有為無，故不可也。

天下無指，而物不可謂指也；不可謂指者非指也？㊀非指者，物莫非指也。㊁

㊀陳云：「主言客以為天下無指，而物不可謂之指。然既云此物不可謂指，即已指其名物而言之矣，此豈非指邪？非指也之也，讀為邪。」（見陳澧《公孫龍子注》，下同。）

㊁陳云：「然則就如客之說，以物為非指，愈足以見物莫非指也。」

今按：此為公孫答辭。常識認物乃實體，非名相，不悟即此物非名相一語，已落名相矣。故據物非指之論，便可斷言物莫非指。

天下無指，而物不可謂指者，非有非指也。非有非指者，物莫非指也。物莫非指者，而指非指也。

陳云：「主又言，客以為天下無指，而物不可謂之指；然天下亦非有物名為非指者也。既非有物名為非指者，愈足以見物莫非指矣。物莫非指，則指非指矣。」

今按：此乃答辭第二節。據常識，天下既無名相，而凡物實體又不可謂之名相，則亦決無有非名相者懸空而來。既知無有非名相，則知物之莫非屬於名相矣。凡物均屬名相，而名相本身實非名相。

以上兩節，循環反復，申明指物乃對待之名，不得謂一有而一無也。

天下無指者，生於物之各有名，不為指也㈠。不為指而謂之指，是「兼」㈡無不為指。以有不為指之無不為指，未可。

㈠陳云：「客言，吾謂天下無指者，其說由於天下之物各有其名，而不名為指也。」

㈡俞云：「兼乃無字之誤。下文云『以有不為指之無不為指，未可』，有不為指，即承此有不為指而言。無不為指，即承此無不為指而言。謂以有不為指之物，變而之於無不為指，是不可也。無與兼相似而誤。」

今按：此又難者之辭。其意謂我所謂天下無指者，如石有堅白之名，堅白自屬於石體，不得謂石以外有與石對立之堅白，即不得謂有與實體對立之名相也。故曰物之各有名不為指也。今以堅白為與石對立，以名相為與實體對立，而稱之曰指，則不為指而謂之指，天下且無不為指也。

且指者，天下之所兼㈠。天下無指者，物不可謂無指也。不可謂無指者，非有非指也。非有非指者，物莫非指。㈡

㈠俞云：「兼亦無字之誤。」

今按：此兼字實不誤，俞說非也。〈堅白論〉云：「物白焉不定其所白，物堅焉不定其所堅，不定者兼，惡乎其石也。」又曰：「堅未與石為堅而物兼」，皆與此兼字同義。此謂指既為天下之所兼，自不專屬於一物，不得謂生於物之各有其名也。

㈡陳云：「主言指之名，本眾物之所兼也。如客所言，謂天下無指則可，若謂物無指則不可。其所以不可者，以天下非有物名為非指者也。既無名為非指者，則物莫非指矣。」

今按：此又公孫答辭。謂指乃凡物之所兼，非物物所各有。捨物而言，固不可謂天下有離物之相。

就物言之，亦不可謂天下有無相之物。如堅白不能離石雪諸體而獨立，然石雪諸體亦不能離堅白諸相而自在。故曰天下無指者，物不可謂無指也。夫何故？以所見一切世間物非有非相故。非有非相，故曰物莫非指。

指非非指也，指與物，非指也。使天下無物指，誰徑謂非指？天下無物，誰徑謂指？天下有指，無物指，誰徑謂非指？徑謂無物非指？且夫指固自為非指㊀，奚待於物而乃與為指。

㊀王云：「《周禮．天官．序官》『奚三百，』註：『古者從坐男女沒入縣官為奴，其少才知以為奚。』又〈春官．序官〉『奚四人，』註：『女奴也，以奚為之。』此言奚者，取隸屬之意。以必隸屬有待於物，而後生指。於無物之初，指本無著，固為非指也。」（見王琯《公孫龍子懸解》，下同。）

今按：此乃答辭第二節。謂名相則名相矣，本無所謂非名相也。謂名相非名相者，乃以名相對實體而言。故曰：「指非非指，指與物非指也。」誠使天下無物之稱謂，則又何來有非稱謂。使有稱謂，有名相，則名相自名相矣，誰又徑謂其非名相？使有名相之稱，而無名相實體對立之稱，則誰又徑謂其乃實體而非名相，誰又徑謂其無物而非名相哉？且更進言之，使天下惟有名相，則名相自身亦不復為名相矣。名相之為名相，乃以其有待於實體而與為名相也。

以上兩節，又循環反復，申明物莫非指而指非指兩句之意。

通變論

曰：「二有一乎？」

曰：「二無一。」

二者，共名類名也；一則別名私名也。自名學言之，名有外舉內函二義。外舉彌少，內函彌多。外舉彌增，內函彌減。故一類之通德，不能包各別之特撰。如云元素，其意義僅指不可分析之物質；而於金屬善導電熱及激光反射等，均非所及。故曰「二無一」也。

曰：「二有右乎？」

曰：「二無右。」

右即一也。

曰：「二有左乎？」

曰：「二無左。」

左亦一也。如元素一名，雖包括金屬及氫氯砒燐之類，然既不具金屬之特性，亦不備氯氫砒燐之專德，故曰：「二無右，又無左」也。

曰：「右可謂二乎？」

曰：「不可。」

曰：「左可謂二乎？」

曰：「不可。」

一物之私名，與一族之別名，皆不能包括一類之公名，故白馬不可以謂馬，右不可以謂二也。義亦同前。

曰：「左與右可謂二乎？」

曰：「可。」

《墨子．經說下》云：「牛不二，馬不二，而牛馬二。則牛不非牛，馬不非馬，而牛馬非牛非馬無難。」彼云牛馬，即此謂左右也。左不可謂二，右不可謂二，而左與右可謂二者，即牛不二馬不二而牛馬二之說也。故白馬黃馬諸色馬皆非馬，惟合言之則為馬。

曰：「謂變非『不』㊀變，可乎？」

曰：「可。」

㊀俞云：「既謂之變，則非不變可知。此又何足問邪？疑不字衍文也。本作『謂變非變可乎，曰可，』下文羊合牛非馬，牛合羊非雞；青以白非黃，白以青非碧；皆申明變非變之義。」今按：俞說是也。《墨子．經下》云：「偏去莫加少，說在故。」〈說〉云：「偏，俱一無變。」梁氏校釋云：「所涵之屬性無變，故無增減也。」如手足合稱曰四肢，四肢分名為手足，無論合稱之與分名，而於手足之屬性皆無變也。

曰：「右有與，可謂變乎？」

曰：「可。」

曰：「變『隻』㊀奚？」

曰：「右。」

㈠俞云：「變隻無義，隻疑奚字之誤。變奚者，問辭也。猶言當變何物也。問者之意，以為右而變則當為左矣，乃仍答之曰右，此可證上文變非變之義。」

今按：俞說是也。右與左合而稱二，是右之變也。然右之為右自若，故曰「變非變。」如合雞犬龜蛙鯉等而稱脊椎動物，而雞犬之為雞犬自若。又如合手足而稱四肢，而手足之為手足亦自若也。

曰：「右苟變，安可謂右？苟不變，安可謂變？」

曰：「二苟無左又無右，二者左與右。」

此如生物一名，乃合動物植物兩名而成。苟無植物，即不必有動物之目。故曰：「二苟無左又無右，二者左與右」也。

「奈何？」

此或者不達上論而問也。

「羊合牛非馬，牛合羊非雞。」

此又公孫龍答辭，別標新例而申前旨也。

曰：「何哉？」

難者不達重問。

曰：「羊與牛唯異，㈠羊有齒，牛無齒，而牛之非羊也，羊之非牛也㈡，未可，是不俱有而或類焉。羊有角，牛有角，牛之而羊也，羊之而牛也，未可，是俱有而類之不同也。」

㈠孫云：「唯與雖通。」（孫詒讓《札迻》六。）

㈡本作：「而羊牛之非羊也之非牛也。」孫云：「〈子彙〉本及錢（熙祚）本並作『而羊之非羊也牛之非牛也』與謝注似合。然以文義校之，疑當作『而牛之非羊也，羊之非牛也。』下文云：『羊有角，牛有角，牛之而羊也，羊之而牛也，未可，是俱有而類之不同也。』文正相對。《墨子・經說下》云：『以牛有齒，馬有尾，說牛之非馬也，不可？是俱有，不偏有偏無有。』墨子說牛非馬不可，猶此說牛非羊羊非牛不可，文異而意同，可互證也。明刻與錢校皆非其舊。」今按：據湖北崇文局本正作「牛之非羊羊之非牛」。孫說是也。《墨子・小取》篇云：「夫物有以同而不率遂同；……其然也同，其所以然不必同；……其取之也同，其所以取之不必同。」與此條所論大略相似。羊牛俱有齒，據《墨經》亦謂牛有齒，此云羊有齒牛無齒者，特假借言之，大意謂俱有者不必為類，如鯨有鰭，蛇有鱗，皆不與魚為類是也。雖不俱有而或相為類。如鯨無毛與獸為類，蛇無足與蜥蜴為類是也。《墨子・大取》篇亦云：「長人之與短人也同，人之指與人之首也異。將劍與挺劍異，楊木之木與桃木之木也同。」此言兩人而顧謂之同，一人之手與首則謂之異。一劍而顧謂之異，而兩木則又謂之同。故曰：「夫辭，以類行者也。立辭而不明於其類，則必困矣。」凡以明所取以為分類之異同者，多變而不可拘也。

羊牛有角，馬無角；馬有尾，羊牛無尾；故曰：「羊合牛非馬」也。非馬者，無馬也。無馬者，羊不二，牛不二，而羊牛二。是而羊而牛非馬可也。若舉而以是，猶類之不同。若左右，猶是舉。

今按：《墨經》云：「牛有齒，馬有尾，說牛之非馬也未可，是俱有，不偏有偏無有。」羊牛有尾，人盡知曉，此云無尾者，亦猶上節云牛無齒，同為借設之辭，未可泥看。今以甲乙字代之，則意自明顯。

（一）甲有
乙無

不俱有而或類。

（二）甲有　甲無

乙有　乙無

俱有而類或不同。

（三）甲有　甲無

乙有　乙無

丙無　丙有

甲與乙為類。甲乙與丙為非類。

故雖牛有角，羊有角，本不必即以此為類。但自馬之一觀念言之，則牛羊皆以有角異於馬，斯牛羊為類也。牛有角，馬無角，而牛馬亦不必不為類。故《墨經》云：「數牛數馬則牛馬二，數牛馬則牛馬一。」蓋牛馬自可以四足為類也。今以有角無角為類，故牛羊二者皆可統攝於一類，而不復分其相互之異點，故曰「羊不二牛不二而牛羊二」，蓋自其有角非馬之一點言之，則牛可也，羊可也。要以見其異於馬之無角耳。故曰「是而羊而牛非馬可也」。若以是而舉，亦猶是類之不同耳。如云居室有磚造者，有非磚造者，則以磚造與否為別。故木屋石室，同非磚造，同為一類。今如改云屋有木造者，有非木造者，則以木造與否為辨，而石室磚屋，同非木造，同為一類矣。

故曰：「是類之不同」。言辨物異同之本乎分類也。所謂左右者，如牛羊之同為非馬，石室木屋之同為非磚造耳。故曰「若左右，猶是舉」。

牛羊有毛，雞有羽。謂雞足一，數足二，二而一故三㊀。謂牛羊足一，數足四，四而一故五。牛羊足五，雞足三，故曰「牛合羊非雞。」非有以非雞也。

㊀而猶與也，見王引之《經傳釋詞》。二而一，二與一也。下四而一同。

今按：《墨子・經說下》云：「數指，指五而五一」，此謂指雖有五，自有同類為一之感也。牛與羊均四足，人見牛羊之足，自感其為類。雞二足，人見雞足，自感其與牛羊之足為不類。故雞足為一感，其數二為又一感；牛羊之足為一感，其數四為又一感。故曰：「牛羊足五，雞足三」也。謂牛羊有毛，則雞亦有羽；謂牛羊有足，則雞亦有足。雖牛羊足五雞足三不必為類，然亦未有以見牛羊與雞之果為不類也。故曰：「未有以非雞。」

與馬以雞寧馬。材不材，其無以賴矣。舉是謂亂名，是狂舉。

今按：謂羊牛有角，馬無角；馬有尾，羊牛無尾；則明見羊牛之非馬，而馬不與羊牛為類矣。今謂羊牛有毛而雞亦有羽；羊牛有足而雞亦有足。毛之與羽，四足之與二足，皆在近似之間，則無以見羊牛與雞之必不類也。然亦無以見羊牛與雞之必為類。今謂羊牛與雞同類，寧謂其與馬同類，所以者，馬之為用近乎牛羊而雞則遠。故曰：材不材其無以類矣。賴疑類字之譌。材不材為類，是亂名狂舉也。故曰「與馬以雞寧馬」。〈墨經下〉云：「異類不比」，略同此意。墨家重尚功用，故材不材不能為類也。

曰：「他辨。」

此難者仍不喻，故求更為他辨以顯意也。

曰：「青以㈠白非黃，白以青非碧。」

㈠以猶與也。說見王氏《經傳釋詞》。青以白，白以青，猶云青與白，白與青也。

此又公孫龍答辭，再標新論以申前旨也。

曰：「何哉？」

此亦難者不達重問。

曰：「青白不相與而相『與』㈠反對也，不相鄰而相鄰，不害其方也。不害其方者，反而對，各當其所，左右不驪。㈡故一於青不可，一於白不可，惡乎其有黃矣哉？」

㈠謝注：「青不與白為青，而白不與青為白，故『不相與』，青者木之色，其方在東；白者金之色，其方在西。東西『相反而相對』也。東自極於東，西自極於西，故曰『不相鄰』也。東西未始不相接，而相接不相善，故曰『相鄰不害其方』也。」

今按：據謝注，正文當作「青白不相與而相反對也」，今本衍一與字，乃涉下文「青白不相與而相與」句誤。不相與者，謂各當其所，左右不驪。相與者，謂兩色相雜，爭而兩明。兩節所論，一為青白聯列，各不相涉，一為青白相染，驪而為一，兩義較殊，不害其方者，反對相鄰，不害其各占一方也。

㈡孫云：「驪並麗之借字。故下文云：『而且青驪乎白而白不勝也，』謝以為色之雜者是非是。篇內諸驪字義竝同。」

今按：孫謂驪乃麗之借字，是也。《易・離卦》釋文「麗，著也」，《左傳》「射麋麗龜」。注亦云：「麗，著也。」則麗有附著之義。兩色相附為麗，猶高樓稱麗譙，屋櫺稱麗，《莊子・人間世》「求高名之麗者」。釋文引司馬注。）皆有累增附著之義，則謝注訓驪為雜色，亦未可非。此言聯列青白二色，使不相染涉，故曰「左右不驪」。則此二色者，既不可一謂之青，又不可一謂之白，而自黃言之，則青與白皆非黃，故相反之青白，可以一於非黃之類。本之上文非馬無馬之論，則非黃者即無黃也，故曰：「惡乎其有黃矣哉。」

黃其正矣，是正舉也。其有君臣之於國焉㈠，故強壽矣。

今按：《墨子・經下》云：「止，類以行之，說在同。」〈經說上〉云：「有以同，類同也。」此處黃其正矣之正字亦止字之譌。青與白本不同，舉黃，則青既非黃，白亦非黃，即同為類矣。故青與白為類，至於黃而止時。正舉者，《墨子・經下》云：「正而不可搖，說在轉。」〈說〉云：「丸無所處而不中，縣轉也。」又〈經說上〉云：「法取同，觀巧轉。」正猶今言對象。對象變，斯物之同類與不同類，亦隨而變。法取同之法，則猶正也。

㈠謝注「白以喻君，青以喻臣，黃以喻國」。

今按：《墨子・經上》云：「同異而俱於之一也，說若事君。」此謂青白雖異，而於非黃之一點則同，如諸臣共事一君，而君臣同治一國，斯其國強壽矣。謝注是也。有疑當為猶，以聲近而誤。

而㈠且青驪乎白而白不勝也，白足「之」㈡以勝矣而不勝，是木賊金也。木賊金者碧，碧

則非正舉。青白不相與而相與，不相勝則兩明也。爭而兩明，其色碧也。

㈠而猶如也，古書通用，說見王氏《經傳釋詞》。

㈡孫云：「之當作以。」

今按：孫說是也。上云「左右不驪」，謂青白聯列不相染雜也。此云「青驪乎白」，謂白與青相染而併成一色也。青染白則成碧，碧仍是青白之合色，非全青而無白，則非青色勝而白色滅也。然自常法觀之，則若青色掩白而白色滅，故曰「白足以勝而不勝」也。木青色，金白色，青掩白，故曰「木賊金」。今舉黃，則青白同非黃，故青白可以為類而黃為其正舉。若舉碧，則與白遠，與青近。白為非碧，青則似碧，則青白不可為類，而碧則非正舉。爭而明，當云「爭而兩明」，今脫一兩字。

謝注：「夫青白不相與之物也。今相與雜而不相勝也。不相勝者，謂青染於白而白不全滅。是青不勝白之謂也。潔白之質而為青所染，是白不勝青之謂也。謂之青而白猶不滅，謂之白而為青所染，兩色竝章，故曰兩明也。青爭白明，俗謂其色碧也。」

今按：《墨子・經說上》：「兩絕勝，白黑也。」謂惟白黑二色，絕對相掩相滅，此外則諸色相與，皆不相勝而兩明也。《漢書・司馬相如傳》「錫碧金銀」，注：「碧謂玉之青白色者也。」此碧為青白兩色竝章之證。然考《說文》：「碧，石之青美者」，《廣雅》：「碧，青也。」《淮南・墬形》：「碧樹瑤樹」，注：「碧，青玉也。」是又世俗以碧為近青異白之證。碧惟兩明，而若偏於青，故不得為正舉也。

與其碧寧黃，黃其馬也，其與㈠類乎？碧其雞也，其與暴乎？

㈠與猶為也。說見王氏《經傳釋詞》。下一與字同義。

今按：《墨子・經下》云：「麗與暴」，〈說〉云：「為麗不必麗，麗與暴也。」麗者，兩色相配而相顯；暴者，兩色相淩而相奪。「為麗不必麗」，如青與白相麗，青淩白而奪其色，是麗而若暴也。舉馬則羊牛之為類顯，舉雞則羊牛之為類不顯，故曰「與雞寧馬」。今舉黃則青白之為類顯，舉碧則青白之為類不顯，故亦曰「與碧寧黃」，又曰「黃其馬，碧其雞」也。

暴則君臣爭而兩明也。兩明者，昏不明，非正舉也。非正舉者，名實無當，驪色章焉，故曰兩明也。兩明而道喪，其無有以正焉。

今按：碧，君也；青與白，其臣也。青白相驪而成碧，碧可以謂之青，亦未嘗不可謂之白，是青與白爭碧而兩明也。故曰君臣爭而兩明。是君臣之分不顯，故曰「兩明者，昏不明，非正舉也」。《墨子．經上》云：「正，因以別道。」〈大取〉篇云：「人非道無所行。夫辭，以類行者也。」兩明故無正，因不能別類，故曰「道喪」。彼所謂「以類行」，即此所謂通變也。若舉國字以為正，則君臣之道明。今捨國字，僅言君臣，則無有以正，而君臣之道喪矣。今言愛不舉天志，而僅言父子，亦猶是矣。

《墨子．大取》篇云：「苟是石也白，敗是石也，盡與白同；是石也雖大，不與大同。」因此而推之，則曰：「知是世之有盜也，盡愛是世；知是室之有盜也，不盡愛（此字以意增）是室也。知其一人之盜也，不盡惡人；（惡本作是二二字，以意改。）雖其一人之盜，苟不知其所在，不盡惡其朋也。」（朋本作弱，依孫校改）〈小取〉篇亦云：「之馬之目眇，則謂之馬眇；之馬之目大，而不謂之馬大。之牛之毛黃，則謂之牛黃；之牛之毛眾，而不謂之牛眾」，因此而推之，則曰：「盜人，人也，多盜非多人也，無盜非無人也。奚以明之？惡多盜，非惡多人也，欲無盜，非欲無人也，世相與共是之。若是則盜人，人也，愛盜，非愛人也，不愛盜，非不愛人也，殺盜，非殺人也，無難矣。此與彼同類。世有彼而不自非也，墨者有此而非之。」凡此諸說，皆所謂「言多方殊類異故，不可偏觀」，故必明於其類而通於其變也。

堅白論

「堅白石三，可乎？」

曰：「不可。」

曰：「二，可乎？」

曰：「可。」

曰：「何哉？」

曰：「無堅得白，其舉也二；無白得堅，其舉也二。」㈠

㈠謝注：「人目視石，但見石之白而不見其堅，是舉所見石與白二物，故曰『無堅得白，其舉也二』矣。人手觸石，但知石之堅而不知其白，是舉石與堅二物，故曰：『無白得堅，其舉也二。』」

今按：常識謂石乃本體而包白色堅質，則是三也。公孫龍倡惟象之論，名相實體，泯而為一，名相之外，別無所謂本體。石也，白也，堅也，皆意象也，皆名相也。視之見白，名之為石。撫之得堅，亦名之為石。就名相言，均之二也。故曰「其舉也二」。又按下云：「物白焉，不定其所白。物堅焉，不定其所堅。不定者兼，惡乎其石也？」兼之所指不定。如云白與堅不定其為石也。云白石堅石，即定其所堅，定其所白，云白石，白馬，白雪，白一也，馬云雪云石云，皆以定其所白耳。視得其白，而又定其所白曰白石白雪白馬，此即所謂「其舉也二」。故曰「無堅得白其舉也二，無白得堅其舉也二」。謝注：「但見石之白而不見其堅，但知石之堅而不知其白」云云，猶拘牽恆義，以為堅乃石之堅，白乃石之白。洵若是，則堅白盡於一石，烏可以堅石為二，又以白石為二哉？如此為解，終不得公孫子真意。

曰：「得其所白，不可謂無白；得其所堅，不可謂無堅；而之石也之於然也，非三也？」㈠

㈠俞云：「非三也之也讀為邪，非三邪乃問者之辭。之石猶此石也，言既得其堅，既得其白，而堅也白也，此石實然也，非三邪？」

今按：此難者據常識，謂堅白實有其物存於石體，故云然也。

曰：「視不得其所堅而得其所白者，無堅也；拊不得其所白而得其所堅者，『得其堅也』，無白也。」㈠

㊀俞云：「此當作『視不得其所堅而得其所白，得其所白者無堅也；拊不得其所白而得其所堅，得其所堅者無白也。』文有脫誤。」

王云：「證之上文，疑當為『而得其所堅者』，遺一『者』字，衍『得其堅也』四字，俞說竄改過甚，恐失真。」陳澧本同王說。今據正。

謝注：「堅非目之所見，故曰無堅；自非手之所知，故曰無白。」

今按：公孫龍似不認意象之外別有存在，名相以外別有實體，故云然。此可謂之唯名論。

曰：「天下無白，不可以視石；天下無堅，不可以謂石。堅白石不相外，藏三可乎？」

謝注：「白者色也，寄一色則眾色可知。天下無有眾色之物，而必因色乃色。故曰：『天下無白，不可以視石』也。堅者質也，守一質則剛柔等質，例皆可知。萬物之質不同，而各稱其所受，天下未有無質之物，而物必因質乃固，故曰：『天下無堅，不可以謂石』也。石者形也，舉石之形，則眾物之形例皆可知。天下未有無形之物，而物必因形乃聚。然則色形質者，相成於一體之中，不離也。故曰『堅白石不相外也』。而人目之所見，手之所觸，但得其二，不能兼三，不可謂之無三。故曰『藏三可乎』。言不可也。」

今按：此難者據常識，謂在我意象之外必有實體為之依據。苟非實有白色之體，在我何來白色之象？我之意象有起滅，而物之體質無存毀。雖不見白，白自藏在石中，故曰「藏三可乎」。言今不稱我見有三，而云彼藏有三，則可乎否也。謝注「藏三可乎」句有誤。

曰：「有自藏也，非藏而藏也。」㈠

㈠謝注：「目能見物而不見堅，則堅藏矣。手能知物而不知於白，則白藏矣。此皆不知所然，自然而藏，故曰『自藏』也。彼皆自藏，非有物藏之。」

今按：此所謂藏者，即〈白馬論〉中之所謂「忘」矣。特遺之於我之意象，固不能謂別有藏此之一物（本體）在，故曰非藏而藏也。

曰：「其白也，其堅也，而石必得以相『盛』盈，其自藏奈何？」㈠

㈠謝注「盈，滿也。其白必滿於堅石之中，其堅亦滿於白石之中，而石亦滿於堅白之中。故曰『必得以相盈也。』二物相盈必矣，奈何謂之自藏也。」

俞云：「盛，衍字也。謝注云：『盈滿也云云』是其所據本無盛字。」

今按：此難者據常識謂堅白相盈，不可分離，合為一物，故堅白乃藏於其物之體，而不能云自藏也。

曰：「得其白，得其堅，見與不見離，『不見離』，一。『一』二不相盈，故離。離也者，藏也。」

孫云：「《墨子．經下》篇云：『不可偏去而二，說在見與俱，一與二。』〈說下〉篇云：『見不見離，一二不相盈』，正與此同。此『一二不相盈』亦當依墨子作『一二不相盈。』後文云：『於石一，堅白二也』即此義」。

今按：一見一不見，本我意之象而言之，則堅白固相離也。離亦即「忘」矣。目視其白則忘其堅，手拊其堅則忘其白；在我謂之忘，在彼謂之藏也。一二不相盈者，堅白二也，石一也，捨堅白之象既無石體，而謂堅白滿盈於石體之內，非辭也。故曰一二不相盈。離者意象之分析，盈則本體之充實也。據《墨子．經說下》此條不見離三字疑衍。《札迻》徑滅去，是也。嚴校《道藏》本作「見與不見與不見離」，衍與不見三字。

曰：「石之白，石之堅，見與不見，二與三，若廣修而相盈也，其非舉乎？」

謝注：「白是石之白，堅是石之堅，故堅白二物與石為三，見與不見共為體。」

今按：難者更以廣長為喻，謂石有白有堅，若廣與長之不可相離也。非舉者，猶言狂舉，謂上論一二不相盈為非舉也。

曰：「物白焉不定其所白，物堅焉不定其所堅，不定者兼，惡乎其石也？」

謝注：「萬物通有白，是不定白於石也。夫堅白豈唯不定於石乎？亦兼不定於萬物矣。萬物且猶不能定，安能獨於與石同體乎？」

今按：公孫龍唱名相獨立之論，主唯象之義。〈指物〉篇所謂「物莫非指而指非指」也。白只是白，不定為何物之白，堅只是堅，不定為何物之堅，烏得謂石有堅白，則仍是「一二不相盈」也。又按：「不定者兼」，謝注失其義。〈指物論〉云：「指者，天下之所兼」，是兼即指也。白可以指石，亦可以指馬；堅可以指石，亦可以指金，故曰「不定」。堅白之不定，即離乎物而有堅白也。故曰「惡乎其石？」轉辭言之，石可以指堅，亦即可以指白，是石亦一指也，故曰「物莫非指」。石與堅白同為物指，故曰「惡乎其石」，是不啻謂石體之無實也。

曰：「循石。非彼無石，非石無所取乎白，『石』堅白㊀不相離者，固乎，然其無已。」

㊀謝注：「非堅則無石，必賴於石然後以見白，此三物者相因，乃一體，故曰『堅白不相離』也。堅白與石猶不相離，則萬物之與堅，固然不相離其無已矣。」

今按：石不相離四字無義，據謝注，乃「堅白不相離」之誤也。循石者，猶莊周惠施辯於濠梁之上而曰請循其本也。公孫龍謂堅白乃不定之兼，而難者請循石而論，謂非堅白誠無石，然非石則亦無所取乎堅白也。

曰：「於石一也，堅白二者而在於石。故有知焉有不知焉，有見焉有不見焉；故知與不知相與離，見與不見相與藏；藏故孰謂之不離？」

謝注：「以手拊石，知堅不知白，故知不知相與離也。以目視石，見白不見堅，故見與不見相與藏也。堅藏於目而目不堅，誰謂堅不藏乎？白離於手，不知於白，誰謂白不離乎？」

今按：於石則一，於堅白則二。見白焉而不知堅，拊堅焉而不知白，故謂之離。非謂堅白之離於石，謂堅與白之相離也。堅與白相離，故曰二。同謂之石，故曰一。

曰：「目不能堅，手不能白，不可謂無堅，不可謂無白。其異任也。其無以代也。堅白域乎石，惡乎離？」

謝注：「目能視，手能操，目之與手所任各異，故曰『其異任也』。目有目，不能見於堅，不可以手代目之見堅。手有手，不能知於白，亦不可以目代手之知白。故曰：『其無以代也』。堅白相域不相離，安得謂之離？」

今按：難者仍謂白色堅質，同一石體，不能以吾人感官之異能而謂堅白之不同域也。

曰：「堅未與石為堅而物兼，未與為堅而堅必堅，其不堅石物而堅，天下未有若堅而堅藏。」

謝注：「堅者不獨堅於石，而亦堅於萬物。故曰：『未與石為堅而物兼』也。亦不與萬物為堅，而固當自為堅，故曰：『未與物為堅而必堅』也。天下未有若此獨立之堅而可見，然亦不可謂之為無堅，故曰『而堅藏』也。」

今按：謝注此條下語甚精。「物莫非指」，即「不堅石物而堅」矣。「而指非指」，即「天下未有若堅而堅藏」也。謝注謂「然亦不可謂之為無堅」，則猶似未達一間矣。以上論堅不域乎石。

「白固不能自白，惡能白石物乎？若白者必白，則不白物而白焉，黃黑與之然。」

謝注：「世無獨立之兼乎？亦無孤立之白矣。故曰『白固不能自白。』既不能自白，安能自白於石與物？故曰『惡能白物乎？』若使白者必能自白，則亦不待物自白矣。豈堅白乎？黃黑等色，亦皆然也。」

章云：「公孫龍謂堅觸在物未形成以前，而白色在物既形成以後。欲求不可感觸之堅，不得不說是堅藏，然則物形成以前，何緣不可有白藏邪？」（見章炳麟《齊物論釋》。）

今按：固如《周語》「固有之乎」之「固」，與《中庸》「果能此道矣」之「果」略相似。乃退一步說，謂白果不能自白，則惡能白石物，非謂白真不能自白也。上節論堅乃自堅，此節論白乃自白，要之堅白不域乎石也。

「石其無有，惡取堅白石乎？故離也。離也者因是。力與知果不若因是。」

堅乃自堅，白乃自白，堅白不域乎石，則石乃無有矣。石既無有，更何取於堅白之石哉？堅白既不域乎石，則堅白固可離也。因是者，因其當前之經驗，拊堅則謂之堅，視白則謂之白，如是以來者亦因是以往，一本乎自然之符。若是者，雖有大力知巧果敢，所不若也。

且猶白以目見㊀而目以火見，而火不見。則火與目不見而神見。神不見而見離。

㊀孫云：「《墨子．經說下》篇云：『智以日見，而目以火見，而火不見』。此文亦當作『且猶白以目見，目以火見，而火不見』。今本脫見目二字，遂不可通。」

謝注：「人謂目能見物，而目以因火見，是目不能見，由火乃得見也。然火非見白之物，則目與火俱不見矣。夫精神之見物也，必因火以見，乃得見矣。火目猶且不能為見，安能與神而見乎？則神亦不能見矣。推尋見者，竟不得其實，則不知見者誰也，故曰：『而見離』。」

今按：上論「石其無有，烏取堅白石，故離也」，是離之於所見也。此云「火與目與神皆不見而見離」，則即就能見本體，分析推尋，以見其不存，是離之於能見也。故內無見白之心，外無域白之物，所有者惟此一見，惟此一白而已。惟此一白者，即因是之「是」也。

堅以手而手以捶，是捶與手知而不知，而神與不知神乎，是之謂離焉。

上以白論，此以堅論也。堅以手知，而手以捶知，以目與火見之論例之，則手之與捶，知而不知也。神以手捶而知，則神與不知為神也。故曰離，見神知之不存也。

離也者，天下故獨而正。

謝注：「物物斯離，不相離也。各各趨變，不相須也。不相須，故不假彼以成此。不相離，故不持此以亂彼。是以聖人即物而冥，即事而靜。即事而靜，故天下安存。即物而冥，故物皆得性。物皆得性，則彼我同親；天下安存，則名實不存也。」

今按：內離能知，外離所知，惟存一知，故曰獨也。正者，彼彼止於彼，此此止於此，泯內外，絕前後，如是而來者，因是而止也。義評下論。

名實論

天地與其所產焉，物也。物以物其所物，而不過焉，實也。實以實其所實，不曠焉，位也。

出其所位，非位；位其所位焉，正也。

以其所正，正其所不正。以其所不正㈠疑其所正。

㈠胡云：「馬驌《繹史》本有『以其所不正』五字。今按〈經說下〉云：『夫名以所知正所不知，不以所不知疑所明』，據此似當作『不以其所不正』。」（見胡氏〈惠施公孫龍之哲學〉。）

王云：「陳本（按指陳澧）以其所正下，有『以其所不正』五字，與馬氏《繹史》正同。案本書謝希深註：『以正正於不正，則不正者正。以不正亂於正，則眾皆疑之。』似謝氏原本，有此一句。所云：『以不正亂於正』，即指是言也。胡適之校此句，作『不以其不正，』所據《墨經》原文，與此詞句微別，僅以誼旨相連，為此疑似之說，終不如馬陳二本之確。」

今按：王說是也。〈墨經上〉：「正因以別道」，〈經說上〉：「正，彼舉然者以為此其然也，則舉不然者而問之。」又〈經下〉：「正，類以行之，說在同。」〈說〉云：「正，彼以此其然也，說是其然也，我以此其不然也，疑是其然也，此然是必然則俱為麋。」兩條正與公孫此文一意，可相證。名家中公孫龍一派持論，重止不重推。故曰：「言多方殊類。」彼舉其然以為推，則我舉其不然者以為正，正即止也，然後可使位其所位而不過，此最正名之精義也。常識撫石之堅則聯想及於其白，視石之白則推論及於其堅。又以名相而推及於本體，以一馬而泛同於馬馬。名家皆舉其不然者以正之。故當時譏之曰：「以反人為實，而以勝人為名。」（見《莊子・天下》篇）以其好舉人之不然者也。

其正者，正其所實也。正其所實者，正其名也。

物莫非指，故正其所實即是正其名。

其名正，則唯乎其彼此焉。謂彼而彼不唯乎彼，則彼謂不行㊀；謂此而此不唯乎此，則此謂不行。其以當不當也，不當而當，㊁亂也。

㊀梁云：「不唯乎彼猶言不限於彼，彼謂不行，猶言彼之言不行。」（見梁啟超〈墨經校釋〉。下同。）

今按：〈墨經說上〉：「是，名也，止於是，實也。」又〈墨經上〉：「彼不可兩也。」皆唯乎其彼此也。即彼唯乎彼，此唯乎此也。

㈡俞云：「不當而亂也，本作不當而當，亂也。傳寫脫當字。下文云：『以當而當，正也。』兩文相對。」

又按：〈墨經上〉：「彼，不可兩也。」又云：「辯，爭彼也。辯勝，當也。」〈說〉：「或謂之牛，或謂之非牛，是爭彼也，是不俱當。不俱當，必或不當。」即與此文當字同義。

故彼彼當乎彼，則唯乎彼，其謂行彼㈠；此此當乎此，則唯乎此。其謂行此。其以當而當也。以當而當，正也。

㈠梁云：「彼彼，謂指彼為彼也。其謂行彼，猶言其名行於彼。」

今按：〈墨經下〉：「正，類以行之。」又〈經上〉：「正，因以別道。」道即行也。與此處其謂行彼之行同義。類與別，即此處所謂彼此也。此一稱謂行乎此，彼一稱謂行乎彼，即《莊子・齊物論》所謂之「兩行」。

故彼彼止於彼，此此止於此，可。彼此而彼且此，此彼而此且彼，不可。

「彼彼止於彼，此此止於此」，即上論所云「因是」，所云「獨」也。「因是」之與「兩行」同義。〈經說下〉：「正名者彼此。彼此可，彼彼止於彼，此此止於此。彼此不可，彼且此也，此亦可彼。」此謂正名惟在別其彼此。彼止於彼，此止於此，則名正而可。若名之彼此，而彼且此焉，此且彼焉，則不正而不可也。

夫名，實謂也。知此之非此也，知此之不在此也，「明」則不謂也㊀。知彼之非彼也，知彼之不在彼也，則不謂也。

㊀俞云：「此當作『知此之非此也，知此之不在此也，則不謂也。』下文云：『知彼之非彼也，知彼之不在彼也，則不謂也。』」兩文相對，可據訂正。

今按：〈經說上〉，「所以謂，名也，所謂，實也。」又〈經上〉：「舉，擬實也，」〈說〉：「其以之名舉彼實也。」〈小取〉篇「以名舉實」皆同。此名實謂也之義。名實即猶指物也。

至矣哉！古之明王。審其名實，慎其所謂。至矣哉！古之明王。

今按：龍之五論，歸極於正名。正名之意，歸極於古之明王。法家循名責實，儒家曰：「必也正名乎」。《大學》以修齊治平本之於「格物」，格物者，亦猶「物以物其所物而不過焉」者也。故曰：「知止而後有定」，「為人父，止於慈。為人子，止於孝」，儒家言止至善，即猶名家之言正名矣。《大學》又曰：「自天子至於庶人，一是皆以修身為本」，此猶公孫龍所謂「離則天下獨而正」也。《大學》出周末秦初，豈其書亦有取於公孫龍之旨歟？後世儒者，尊《大學》為入德之門，而斥公孫以詭辨，然雙方思想，實有相涉，不可誣也。

〈跡府〉㊀附

㊀俞云：「《楚詞・惜誦》篇：『言與行其可迹兮』，注曰：『所履為迹。』跡與迹同。下諸篇皆其言也，獨此篇記公孫龍子與孔穿相問難，是實舉一事，故謂之跡。」府者聚也，言其事跡具此也。

王云：「原文非龍自著，似由後人割裂羣書，薈萃而成。」

公孫龍，六國時辯士也。疾名實之散亂，因資材之所長，為守白之論。㊀假物取譬，以守白辯。

㊀俞云：「守之為言，執守也。執白以求馬，是謂守白。」

王云：「白之一字，指下文白馬而言。執白而辯非馬，故為守白一辭以標論旨。」

今按：守白一辭，既不見於公孫書中，亦不為同時他家稱引，當為造此〈跡府〉文者杜撰無疑。《漢志》有《公孫龍子》十四篇在名家，《隋志》無公孫書，而有〈守白論〉一卷，入道家。《舊唐志》以下，公孫書重見著錄，疑〈守白論〉即公孫龍書。造為〈跡府〉文者為之別題〈守白論〉，猶《老子》稱《道德經》，《莊子》稱《南華經》之類，自是魏晉以下人習氣。《隋志》或揣名編錄，未審內容，故不知即公孫書。又以《老子》有知白守黑之語，疑守白之論本此而出，遂以入之道家也。〈跡府〉篇載孔穿與公孫辨難，又見《孔叢子》。〈跡府〉作者或尚在《孔叢》偽書之後，固可出魏晉以下也。又按：近人汪馥炎著〈堅白盈離辯〉謂：「《公孫龍子》原名《守白論》，至唐人作註，始改今名。」則《漢志》已明稱《公孫龍子》，豈得謂原名《守白》哉？

> 謂白馬為非馬也。白馬為非馬者，言白所以名色，言馬所以名形也。色非形，形非色也。夫言色則形不當與，言形則色不宜從，今合以為物，非也。如求白馬於廄中，無有，而有驪色之馬，然不可以應有白馬也。不可以應有白馬，則所求之馬亡矣。止則白馬竟非馬。欲推是辯以正名實，而化天下焉。

王云：「白馬非馬之義，已詳專篇，此文反數數及之，覆床疊架，於例未合。當係採之他書，依文排列，並未計及全書之應照與否也。」

龍與孔穿會趙平原君家。

按：孔穿與公孫龍相辯於平原君家，其事又見《呂氏春秋・淫辭》篇，殆為先秦故實。考其年時，當在公孫龍與鄒衍相辯之前，詳余著《先秦諸子繫年》。

穿曰：「素聞先生高誼，願為弟子久，但不取先生以白馬為非馬耳㈠，請去此術，則穿請為弟子」。龍曰：「先生之言悖。龍之所以為名者，乃以白馬之論爾。今使龍去之，則無以教焉。且欲師之者，以智與學不如也。今使龍去之，此先教而後師之也。先教而後師之者悖。且白馬非馬，乃仲尼之所取。龍聞楚王張繁弱之弓，載忘歸之矢，以射蛟兕於雲夢之圃而喪其弓，左右請求之。王曰：『止！楚王遺弓，楚人得之，又何求乎？』仲尼聞之曰：『楚王仁義而未遂也。亦曰人亡弓，人得之而已，何必楚？』若此，異楚人於所謂人。夫是仲尼異楚人於所謂人，而非龍異白馬於所謂馬，悖。先生修儒術而非仲尼之所取；欲學，而使龍去所教；則雖百龍，固不能當前矣。」孔穿無以應焉。

㈠按《孔叢子》「白馬非白馬」，誤。

公孫龍，趙平原君之客也㊀，孔穿，孔子之葉也。穿與龍會。穿謂龍曰：「臣居魯，側聞下風，高先生之智，說先生之行，願受業之日久矣，乃今得見。然所不取於先生者，獨不取先生之以白馬為非馬耳。請去白馬非馬之學，穿請為弟子。」公孫龍曰：「先生之言悖。龍之學，以白馬為非馬者也。使龍去之，則龍無以教；無以教而乃學於龍也者，悖。且夫欲學於龍者，以知與學焉為不逮也。今教龍去白馬非馬，是先教而後師之也。先教而後師之，不可。先生之所以教龍者，似齊王之謂尹文也㊁。」齊王之謂尹文曰：「寡人甚好士，以㊂齊國無士，何也？」尹文曰：「願聞大王之所謂士者！」齊王無以應。尹文曰：「今有人於此，事君則忠，事親則孝，交友則信，處鄉則順，有此四行，可謂士乎？」齊王曰：「善，此真吾所謂士也。」尹文曰：「王得此人，肯以為臣乎？」王曰：「所願而不可得也。」是時齊王好勇，於是尹文曰：「使此人廣廷大眾之中，見侵侮而終不敢鬭，王將以為臣乎？」王曰：「鉅㊃士也，見侮而不鬭，辱也。辱則寡人不以為臣矣。」尹文曰：「唯㊄見侮而不鬭，未失其四行也。是人未失其四行㊅，其所以為士也。然而王一以為臣，一不以為臣，則向之所謂士者，乃非士乎？」齊王無以應。

㊀王云：「本篇開始，提書『公孫龍六國時辯士也。』中段又曰：『公孫龍趙平君之客也，』

自著之書，無此語氣。其對孔穿先教後師之語，上下重複，尤證非出一手。」

按：前節本襲取《孔叢》書，本節又嫌所取未盡，再為攟拾，故見複出也。

又按：去字兩節屢見。孔穿請公孫龍去其白馬非馬之論，公孫龍不肯去。造此文者遂為杜撰守白二字也。

㈡尹文事見《呂氏春秋・正名》篇，《孔叢》〈跡府〉轉相剽襲。

又按：高誘注《呂氏》，「尹文齊人，作〈名書〉一篇，在公孫龍前，公孫龍稱之。」《班志》亦云：「尹文子先公孫龍。」考諸《班志》大例，蓋亦據公孫龍書稱述及於尹文而云。今公孫書所傳〈白馬〉以下五篇，類以一詞轉輾而前，潔淨精微，更無枝葉，不應有稱引及於他人之辭。或者龍書亦如同時諸子，篇分內外，體有異同，其所逸諸篇與今傳者不盡似耶？

㈢俞云：「以字乃如字之誤。」今按：以與而通，《孔叢》正作「而齊國無士」，俞說誤。

㈣孫云：「鉅與詎通。《荀子・正論》篇云：『是豈鉅知見侮之為不辱哉。』楊注云：『鉅與遽同。』此與《荀子》同。明刊本〈子彙〉本及錢本竝作鉅，疑校者所改。」

㈤俞云：「唯當為雖，古書通用，說見王氏引之《經傳釋詞》。《呂氏・正名》篇正作雖。」

㈥俞云：「其所以為士也上脫『是未失』三字，當據《呂氏春秋》補。」

尹文曰㊀：「今有人君，將理其國，人有非則非之，無非則亦非之，有功則賞之，無功則亦賞之，而怨人之不理也可乎？」齊王曰：「不可。」尹文曰：「臣竊觀下吏之理齊，其方若此矣。」王曰：「寡人理國，信若先生之言，人雖不理，寡人不敢怨也。意未至然焉？」尹文曰：「言之敢無說乎？王之令曰：『殺人者死，傷人者刑。』人有畏王之令者，見侮而終不敢鬭，是全王之令也，而王曰：『見侮而不鬬者，辱也』，謂之辱，非之也。無非而王『辱』㊁非之，故因除其籍不以為臣也。不以為臣者，罰之也。此無罪而王罰之也。且王辱不敢鬬者，必榮敢鬬者也。榮敢鬬者，是㊁之也，無是而王是之，必以為臣矣。必以為臣者，賞之也。『彼』此無功而王賞之也。㊁王之所賞，吏之所誅也。上之所是，而法之所罪也。賞罰是非，相與四謬，㊂雖十黃帝，不能理也。」齊王無以應焉。

今按：此下仍見《呂氏·正名》篇。孔叢並兩節為一，此文仍析為二，而有襲《孔叢》處，㊀

㊁俞云：「『榮敢鬬者是而王是之』，當作『榮敢鬬者是之也，無是而王是之。』『彼無功而王賞之』當作『此無功而王賞之也。』如此則與上文相對矣。又按：上文『無非而辱之』當作『無非而王非之，』與此文『無是而王是之』相對。」

㊂王云：「相與四謬，猶云共為四謬，指上賞罰是非四者言也。」今按：王說非也。四疑回

字形誤。回，違亂也。《孔叢子》作「曲謬」，疑亦當作回謬。

故龍以子之言有似齊王，子知難白馬之非馬，不知所以難之說，以此猶知好士之名，而不知察士之類。

俞云：「齊王執勇以求士，止可以得勇士，而不可以得忠孝信順之士。孔穿執白以求馬，止可以得白馬，而不可以得黃黑之馬。故以為有似也。」

今按：士與勇士，人與楚人，馬與白馬，皆名詞周延不周延之別。《孔叢》書尹文仲尼兩喻一貫而下，殊見緊切，此則冗沓無章。

本篇成於民國十四年，曾刊上海商務印書館余著《惠施公孫龍》書。以下三篇均同。

公孫龍七說

《列子・仲尼》篇載公孫龍告魏王七說：——

一、有意不心，
二、有指不至，
三、有物不盡，
四、有影不移，
五、髮引千鈞，
六、白馬非馬，
七、孤犢未嘗有母。

今按：《列子》偽書，未可信。而此引七說，則陳義精卓，堪與今傳公孫龍五論之旨相發，殆非後人所能偽。又其先後排列，皆有次第，可與惠施歷物十句同為二人學說概括之說明；偽列子書者，蓋有所襲取之也。其魏牟解義，如無意則心同，無指則皆至，盡物者常有，及孤犢未嘗有母非孤犢也四條，僅隨文轉語，未有確解。影不移說在改也則取之《墨經》，白馬非馬形名離也則取之《公孫龍子》之〈白馬論〉；（形名離也疑係形色離也之訛，觀注引〈白馬論〉中語自見。）而髮引千鈞勢至等也一條，實為襲取《墨經》而誤其義。此亦偽為列子書者，自以己意解之，以足成其文耳，未足與語公孫龍學說之大體也。余故別為新釋，發明其意，俾可與五論大旨相關貫焉。

一、有意不心

此從內心言。英人穆勒約翰云：「凡吾心之所覺者，皆意也。意者，心之覺，而非心之本體。人心於物，所謂知者，盡於覺意。至其本體，本無所知，亦無由知。心之本體，固亦物也。故雖為吾心，而吾之所知，不逾此綿綿若存之覺意。至於能思能感之內主者，則固不可思議也。」（嚴譯《穆勒名學部甲》。）公孫龍謂惟有覺意，更無心體，故曰有意不心也。

二、有指不至

此從外物言。穆勒云：「指，物之表德也。今有一物於此，視之澤然以黃，臭之鬱然以香，撫之攣然以員，嘗之滋然以甘者，吾知其為橘也。設去其澤然黃者，而無施以他色；奪其鬱然香者，而無畀以他臭；毀其攣然員者，而無賦以他形；絕其滋然甘者，而無予以他味；舉凡可以根塵接者皆褫之，而無被以其他；則是橘之所餘留者，不等於無物耶？」（嚴譯《部甲》。）公孫龍謂惟有表象，更無物質體，故曰「物莫非指」。既無質體，則表象無所指，故曰「有指不至」也。

上兩條，從心物兩面逼拶說來，見物體不可知，惟有表象；心體不可知，惟有覺意。而覺意之與表象，則同於一名。如堅之與白，謂之吾心之意覺也可，謂之外物之表象也亦無不可，然果何如而始為心與物乎？則天地萬象，惟盡於名也，穆勒亦言之，曰：「自人心言之則為感，自物體言之則為德；是二名者，非其物之果有異，特所從言之異路，設為二名，便言論也。」（嚴譯《部甲》。）

三、有物不盡

此從空間之排列言。「物量無窮，分無常。」（《莊子・秋水》篇語。）老子云：「致數輿無輿」，莊子云：「立百體而謂之馬」，皆此意也。車有輪軸轅軏，馬有尾足毛鬣，循是分析，則車馬無有。車為器用，馬乃牲畜，則舟車橋檇，同謂之器，馬牛羊犬，同謂之畜，如是會合，則車馬亦無有。故凡所稱物，皆屬不盡。名相言說，無當實體也。今依常識，確指外物而言，則一馬盡於一馬之體，一石盡於一石之體，無所謂有物不盡也。然若本心之意象而論則不然。在物之象，即在心之感。感必有所離，斯象不能盡。而凡屬物名，皆本感象，故曰「有物不盡」也。

四、有影不移

此從時間之連續言。「時無止，終始無常。」（《莊子・秋水》篇語。）前影方滅，後影方生，人多認後影為前影。莊子所譏壑舟澤山，夜半有負而走者，昧者不識也。新吾與故吾異，而人謂之吾；旦南北與夕南北不同，而人謂之南北；名相不足以符大化。故白馬謂之白，白石亦謂之白。

堅石謂之堅，堅金亦謂之堅。而不知白與白相離，堅與堅不相域，則天下且無堅白，烏取堅白之石哉？故曰：「物莫非指而指非指」也。然則凡所謂指德表象云者，實皆取異地異時相異之覺而賦以同名耳，故「有影不移」。而影之名則移也。

上兩條從時空兩面逼拶說來，以明「名」之真際也。內不認有心，外不認有物，而謂一切惟屬現象與感覺，而現象感覺則頃刻而變，隨處而異，未可控摶，亦無綿延，各自分離，不相統屬，則世間事物，復何有者？所有亦僅止於「名」耳。故後影非前影，而人一名之曰影；堅白相離，而人統名之曰石；此亦惟「名」也。人自類分其感覺之象而賦以各別之名，故曰四足獸，則牛馬為一矣。曰牛馬，則牛馬為二矣。吾亦惟知吾名之為一名為二名耳，又烏論牛馬之果為一物為二物耶？此公孫龍所以根據惟象惟意之說一轉手而成其「正名」之論者也。

五、髮引千鈞

此承有影不移言，仍從時間先後以闡發「正名」之旨也。夫一髮至脆也，千鈞至重也，一髮引千鈞必絕。然引一時也，絕又一時也，不引則不絕矣。俗見髮絕，謂髮不能引千鈞，而不知乃先引而後有絕也。如見人死，而謂人不能有生，不知人惟先有生乃有死也。且人謂影移，此誤認後影為前影也。人謂髮不能引千鈞，此誤認前髮（引時之髮）為後髮（絕時之髮）也。此公孫龍從時間一面細為分析，以見「名」之當「離」不當混也。

六、白馬非馬

此承有物不盡言，仍從空間之異同以闡「正名」之旨也。常人必謂白馬乃馬者，係確指外物一馬言，則白馬固不能謂之非馬。今公孫龍本其惟名之旨，不據外物實體立論，而從吾心感象發議，則白馬乃非馬矣。何者？我感四足行地之象曰馬，又感玉雪瑩潔之象曰白。馬象之外，又增白象，故曰白馬非馬也。今僅曰馬，則不盡於白意，故人或以黃黑馬應。併曰白馬，則不盡於馬意，故人不敢以黃黑馬應；故曰有物不盡也。此公孫龍從空間一面細為分析，以見「名」之當「離」不當混也。

上兩條仍從時空兩面逼拶說來，以一再闡明「正名」之義也。老子曰：「名可名，非常名。」又曰：「名之既有，夫亦將知止。」既不可以為常，即不可以為推。不可以為推，則名乃相離而成其獨。此即止也。《公孫龍子．名實論》云：「彼彼止於彼，此此止於此」，〈堅白論〉云：「離也者，天下故獨而正。」曰止曰離曰獨，皆「正名」之要旨也。

七、孤犢未嘗有母

此七說之結論，「正名」之總歸也。上釋六句，約得二義：

（一）心物本體不可說，可說者惟表象意覺。

（二）名代表表象意覺。表象意覺則常變，故正名功夫當求分析以離而止於獨。

此則名之分析之極例也。若確據外物言，則此犢今雖無母，往日必曾有母可知。此在名學，謂之缺憾之名。同時而涵二德，一曰本有，一曰今無。如言盲人。本乏見性者，不稱盲也。而公孫龍則據名而論，謂既稱孤犢，即未有母，方其有母，不稱孤犢也。故苟曰孤犢，即是未嘗有母矣。此公孫龍「正名」之例也。故惠施歷物，著眼在大一小一，畢同畢異，而歸宿於汎愛萬物天地一體之論；公孫龍七說，主辨在心物感象，而歸宿於「正名」審實各止其所之旨。則惠施顯然猶是墨家面目，而公孫龍則離而漸遠，乃純粹為名學之討究矣。要其淵源所自，同出墨派，則為不可誣耳。

今按英人穆勒約翰著《名學》，總論宇內可名言者，而括為四綱：

（此即公孫龍所謂「意」。）

一曰意，（即心之所覺者是。）

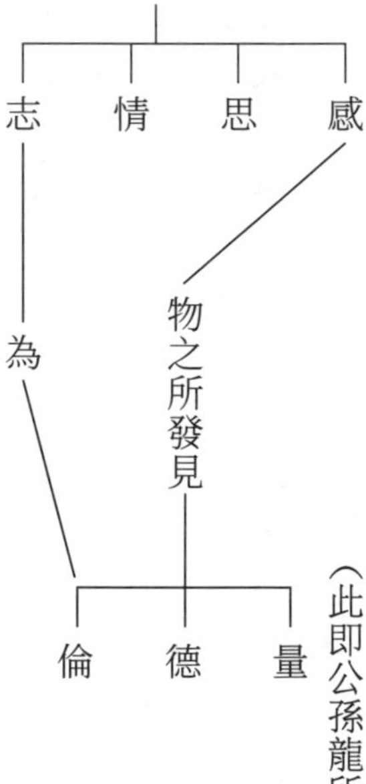

（此即公孫龍所謂「指」。）

二曰神，意之內主。（此即公孫龍所謂「心」。）

三曰形，意之外因。（此即公孫龍所謂「物」，或亦可謂之「至」。）

四曰法。法推極言之，盡於二倫。一曰相似與不相似，（此即公孫龍所謂有物不盡，白馬非馬也。）二曰並有與不並有。（此即公孫龍所謂有影不移，髮引千鈞也。）（嚴譯《部甲》。）

余觀公孫龍七說取徑，與穆勒氏之書大似，亦一奇也。二人歷數天下可名之物，皆歸極於心物宇宙之四端。而心物不可知，可知者惟意象。意象不可名，可名者皆其意象之或相似或相續，而不出於宇宙之兩大法，此公孫龍與穆勒氏之所同也。循此以往，乃有其大異者，即穆勒氏認名為物之名，而公孫龍則認名為意之名是也。

穆勒氏書中，又有論名乃物名非意名一節，其言曰：「精而論之，名，物之名乎？抑意之名乎？自古今之公言常法觀之，則名者固物名也。而理家或以謂未盡，則以名為意之名，謂由物起意，由意得名，其為分雖微，而於名理之所係至重。」郝伯思，睿於名理者也，察其意，亦以後說為當。故其說曰：「方言之頃，言者所用之名，皆以名其意，而非以名其意所由起之物。蓋方吾言石，其以石之音而得為塊然一物之徽幟者，以人聞是音而知吾之意方在石也。聞名而知吾意，則名固意名也。」此其說固無可議。顧吾終從常說，而以名為物名者，亦自有說。如云日，是固天上之日之名，而非吾意中之日之名。蓋名之於言也，非但使聞吾言者意吾意也，夫固將有所謂，而蘄其吾信也。信者信其事，而非信其意也。設吾曰：「日者所以為旦也」，此非曰以吾日意起旦之意也，夫固曰有天象焉，曰日行者，以是為因，而有旦晝之變現也。吾為前言，固以白其事實耳。則以名名物，為徑為實；而以名名意，為迂為虛。此吾是書所用之名，所以終從常說以為物名，不從理家之說以為意名也。（嚴譯《部甲》。）穆勒氏之言如此。余嘗細按諸吾國古名家之議論，而知公孫龍子之所持，蓋亦謂以名名意，與郝伯思之見相似，而與穆勒氏之論適相反也。惟其謂以名名意，故曰白馬非馬矣。其言曰「求馬，黃黑馬皆可致；求白馬，黃黑馬不可致」。又曰：「馬者，無去取於色，故黃黑馬皆可應；白馬者，有去取於色，黃黑皆所以色去，故惟白馬獨可以應耳。」（《公孫龍子・白馬論》。）觀彼所謂求應去取者，非指人之心意所至以為言耶？郝伯思所謂聞名而知吾意者，正公孫龍〈白馬論〉最大之論據也。不徒〈白馬論〉為然，凡公孫龍所持名理，悉以以名名意之一語貫之，則迎刃解矣。後之學者，不瞭此意，乃以名家所持之名乃物名之理繩之，則自見其扞格而不可通也。不徒公孫龍為然，余觀《墨經》持論，殆亦主名乃名意非名物者，故有「殺盜非殺人」「愛弟非愛美人」之辯。爰知吾國古代名家，率主意名之論，與西國邏輯正宗主物名論者不相同也。

惟其主名意名物之不同，故繼此而更有甚異者，則對於名之使用之一問題之歧異是也。主意名者率主止，主物名論者率主推，此對於名之使用之觀念之相左也。何以主意名則率主止？夫名既不為外物實事之名，而為吾心意覺之名，則名之涵義，將一視吾人之意境為轉變，而無一定客觀之界說可據矣。既無一定客觀之界說可據，故用名者當致謹於其涵義之多變，而勿率然以為推證，此即老子「名之既有，亦將知止」之說也。《墨子．小取》篇云：「盜人，人也；多盜非多人也，惡多盜非惡多人也，無盜非無人也，欲無盜非欲無人也，愛盜非愛人也，殺盜人非殺人也。」此均以證名之不足推也。故曰：「辟侔援推之辭，行而異，轉而危，遠而失，流而離本，則不可不審也。不可常用也。故言，多方，殊類，異故，則不可偏觀也。」公孫龍闡發此意至於極度，遂謂髮引千鈞，白馬非馬，孤犢未嘗有母矣。其言雖怪，要言之，亦惟用名知止，使不至「行而異，轉而危，遠而失，流而離本」云耳。見髮絕，而謂髮不能引千鈞，此猶可也；見人死，遂謂人不能有生，斯盡人知其不可矣。謂白馬亦馬，此猶可也；循而推之，謂多盜即多人，愛女弟即愛美人，斯又多見其不可矣。謂孤犢曾有母，此若未見其不可；然循而推之，則犢生必有母牛，駒生必有母馬，因謂牛生牛，馬生馬，人生人，終古如是，則達爾文進化之論，終不見信於斯世。名家矯之，曰：「犬可以為羊，馬有卵，孤犢未嘗有母」，教人以名之既有，亦將知止，不可妄為推證，使行而異，轉而危，遠而失，流而離其本也，至物名論者則不然，穆勒氏之言曰：「名學者，思誠之學也。則其所言，當主於推證，推證則名學之本事也。」（嚴譯《部乙》。）故一主推，一主止，此吾古代名學與西國邏輯之學一重要之歧點也。

公孫龍五論歸結於名實，曰：「名，實謂也；彼彼止於彼，此此止於此」，其七說歸結於「孤犢未嘗有母」，即彼彼止於彼，此此止於此之應用實例也。此主「正名」主「止」者之成績也。穆勒氏謂：「名學者，知言之學也。言必有名，欲知言，先正名，其事有不容已者。」又曰：「名學者，求誠之學也。誠妄之理，必詞定而可分。所謂誠者非他，言與事合者也。所謂妄者非他，言與事爽者也。」（嚴譯《部甲》。）故西國之邏輯，不僅重在名，尤重在詞，尤重在詞之所以為推。不僅重在意之所以為知，而尤重在事之所以為信。於是而有聯珠律令，於是而有內籀外籀之分，此主「析詞」主「推」之成績也。凡此皆吾古代名家與西國邏輯得失之所由判也。近人論古名家言，率推比之於西歐之邏輯，而鮮有發明其異趣者。余為公孫龍七說解義，因附論之如此。別有〈墨辯與邏輯〉一文，可參考。

辯者言

《莊子・天下》篇載辯者言二十一事，謂辯者以此與惠施相應，又稱桓團公孫龍辯者之徒。則此二十一事者，固施龍學說之支流與裔也。余既論施龍學說大意，因並釋二十一事備參證焉。

二十一事者：

(1)卵有毛，(2)雞三足，
(3)郢有天下，(4)犬可以為羊，
(5)馬有卵，(6)丁子有尾，
(7)火不熱，(8)山出口，
(9)輪不輾地，(10)目不見，

⑾指不至，至不絕，
⑿龜長於蛇，
⒀矩不方，規不可以為圓，
⒁鑿不圍枘，
⒂飛鳥之影未嘗動也，
⒃鏃矢之疾，而有不行不止之時，
⒄狗非犬，
⒅黃馬驪牛三，
⒆白狗黑，
⒇孤駒未嘗有母，
(21)一尺之棰，日取其半，萬世不竭。

余論施龍學說，不越下列四端，而此二十一事，胥得分附以資證論。

㈠天地事物，可以析至畢異之小一，
㈡天地事物，可以總為畢同之大一，
此惠施歷物十句所以證明其天地一體之說者也；
㈢天地事物，盡於吾心之覺意與外物之表象，而所謂心物之本體則不可知，
㈣名字言說，取以表意相曉，貴在即喻而止，用相推證，則流轉而多失，
此公孫龍五論七說所持以為正名審實之辯者也。今傳辯者二十一事，則此四綱以下之散目也。試為分列而略論之如次：

㈠論小一畢異。

一尺之棰，日取其半，萬世不竭。

司馬云：「棰，杖也。若其可析，則常有兩；若其不可析，其一常存。故曰萬世不竭。」（《莊子》釋文引，下同。）今按此小一之說也。

矩不方，規不可以為圓。

胡適云：「此從個體自相上著想，一規不能畫同樣之兩圓，一矩不能畫同樣之兩方，一模不能鑄同樣之兩錢也。」（〈惠施公孫龍之哲學〉，下同。）今按：規矩，物質實體，方圓乃意象，凡物質實體皆不與意象相符也。

鑿不圍枘。

胡適云：「同上意。」今按：此畢異之說也。

龜長於蛇。

俞樾云：「此即莫大於秋毫之末而大山為小之意。」（《諸子平議》。）今按：《墨子・經下》「異類不比，說在量」。〈經說下〉：「木與夜孰長，智與粟孰多」，此言凡事物之殊類者，不能持以相較也。以萬物之畢異，莊生齊物所以主「和以天倪」，「因是」而已也。今將明此妙理，遣彼俗滯，故矯為奇論，言大山為小，秋毫為大；龜為長而蛇為短也。

白狗黑。

成玄英云：「夫名謂不實，形色皆空，欲反執情，故指白為黑也。」（《莊子》疏，下同。）今按：長短相較，黑白相形。白狗之白，視之白雪之白，則白狗為黑矣。凡云龜長蛇短，白狗黑者，皆以明萬物畢異，因宜立名，無定制也。

以上五條，皆從空間分析，以見小一畢異之旨。

飛鳥之影未嘗動也。

七說云：「有影不移。」《墨子．經下》云：「景不徙，說在改為。」〈經說下〉云：「景，光至景亡，若在，盡古息。」胡適云：「息，止息也。如看活動寫真，雖見人物生動，其實都是片片不動之影片也。影已改為，前影只在原處，故曰盡古息。」今按：此亦畢異之說也，惟改從時間言之。常識認為同此一影，其實乃諸異影，刻刻改換，非一影也。

鏃矢之疾，而有不行不止之時。

司馬云：「形分止，勢分行。形分明者行遲，勢分明者行疾。」今按：《墨子．經上》：「止，以久也。」〈說上〉：「無久之不止，當牛非馬，若矢過楹。有久之不止，當馬非馬，若人過梁。」此謂矢過楹，人過梁，同一自彼至此之行動，而常識認矢過楹為不止，人過梁則認為止。（說詳余著〈墨辨探源〉。）如見髮引千鈞而絕，便謂髮不能引千鈞；見人生一世而死，即不謂人無生；亦由一久一暫。其實久暫無分，皆久也。長宙之間，孰為暫而孰為久？故鏃矢之疾，可以謂之不行，又可以謂之不止也。謂矢不止，人盡知之；謂矢不行，人所不知。良以矢之所經，即矢之所止。以勢而言則行，以形而言則止也。此視鳥影一喻，尤較入細，要以見小一畢異之旨也。

輪不輾地。

成玄英云：「夫車之運動，輪轉不停。前跡已過，後塗未至，除卻前後，更無輾時。是以輪雖運行，竟不輾於地也。」今按：此與飛矢不行同理。希臘哲人徐諾，設謂亞克列斯神逐龜而走，神速十倍於龜。龜前千尺。神千之，龜百之，則神龜之距百尺。神百之，龜十之，則神龜之距十尺。循是以往，神馳終古，不能及龜。亦由分析時間達於極微，故有此說。成疏謂前跡已過，後塗未至，若除卻此前後一觀念，則車常止而未輾，此即分析時間至於極微以為言也。

以上三條，皆從時間分析，可見小一畢異之旨。

郢有天下。

今按：此亦秋毫大山之喻也。郭象云：「夫以形相對，則大山大於秋毫，若各據其性分，物冥其極，則形大未為有餘，形小不為不足。若以性足為大，則天下之足，未有過於秋毫者也。秋毫為大，則天下無小。萬物之得，又何不一哉。」（《莊子》注。）此即《墨子・經下》「偏一莫加少，俱一無變」之說也。（說詳〈墨辨探源〉。）此由小一而轉見其為畢同也。郢有天下，猶後世云「一物一太極」矣。

惠施歷物，本從大一小一兩面分說，而公孫龍正名，則似偏重小一之畢異。於大一之畢同少所闡發。今考辯者言，亦多論小一，不及大一，此可以見學說流變之趨嚮。

㈡論大一畢同。（缺）

㈢論心物本體不可知。

火不熱。

司馬云：「一云：猶金木加於人，有楚痛，楚痛發於人，而金木非楚痛也。如處火之鳥，火生之蟲，則火不熱也。」此證物本體不可知。

目不見。

《墨子・經說下》云：「知以目見，而目以火見，而火不見。」《公孫龍子・堅白論》云：「白以目見，目以火見。而火不見。則火與目不見而神見。」目有時無火則不見，此目不見之說也。目既不見，必待神見，神又何從而見？若神必待目而見，則神亦無見。然人生確有此見，故〈堅白論〉又云：「神不見而見離。」待神見，此見即離諸待而獨立也。此證心本體不可識。

雞三足。

司馬云：「雞兩足，所以行而非動也。故行由足發，動由神御。今雞雖兩足，須神而行，故曰三足也。」雞兩足，必兼一神，乃能動，故云三足。惟公孫龍七說有云：「有指不至，有意不心」。辯者持論大體，與龍一致，何以轉認有神？〈堅白論〉亦云：「火與目不見而神見，神不見而見離」；又曰：「棰與手知而不知，神與不知神乎？」是公孫龍固不認為神有知也。不認神有知，豈認神為有行哉？知者，內非神知，外非物知，目知，火知，手知，捶知，知乃離外內而止於獨。此當時辯者，公孫龍之徒，打破心物本體而獨持正名之見解也。云目不見，火不熱者，正為破常識心物本體之論而發，豈得於雞三足一條而轉持有神之辯哉？故知司馬所解，與公孫龍五論七說之旨皆不合，非本意。《公孫龍子．通變論》云：「謂雞足一，數足二，二而一故三。謂牛羊足一；數足四，四而一故五。牛羊足五，雞足三。」此雞三足之正解也。雞足數之則二，而二足同一象曰雞足。故一為象，一為數；象則一，數乃二。二與一為三，故曰雞足三。

黃馬驪牛三。

司馬云：「牛馬以二為三，曰牛曰馬曰牛馬，形之三也。曰黃曰驪曰黃驪，色之三也。曰黃馬曰驪牛曰黃馬驪牛，形與色為三也。故曰一與言為二，二與一為三也。」（釋文引。）又云：「牛馬以二為三，兼與別也。」（《文選》〈劉孝標廣絕交論注引〉。）今按：此亦據意象言。若實據物，則黃馬驪牛為二，如雞足之為二矣。今言黃馬驪牛三者？牛為一象，馬為一象，而牛馬相處，相互有類似之點，又別為一象。故牛馬雖二物，而在我之意象中，則非二而三也。今表其圖如下：

若以甲代牛，以乙代馬，以丙代牛馬之相似，則吾人同時見甲乙二物者，必連帶見此二物之相似之象丙。今再表其圖如下：

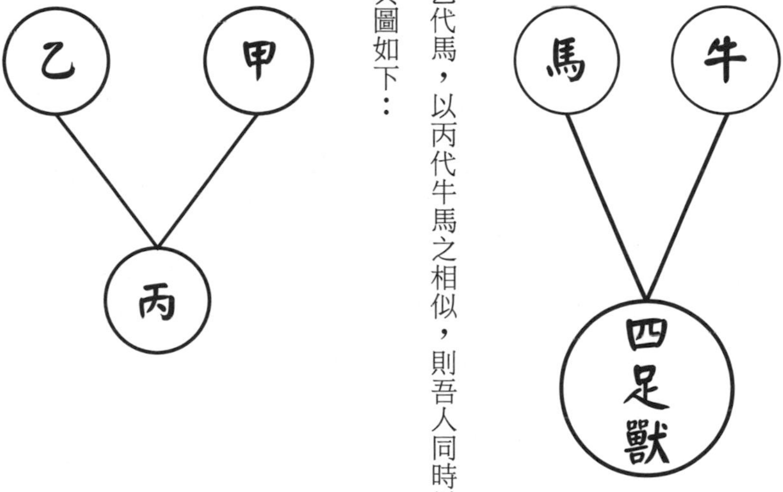

或如下圖：

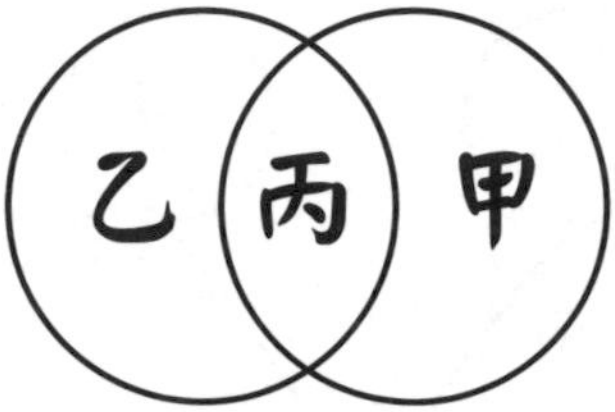

黃色驪色為三，亦可以同理釋之。司馬云：「兼與別」者，黃色與驪色別，又兼有一兩色相類似之象。近代心理學有名知覺之類化性者，或稱統覺，本指根據舊經驗以解釋新經驗之一種心理，乃專言知覺之先後繼起。公孫龍及同時辯者所主之雞三足黃馬驪牛三諸論點，則說明吾人心理上同時見相異之二物而發生之一種類化之統覺也。

《公孫龍子．通變論》有羊不二牛不二而羊牛二之說，以圖表之則如下：

(一)

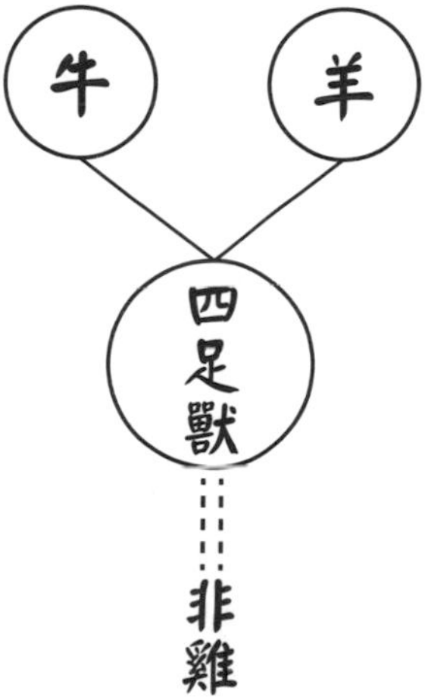

(二)

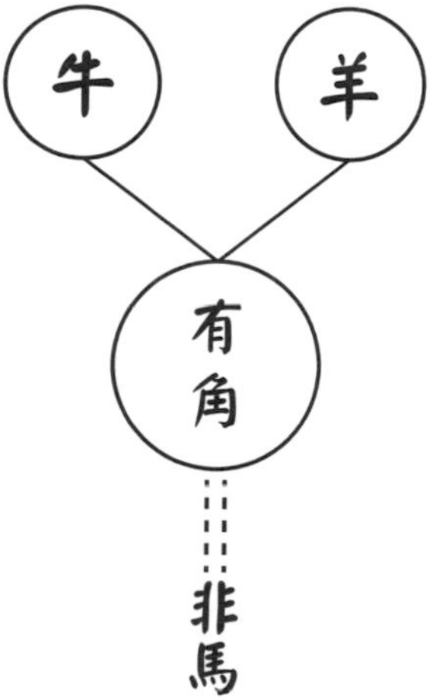

羊為一象，牛為一象，故曰羊不二，牛不二也。今同時見羊牛二物，則以人心有類化統覺之能，自能將相別之兩覺，統攝為一共同之意象。其象維何？自其較粗之點言之，則羊牛同為四足獸，而見其非雞，以雞祇兩足也。自其較細之點言之，則羊牛同為有角獸而見其非馬，以馬無角也。

當此之時，見羊牛者，既可分別定其為羊為牛，而又可得其相互間之通象，或注意其皆四足而知其非雞，或注意其皆有角而知其非馬；則羊牛兩別象，俱沒入一四足或有角之通象中，故羊與牛乃可合計其別象與通象而為三也。使無通象可言，如一人與一夜，決不得合言為三。故羊牛之為二，乃加羊牛間之通象言。則雞足之為三，亦據雞足之通象而言可知。雞足本各為一象，又兼其相互間之通象，則成雞足三。羊牛各為一象，又兼其四足有角之通象，乃為羊牛三。《公孫龍子・通變論》言羊合牛非雞，牛合羊非馬；又言青以白非黃，白以青非碧；正與雞三足黃馬驪牛三諸論，出於一貫。

狗非犬。

《墨子・經下》：「狗，犬也，而殺狗非殺犬也可，說在重。」〈經說下〉：「狗，犬也，而殺狗謂之殺犬，不可。若兩䏲。」又〈經下〉：「知狗而自謂不知犬，過也，說在重。」〈說下〉：「知狗者重知犬則過，不重，則不過。」據此，則狗非犬一語，亦當時辯者慣引之論題也。云重者，〈經說上〉云：「二名一實，重同也。」重乃累增之意。凡懷孕皆曰重，如重身重馬。故凡甲含乙內皆曰重。《爾雅》：「犬未成豪曰狗。」今依西方邏輯慣例，則狗犬關係當如下圖：

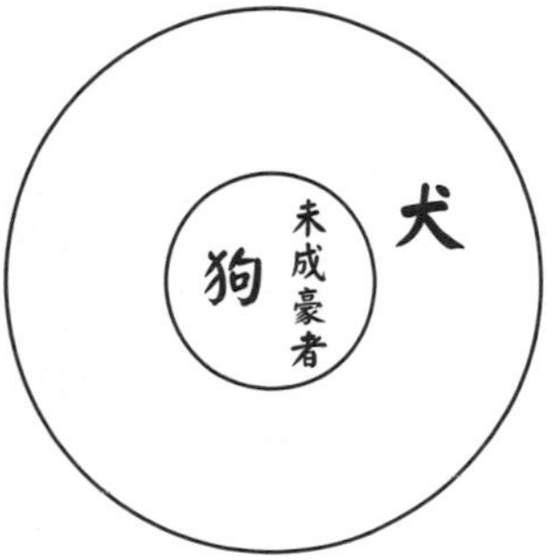

狗為犬之一種，則狗之一名可包容於犬之一名之範圍以內。然據公孫龍及當時辯者之見解則不然。

當別作如下圖：

此圖與上圖異者，上圖犬未成豪一語，乃表狗與犬之關係。下圖犬未成豪一語，乃表狗之一名之涵義。故自上圖觀之，狗為一實，犬為別一實，而犬之範圍較狗之範圍為廣，此西國邏輯術之所特也。自下圖觀之，則犬為一名，犬而未成豪為又一名，兩名累增，並成一實曰狗。故曰二名一實為重同。謂名雖孕重，實則同一也。此吾國古名家之說也。論其根據，則亦本於意象。辯者正名，一以意象為主。今曰犬，吾心中僅有一犬之意象，固也。若不曰犬而特指曰狗，則不徒為犬，而又為犬之未成豪者。此在言者之意，於犬象之外，又增一未成豪之象也。西方邏輯論名，有內函外舉之別。內函愈小，則外舉愈大；外舉愈小，則內函愈大。如下圖：

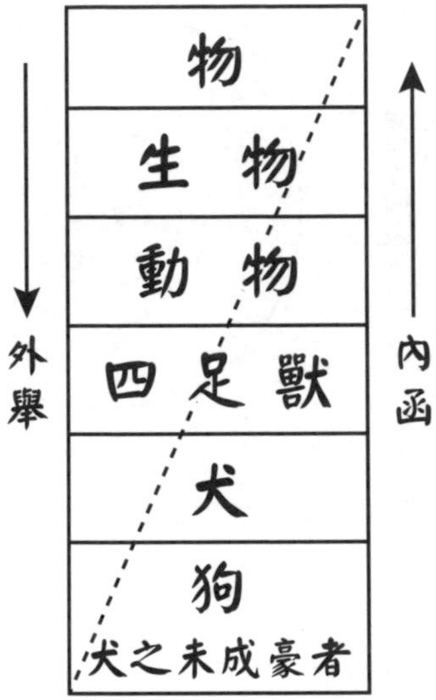

依外舉言之，則犬大於狗，狗不可謂非犬。依內函言之，則狗大於犬，狗固明為非犬。西方邏輯重外舉，重推證，故有連珠之體。如云：

狗，犬也。
犬為四足獸，
故狗亦為四足獸。

此推而是者也。我國古代名家論名重內函，重內而不推，故有因是齊物之論。如云：

狗，犬也。犬有豪，故狗亦有豪。

此推而失之矣。狗之一名，內函未成豪一義，為犬名所無，固不可以犬名推。我國古代名家重意象，重主觀，故論名重內函，而斥推證，此雖與西方邏輯取逕不同，為用亦各有通窋，各有根據，各成系統，後人不辨，一切以西方連珠之律令繩之，譏中國古名家為詭辯，詆之為不通，是輕誣古人也。《公孫龍子》有〈白馬論〉，云「白馬非馬」，亦此意。

以上三條，皆據心物本體不可知之意進一層言之，見名字言說之悉本於意象也。

指不至，至不絕。

司馬云：「夫指之取物，不能自至，要假物故至也。然假物由指，不絕也。」今按：司馬之說，未當原意。然據其注語，知《莊子》原文本作「指不至不絕」，今本衍一至字。公孫龍七說亦有指不至一條。指者物之表象。指不至者，人所知見僅限於物之表象，不能至物之本體也。故〈指物論〉云：「物莫非指」，即此意。指不絕者，捨表象則無所知見，故人不能離絕表象以為知見。〈指物論〉云：「天下無指，物無可以為物」，即此意。

此一條正言萬物知見，在我惟意象，在外惟表德，無心物本體可言也。

㈣論名言推證多失。

山出口。

成玄英云：「山本無名，名出自人口，在山既爾，萬法皆然也。」今按：當時辯者，既認心物本體不可知，則凡屬名言，皆出人為，更無客觀之實在可知。故莊子云：「立百體而謂之馬」，此不認有馬體。山出口，亦不認有山體。山之與馬，同是一名耳。莊子云：「藏山於澤，夜半有負之而趨者，昧者不知也。」此謂山體朝夕變，更無一定，而人自名之曰山，故曰山出口也。

孤駒未嘗有母。

李云：「駒生有母，言孤則無母，孤稱立則母名去也。」（釋文引。）今按：此條驟視殆如詭辯，然苟熟審中國古代名家持論大體，則知此辯正復有據。古名家巨擘，自推惠公孫二人。其立說雖有不同，而其不認常識之所謂物體者則同。故惠施從大一小一以證天地萬物之一體，則不啻謂天地萬物之惟名無實也。而公孫龍以有意不心有指不至證心物之皆虛。心物既虛，則在我惟意象，在物惟表德，而更無客觀實體之存在矣。既不認有客觀實體之存在，則駒且無有，何論推之駒母？今立於百體而謂之駒，又兼增以無母之義而稱之曰孤駒，其為無母，無可辯矣。常識實認有外物，則必曰孤駒曾有母，辯者一本意象表德為言，則孤駒不能有母也。今立圖如次：

駒是幼馬之稱，孤乃無母之詞，今以一物兼二義，則此物之決為無母無辯。

　馬有卵。

馬為胎生，無卵可知，而云有卵，此非正言實認為有，乃欲破執遣滯，故為假論，以資反折也。與泰山秋毫之喻，實同一例。何者？人情每好據現在推既往，如見孤駒，則謂此嘗有母。不知母復有母，誰是其始？故曰「萬物有乎生而莫見其根，有乎出而莫見其門。」「覩道之人，不隨其所廢，不原其所起，此議之所止。」（均出《莊子．則陽》。）若必循例為推，則不徒孤駒有母，禽鳥之生，皆由卵化，豈可謂馬之亦復有卵耶？後人不察，謂辯者實認馬為有卵，是無異謂莊生實見泰山為至小也。且胎與卵皆是一名，名必各有所止。不知止而為推，則馬胎在腹，亦可謂之卵。雞卵出腹，亦可謂之胎。故知辯者此論，乃為破不為立也。

卵有毛。

司馬云：「胎卵之生，必有毛羽。雞伏鵠卵，卵不為雞，則生類於鵠也。毛氣成毛，羽氣成羽，雖胎卵未生，而毛羽之性已著矣。故曰卵有毛也。（據《荀子》楊倞注引，較釋文為略。）雞有毛，鵠有羽。雞伏雞卵則生有毛之雞，伏鵠卵則生有羽之鵠，則毛羽之別已先存於卵矣。然卵誠有毛乎？此與馬有卵之辨同。若必相推，則無是處矣。故辯者遂以立其孤駒未嘗有母之論。此公孫龍所謂是仲尼異楚人於所謂人，而非龍異白馬於所謂馬者悖也。」

犬可以為羊。

司馬云：「名以名物，而非物也。犬羊之名，非犬羊也。非羊可以名為羊，則犬可以名羊。鄭人謂玉未理者曰璞，周人為鼠腊者亦曰璞，故形在於物，名在於人。」如司馬說，此條仍與前兩條同義，皆以為破，非為立也。

丁子有尾。

成玄英云：「楚人呼蝦蟆為丁子。」今按：此條亦與前三條同義。皆率意為推，故作怪奇之談以顯其不然。胡適謂莊子云：「萬物以不同形相禪」，故曰犬可以為羊，又云丁子有尾，自係當時一種生物進化論。此釋實不然。萬物以不同形相禪，即鼠肝蟲臂臭腐神奇之說耳，此謂萬物乃一氣之變，非有先後進化之意也。莊子云：「人皆尊其知之所知，莫知恃其知之所不知而後知。」（〈則陽〉。）又曰：「知止其所不知，至矣。」（〈齊物論〉。）以辯者持論之全體觀之，此皆反喻激辯，以戒人之止於其所不知也。

以上六條，皆正名知止，以見草率為推之非，而要本於名之無客觀之實在性。

統觀辯者持論，不出三點：（一）萬物畢異，則宇宙可謂無物。（二）名屬意象，則名言實為不實。（三）名不可推，則知無所用。雖亦言之成理，持之有故，而義歸破壞，無所建立，又不堪推擴運用，則宜其不能服人之心也。然考其來歷，自有本源。組織精密，亦有條理。後人概以詭辯目之，因亦不復究其體統大意之所在，而以割裂離奇之說為之解，未免於輕誣古人。至近人又以西方邏輯及生物進化論諸說相擬，則亦貌合神離，終難逃於郢書而燕說之誚也。余茲所解，自謂通觀大體，較得古人之真相。因附諸施龍學說之後，俾有志探討古代名學之君子，論定其究竟焉。

名墨訾應辨

余既論究惠施公孫龍學說，定其為墨家，然近人方有名墨訾應之論，以名家與墨說為相訾，謂施龍非墨徒，則不可以無辨。

《荀子・正名》篇：「見侮不辱，聖人不愛己，殺盜非殺人也，此惑於用名以亂名者也。山淵平，情欲寡，芻豢不加甘，大鍾不加樂，此惑於用實以亂名者也。非而謁楹，有牛馬非馬也，此惑於用名以亂實者也。」今按：見侮不辱，人情欲寡，皆宋牼之說也。聖人不愛己，本《墨子》。〈大取〉篇云：「愛人不外己，己在所愛之中，己在所愛，愛加於己，倫列之愛己，愛人也。」聖人不愛己之語即本此。（孫詒讓《閒詁》，即取荀子語注此，是也。《札迻》亦同。）殺盜非殺人出〈小取〉篇。芻豢不加甘，大鍾不加樂，即人之情欲寡也。以上皆墨家之論。山淵平，乃惠施語。《荀子．不苟》篇云：「山淵平，天地比，齊秦襲，入乎耳，出乎口，鉤有須，卵有毛，是說之難持者也，而惠施鄧析能之。」是其證。惠施歷物，謂天與地卑，即天地比也。又云山與澤平，即山淵平也。其說自與墨家平等兼愛之旨相發。故宋鈃尹文，作為華山之冠以自表，郭象云：「華山上下均平」，亦即表其平等兼愛之義也。非而謁楹，有牛馬非馬，自來不得其解。孫詒讓引《墨經下》云：「牛馬之非牛與可之同，說在兼。」〈經說下〉云：「牛馬，牛也，未可。則或可或不可。而曰牛馬牛也未可，亦不可。且牛不二，馬不二，而牛馬二，則牛不非牛，馬不非馬，而牛馬非牛非馬，無難。」（見《閒詁》及《札迻》。）今按：孫氏尋其說於《墨經》是也。「非而謁楹」語，亦出《墨經》。〈經說上〉云：「止，無久之不止，當牛非馬，若矢過楹；有久之不止，當馬非馬，若人過梁。」非而謁楹，疑乃飛矢過楹之誤。非飛古字通。矢與而、謁與過，皆以形似而訛。（篆文矢與而形似。）有牛馬非馬，即指本條當牛非馬當馬非馬而言。《荀子》此文，題為「正名」，而所舉均屬墨說，此名即為墨之證一也。以惠施言與墨宋之說雜舉錯列，是名即為墨之證二也。近人造為名墨相訾之論者，未考之此耳。

且為名墨相訾之論者，其說本於《莊子．天下》篇。其辭曰：

相里勤之弟子，五侯之徒，南方之墨者，苦獲已齒鄧陵子之屬，俱誦《墨經》，而倍譎不同，相謂別墨，以堅白同異之辨相訾，以觭偶不仵之辭相應，一以巨子為聖人，皆願為之尸，冀得為其後世，至今不決。

據文義論之，相謂別墨者，謂以別墨相誚，言非墨家之正統也。（梁氏《墨經校釋》有此說。）故雖相訾聱而俱誦《墨經》，則所尊奉者一也。謂以堅白同異之辨相訾，以觭偶不仵之辭相應，則知凡持堅白之辨，觭偶之辭者，皆出於墨，不得別分持堅白之論者為名家，而訾之者乃墨家也。謂以巨子為聖人，皆願為之尸，冀得為其後世，至今不決，此如南能北秀爭衣缽傳統，本係一家之事，更不得謂名家冀奪墨家之巨子而篡其後世也。故謂墨家議論自有其前後之出入分歧則可；謂墨家之後流而為名家，亦無不可；謂墨家與名家相訾則不可。

且名家之稱始於漢，先秦無是號也。〈藝文志〉名家，首列鄧析，偽書不足憑，（余別有辨。）次列尹文子，劉向云：「與宋鈃俱游稷下。」今其書傳者，亦出後人偽托，未可信。然觀《莊子・天下》篇，以宋鈃尹文並舉，其學以禁攻寢兵為外，以情欲寡淺為內，是顯係墨家後裔。禁攻寢兵者，墨翟之遺教。情欲寡淺者，宋尹之新說也。《荀子・非十二子》篇以墨翟宋鈃並稱，則可證宋鈃尹文之為墨徒矣。尹文為墨徒，而其書入名家，豈不足為名源於墨之的證乎？（《漢志》名家自尹文惠施公孫龍毛公外，尚有成公生黃公，皆秦時人，疑亦墨氏之後起也。）墨學本尚苦行，繼則濟之以文辯，施龍則文辯之尤著而忘其苦行者也。一學派之隨世推移，如儒之自孔而孟而荀，荀孟之間，亦有異同，固不得謂荀之非儒，則於施龍為墨徒之說，獨又何疑耶？

中國古代散文——從西周至戰國

今天我的講題是中國古代散文，其年代上斷自西周，下迄戰國晚年。

講中國文學，必先講到韻文和散文之別。韻文始自《詩經》，散文始自《尚書》，《詩》、《書》為中國古經籍兩大要典。此下自孔子《春秋》下迄戰國諸子。此一時代之著作，普通都認為應屬於經子史三部門。只有《楚辭》，始作文學看。我今天乃以文學觀點來講，立場不同，故講法亦不同。但我今天只講散文，故《楚辭》反不在所講之列。

講中國文學，也必遠溯自《詩》、《書》。我曾有〈從文體辨西周書〉一文，大意說《尚書》應起自西周。《今文尚書》中如〈堯典〉、〈舜典〉、〈禹貢〉諸篇，盡出戰國晚年。〈盤庚〉篇當可認為是商代作品，但商代作品流傳極少。故講中國古代散文，主要應起於西周。惟余此文所辨，並不根據經史學立論，獨就文學史觀點，由於文體演進之新角度著眼，自謂乃余此文別開生面之處。余又論今傳《西周書》中大部份頗多與周公有關。尤如〈金縢〉、〈大誥〉、〈多士〉、〈無逸〉、〈君奭〉諸篇，即或非周公親作，亦必由周公手下人所撰。此諸篇在《西周書》中，更感得文從字順，平直易讀。可見周公與中國古代散文有重大關係。此諸篇，凡屬與周公有關者，其對後世文學影響尤較大。所謂影響較大者，因後代散文章法句法字法有許多從此諸篇衍變遞化而來。我又另有一文討論《詩經》，主要有兩論點。一是詩之興起，應在西周之初年，二是西周初年之最先詩篇，亦多與周公有關。有的是周公親作，有的是周公從者所為。根據此兩文所討論，我認為不論韻文散文，中國古代最早對後代文學有影響之作者應是周公，周公可謂是中國文學史上第一重要人物。

周公以後，要講到孔子的《春秋》。《春秋》一向歸入經史範圍，似與文學無關。其實從文學史眼光看，《春秋》亦有其重要的地位。所謂重要，亦指其對後世之影響言。所謂其對後世之影響，乃指其文字運用之法度言。自《西周書》下及鐘鼎文，其用字造句，終不失為一種上古文之面目。但《春秋》的用字造句，則面目一新，驟看直與後代人之用字造句無大區別。亦可說《春秋》文法已是後代化了。因此，我們可以說，《春秋》已開了後代中國散文用字造句之先河。自《春秋》以下，中國散文用字造句更無大變化，中國散文學上之字句結構及其運用，已由《春秋》

肇其端，亦可說已由《春秋》定了體。即此一端，《春秋》在中國散文史上之價值便可想見。

太史公說：「《春秋》約其文辭而指博」。又說：「孔子在位聽訟。文辭有可與人共者，弗獨有也。至於《春秋》，筆則筆，削則削，游夏之徒不能贊一辭。」此所謂辭，後人或說為文辭，或說為辭句，乃指文中之完成為一句之結構者而言。成一辭句，必有敘述，又兼判斷，故聽訟之判亦稱辭。《春秋》與《尚書》，同屬古史，所謂左史記事，右史記言，《尚書》為記言之史，《春秋》為記事之史。記事亦必有判斷。如《春秋》開端：「魯隱公元年夏五月，鄭伯克段於鄢。」此一句即是一辭，有敘述，有判斷。我們試看此條句法，豈不已與現代句法一樣？這不是說孔子在二千五百多年前已能學做現代人句法，乃是他在二千五百多年前已開創了此下的現代句法了。這不是《春秋》在中國文學史上之地位和價值之重要證明嗎？

「鄭伯克段於鄢」此一句中，「鄭伯」與「段」是人名，「鄢」是地名，「於」是介詞，不用細講，故此句中祇一「克」字特別重要。何以孔子《春秋》在此特用一克字，此中涵義，大有講究。在此方面講究的，有《公羊》、《穀梁》兩傳。我們若細讀《公》、《穀》兩傳，便易知《春秋》在文學上之價值。從前講經學，都說《公》、《穀》重義，《左氏》重事。但經學家所講之義是義理，現在我們轉換目光，從文學上著眼，來從《公》、《穀》研究《春秋》，便可識得文從字順各識職的句法與字法之義。《公羊》釋此克字云：「克之者，殺之也。殺之則曷為謂之克，大鄭伯之惡也。」《穀梁》則謂：「克者何，能也。何能也，能殺也。何以不言殺？見段之有徒眾也。」本來國君殺一大夫，用殺字即可，此處用克字，便見孔子特有用意。研究《春秋》書中此等用意，即所謂屬辭比事之教。《公羊》認為用克字乃「大鄭伯之惡」，這是《公羊》的講法。《穀梁》則說：「見段之有徒眾。」叔段有了徒眾，雖是大夫，卻如敵國，殺他不易，故用克字。此見此事之不是乃在段一邊。究竟《公》、《穀》兩家講法誰對誰不對，此刻暫不論。要之《春秋》每一辭中用字俱有深義，即此可知。

但若真要判斷鄭伯叔段兩人誰是誰不是，還得要明白此事之詳細經過，於是又得讀《左傳》。史學家重視《左傳》，正因《左傳》詳其實事。但我此刻所講，把《春秋》比如一部國文教科書，《公羊》、《穀梁》便都是國文老師，他們把教科書中一字一句之涵義，逐一分析細講。縱說是褒貶大義，但此等褒貶大義亦必表現在句法字義上。若我們從此著眼來讀《春秋》與《公》、《穀》兩傳，便知孔子《春秋》確是中國古代散文中一部劃時代的大著作。

上面講孔子《春秋》鄭伯克段一事，用克字，不用殺字，在一字上見斤兩，此一傳統直到現代。如大陸淪陷了，我們跑來香港，在我們說是淪陷，有人則說是解放。說淪陷的，便知道他反共。說解放的，便知道他是共黨一邊人。可知孔子《春秋》義法，還在現社會活用，並不能認為已過時，沒意義。

下面再舉一例。如「趙盾弒其君」，「崔杼弒其君」兩條，其中弒字易知，特別重要的卻是兩個「其」字。倘我們改為「趙盾弒晉君」「崔杼弒齊君」，則意義轉黯晦，究不知趙盾崔杼與晉君齊君之名分關係，而二人弒君之罪也不顯豁。「其」字是一個代名詞，確切說明了趙盾崔杼所弒是「他們自己的君」。用一個「其」字，便能指出趙崔兩人為臣弒君不可饒恕的罪狀。而「其」字用意尚不止此。從記下的此辭言，趙盾崔杼弒君之罪是客觀地評定了。從記此辭者之身份言，不說趙盾崔杼弒吾君，而說弒其君，此見古代史官地位超然於列國政治權力之外，他們乃由周天子委派，所以說弒其君，不說弒吾君。

由於上面的幾個例，可見孔子《春秋》每一辭中，有些字下得十分謹嚴，於此可見史法，同樣也見文法，我們實在不能不認《春秋》在中國古代散文史上有其重要地位。

我們也知孔子《春秋》有所根據，有些則經過孔子修訂。如「鄭伯克段於鄢」一辭中，此克字可能是經孔子斟酌改定。如趙盾崔杼弒其君兩「其」字，應是晉齊兩國史官原筆。孔子沒有修改過，所以孔子要說「董狐古之良史」了。

由此說來，在孔子以前，中國散文文法已逐漸地在進步。《春秋》因於魯史，今《春秋》中必然有許多魯史舊文，只把來和《西周書》以及鐘鼎文等相比，可知此一段期間，中國文法已在逐步現代化。只是到了孔子手裏，進步更顯著，而且已到了決定的階段了。因此我們又可說：周公和孔子，都在中國文學史上有其崇高地位。中國古代文學，應可說是周公創之，而孔子成之了。

孟子書中說：「《詩》亡而後《春秋》作。」此語在中國古代文學演變上，也透露了一番十分重要的消息。因《西周書》雖可說是一部歷史書，但大體乃是一部記言之史，而《詩經》卻轉是一部韻文的記事詩。此一層，我在〈讀詩經〉一文中，已詳細發揮過，此處不再說。《詩經》先有雅頌，後有變雅。頌揚之辭變而為諷刺，於是《詩》亦隨之而亡了。《詩》亡之後，繼之以《春秋》，這是由韻文的記事詩變為散文的記事史。此事大體遠從周宣王以後已開始，到了孔子時而大成。《春秋》亦文亦史。我說孔子在中國文學史上有極重要之地位，正因其創出或完成了此下二千五百多年來的文法與句法字法，直到今天，仍不能有所大改變。司馬遷所謂《春秋》約其文辭而指博，亦可說是司馬遷對孔子《春秋》文學的讚辭了。

上面所舉「鄭伯克段於鄢」及「趙盾崔杼弒其君」，雖可從文學方面講，但到底是一種歷史記載，寓有史法褒貶。此下再舉一例，確實專屬文字文法方面者。

《春秋》僖公十六年春王正月戊申朔：「隕石于宋五，是月，六鷁退飛過宋都。」

此兩句，在歷史上無關重要，沒有什麼可講。但《公羊》、《穀梁》兩傳卻把此兩句大講特講一番。《公羊》說：「曷為先言霣而後言石？霣石記聞；聞其磌然，視之則石，察之則五。曷為先言六而後言鷁？六鷁退飛，記見也。視之則六，察之則鷁，徐而察之則退飛。」《穀梁》說：「先隕而後石，何也？隕而後石也。後數，散辭也，耳治也。六鷁退飛過宋都，先數，聚辭也，目治也。石鷁猶且盡其辭，而況於人乎？」其實此處討論的，只是有關文法的問題。為何第一句把形容詞「五」放在名詞「石」之後？而第二句卻把形容詞「六」放在名詞「鷁」之前？又「隕」和「飛」都是動詞，為何第一句動詞在名詞前？第二句動詞在名詞下？這是一種句法上的比較分析。《公羊》說：「隕石者，記聞也。」聽見了聲音，纔跑去看，看後纔知是石，再查點乃知有五石；這是先聞聲，看後才點數。第二句是記眼所見，看見六隻鳥在天空飛翔，細辨始知是鷁，再看才知是倒飛。因此，第一句是寫耳聽，第二句寫目見。《公羊》家如此比較分析，從見聞行事轉到內心活動之經過，也不能說其牽強無理。從這裏，我們卻可看出孔子乃至儒家後學，他們都已注意到我們今天所謂的修辭之學了。若我們想把這兩句中每一字的位置掉換一下，卻甚不易。幾乎是無法掉換。勉強掉換了，也總不能比上原來的。由此更可說明《春秋》文法已是現代化，和現代語法差不多，或說是一樣。這不是說孔子在學現代人作文造句，只說現代人作文造句依然遵依著孔子規範。孔子作《春秋》時，游夏不能贊一辭，可見孔子作《春秋》是下過一番工夫的。孔子曾說：「修辭立其誠。」在每一句中，每一個字下得恰切與否，影響到作者所要表達的意思。究竟能表達得恰切否，《公》、《穀》兩家對隕石於宋，六鷁退飛兩條之辨釋，亦只是辨釋這一點。

因此我們可以說，從《尚書》到《春秋》，是中國古代散文演變一大進步。所謂進步，指其愈能接近今天語法而言。所謂接近，又是指我們今天的語法，乃接近於當時所寫；換言之，乃是當時所寫的已能影響到今天。

上面從文學觀點來講《春秋》中之字法與句法。但《春秋》在文學上之偉大處，尚不止此。《春秋》記二百四十年事，所謂所見異辭，所聞異辭，與所傳聞異辭，也可說所傳聞是春秋之上古，所聞是春秋之中古，所見是春秋之近古。孔子記此三時期事，寫法各不同。我們須能將全部《春秋》二百四十二年事，從其記載所用辭之不同處來研究孔子著作之深意所在。因此說：「屬辭比事，《春秋》之教。」換言之，孔子《春秋》是前後一體有嚴密組織及深細用心的。

姑舉最顯明的一例來說。《春秋》按年月先後記事，但每年開始有「春王正月」、「春王二月」和「春王三月」之三種不同。此一不同，引起後人許多誤解。《公羊》家說：孔子《春秋》共有三個王統，因此有王正月，王二月，王三月之異。其實不然。只是那一年若正月有事，則記「春王正月」。倘正月無事，則從「春王二月」開始。若二月亦無事，則從「春王三月」開始。又若正、二、三月整個春季均無事可記，則僅書「春王正月」四字，下面即接寫「夏四月」或「夏五月」等。所以必要加上此「春王正月」四字者，因《春秋》必從春到夏，按季節寫下。一春無事可記，但不能缺了此一春，故僅寫「春王正月」四字。

由於上面所說，可見孔子《春秋》並不是從一句句地來寫出此整部書，而是在寫此整部書中而寫出此一句一句來。因此，我們讀《春秋》，固要逐字逐句讀，也該懂得全部讀。能懂它全部，始能真的懂它的各字與各句。如此說來，孔子《春秋》，不僅在造句用字上有研究，並亦在全部書的結構與組織上有研究。這怎能不把孔子也當為一偉大的文學家來看呢？

以上是講周公以後的偉大文學家——孔子。

孔子自身在中國文學史上有大貢獻，上面已講過。孔門四科中有文學，最著者為子游、子夏。子夏傳《春秋》，《公》、《穀》二傳都從子夏學派開始。子游傳《禮》，今《小戴禮記》中有〈檀弓〉篇，相傳為子游弟子魯人檀弓所寫。〈檀弓〉與《論語》，同為中國古代散文中無上絕妙之小品文。我曾講過《論語》中的小品文一題，也是從文學方面來講《論語》的。講《論語》，也可逐字逐句講，也可從全書篇章之組織上來講。我近著《論語新解》，在《論語》篇章纂輯先後分合之間，也多講及，今天不擬再提。

說到〈檀弓〉，後人認為是子游弟子所寫，正如《論語》，後人認為是曾子有子門人所寫。此兩書，既均被認為是古代散文中之絕妙上乘小品，則可見孔門後學對古代文學上之貢獻亦甚偉大。若論兩書內容，《論語》記言而兼及事，〈檀弓〉記事而兼及言，要之均自史學中演變而出。《尚書》、《春秋》記載國家大事，《論語》、〈檀弓〉則記載私人與社會間事，這也可算是史學上一進步。

顧亭林《日知錄》有一段討論及《論語》、〈檀弓〉的年代問題，他就《爾雅》所說「茲，斯，此也」一語，統計《論語》用斯字凡七十次，但不用此字。〈檀弓〉用斯字五十三次，用此字只一次。《大學》用此字十九次。即據顧氏此一統計，可見《論語》和〈檀弓〉年代相近，《大學》則成書較晚。若說《大學》成於曾子有子之門人，則對顧氏《日知錄》這一番統計便說不通。

《論語》中有一節文字和〈檀弓〉相同。〈檀弓〉說：賓客至，無所館。夫子曰：生於我乎館，死於我乎殯。《論語‧鄉黨》篇則云：朋友死，無所歸，曰於我乎殯。此兩處記載，約略推斷，可認是〈檀弓〉在前，《論語‧鄉黨》在後。〈檀弓〉記賓客至，無所館，當必是其病了，所以孔子由生於我乎館，連說到死於我乎殯。此處可見當時句法本已與後代無異，只是古人語簡，後代語詳，稍見不同而已。〈鄉黨〉篇比〈檀弓〉更節省。就事而論，斷無死了始招到家來殯之之禮。《論語》亦同是七十子後學者所記，但〈鄉黨〉此節，則不能認為在〈檀弓〉前。只恐是〈鄉黨〉此節乃承襲〈檀弓〉而把來省節了。

〈檀弓〉文字又有可與《左傳》、《國語》相比的。如〈檀弓〉記晉獻公將殺世子申生，與《左傳》大同小異。〈檀弓〉記晉獻公之喪，秦穆公使人弔公子重耳，與《國語》大同小異。由此可見，孔門後起儒家，除注意記錄孔子一人之言行外，又多注意到記載當時列國君卿大夫之言論行事。中國古代史學文章之漸臻美妙，孔子以下之儒家在此方面有大貢獻。倘說《論語》和〈檀弓〉時代相近，兩書同是短篇小品，我們由此可想像《左傳》中所載，其先恐怕也多是短篇，漸後再展衍出許多長篇大文章來。此層須詳作考據推論，此處無從多講。但若謂《左傳》中所載都屬孔子以前列國之原有作品，由孔子同時的左丘明搜集來與孔子《春秋》相附並行，此層只就文學史之演進步驟觀之，也就像是不足信了。

講到上述此問題，同時又須牽連講到《公羊》和《穀梁》。《公》、《穀》兩傳，大體是子夏弟子或其再傳弟子等所撰寫。〈檀弓〉又是子游弟子所作。則《公》、《穀》初起，其年代應與〈檀弓〉相差不太遠。若我們拿《左傳》來和《公》、《穀》相比，有許多《三傳》同記一事，而大體上則可說是《左傳》抄襲了《公》、《穀》。如晉師假道於虞以伐虢一事，《三傳》皆有。從文字演變上看，似乎應該《公》、《穀》同出一源，而《穀梁》乃就《公羊》所記而再加以修飾之痕迹，亦終不可掩。至於《左傳》，則又似翦裁《公》、《穀》而成。又如宣公十五年，宋華元夜入楚軍事，《公羊》、《左傳》皆有。《公羊》詳盡，《左傳》簡略，又像是《左傳》後起，從《公羊》為翦裁。若把《三傳》年代就其文字衍進上細細相較，應該是《公羊》最在先，《穀梁》次之，《左傳》最在後。此乃專就文學眼光作探究，絕無經學傳統對此《三傳》有所軒輊之意。

此刻再論到《左傳》與《國語》。如〈魯語〉、〈晉語〉與〈檀弓〉、《公》、《穀》等儒家言比較像是同出一時，而《左氏》所采用的則並不多。〈齊語〉則全不采，〈吳〉、〈越語〉亦采用極少。但如〈申胥諫許越成〉，〈吳語〉所載遠較《左傳》哀元年文切實近情理。《左傳》引述夏少康中興故事，簡直如在課室中講上古史，子胥當時斷無閒情如此作諫。又如《左傳》好用格言，此條中有云：樹德莫如滋，去惡莫如盡；較之〈吳語〉云：為虺弗摧，為蛇將若何，大體可說〈吳語〉較近當時語氣。故大體論之，《左氏》成書應較《公》、《穀》與《國語》為晚。而且《左傳》中如云：王貳于虢，王叛王孫蘇之類，此等文字，顯然近似戰國人口吻，斷不能認為是孔子前的原始材料。

如上所述，中國古代散文，到今仍留存可資研討者：最先是《西周書》，此與周公有大關係。繼之是孔子《春秋》，又繼之是孔門弟子後學所記，如《論語》、〈檀弓〉，又如《公羊》、《穀梁》、《國語》，再後始是《左傳》。我常想作一文，指出《左傳》與《公》、《穀》、《國語》年代上之比較，主要只想從文學觀點上立論。當然此事較之顧亭林《日知錄》統計斯字此字使用多少來定年代先後，雙方方法不同，難易亦別。但我認為此事也非終難下筆，只是直到此時，並不曾真化工夫去做。

《論語》以後，儒家繼起有《孟子》。雖然他每章也多冠以「孟子曰」三字，體裁近似《論語》，但《論》、《孟》文章顯然不同。《論語》多屬短品，《孟子》儘有長篇，洋洋灑灑，雄奇瑰麗，在散文史進展上，可說又跨進了一大步。其中如〈曾子居武城有越寇〉章前一節，補申曾子思同道之義，〈逢蒙學射於羿〉章後一節，發揮惡得無罪之義，皆有從口語記述轉入行文作論之痕迹，故甚見恣肆，再不像口語之平直。更如〈齊人有一妻一妾〉章，章首並無「孟子曰」字樣，則顯然已超脫了口語束縛。此等文字，已甚與《戰國策》相近。

《孟子》雄辯，《墨子》精鍊，而《墨子》更見有從口語記述轉變為行文作論之痕迹。《墨子》諸篇已不再從子墨子曰開端，只在篇中夾入子墨子曰，子墨子言曰，以及故子墨子言曰等語。而如〈非攻上〉篇，通體無子墨子曰字樣，遂極似後代一論文。而且《孟子》行文儘是縱恣闊肆，然還是古人記言之體，最多是在記言中夾進記事，仍可說是《論語》、〈檀弓〉之舊格套，只是文字開展，局度恢張，較前有進，而並不曾在每章之首放上一個議論題目。《墨子》書如〈尚賢〉、

〈尚同〉、〈非攻〉、〈兼愛〉、〈天志〉、〈明鬼〉、〈非儒〉、〈非樂〉等篇，顯然是後世一篇議論文之體裁，與記言記事大大有別。我們也可說，上面所述儒家著述，仍還在舊有體例經史範圍之內，自有《墨子》，而後子學地位始確立。這又可說是中國古代散文一大進步。

《墨子》以後有《莊子》。《墨子》精鍊，《莊子》恢奇，《莊子》在文學上之境界與趣味更見充分流露。既非記言記事，又非立論立議，簡直可說是有意為文。但《莊子》多用寓言體，到底仍是沿襲著古代記言記事的舊體裁，並無其言其事而假造之如此。可見文體衍進，自有步驟，中間必經時間醞釀。文學上一種新體裁之出現，並不容易，並非可以突然而來。諸位認識得此一點，自然可以信我從文體衍進來辨別古書真偽及其成書年代先後之一點，決非純憑主觀臆測，而實是確切有據。

從《莊子》到《老子》，就文學觀點言，更是大大一進步。全部《道德經》，寥寥五千言，但一開始便把「道可道，非常道，名可名，非常名」十二個字，扼要提綱標出，這又是文體上一大進步。不僅《孟子》不知此新體，即《莊子》亦並不懂此一訣巧，洋洋灑灑長篇大論，總是從故事寓言開始，叫人摸不著頭腦。《中庸》一開始即說「天命之謂性，率性之謂道，修道之謂教」；《大學》一開始即說「大學之道，在明明德，在新民，在止於至善」，可說同樣懂得此道理，但

《學》、《庸》則應較《老子》更晚出了。

《老子》玄虛，而《荀子》平實。若把後代散文立論建議之法度來講，《荀子》文體在戰國時可算是最進步，最接近後世之法度。《荀子》後，有《韓非》與《呂覽》。韓非乃荀子門人，《呂覽》亦應多有荀子門人之手筆。《韓非》奇宕，《呂覽》平實。下到兩漢人為文，多承接荀韓呂三家。亦可說，中國古代散文，到此三家已走上了極峯，更近於後代的論文了。

以上所說，是有關諸子的。在此須附帶說到《戰國策》。《戰國策》文體雖極縱橫奇肆，到底仍還是記言記事。我們也可說，《左傳》文體類《荀子》，《戰國策》則近《孟子》。又如太史公書中有杵臼程嬰故事，及陶朱公故事諸節，此等文字，應亦是戰國人所作，與《戰國策》文體較近，只是未收入《左傳》與《國策》中而已。

以上僅是扼要地講，其他古代著述暫不提及。現在我將中國古代散文約略為之分期。

西周是第一期。孔子《春秋》與孔門記述是第二期。其中《論語》、〈檀弓〉在先，《公》、《穀》、《國語》次之，《左傳》最在後，《國策》則不限於儒家言。再說戰國諸子，孟、墨、莊是一期，老、荀下及韓、呂又是一期。若把地域分，大體可分為東方，中原，南方三大區域。東方包括鄒、魯、燕、齊，中原主要是三晉，南方則包括楚越。最早從孔子以下，學術思想全在東方。

孔子是魯人，墨子或也是魯人。東方鄒魯地區，是儒、墨兩家之發祥地，亦可說之為儒墨之原始學派。後來逐漸發展至齊及三晉，子夏最先去到魏，為三晉開發宗風。《公羊》有齊人言，〈檀弓〉、《國語》多涉及三晉事。再後，楚國有吳起下至屈原，兩人都和儒家有關係，且對上古史都極熟悉，行文都用雅言，屈原只加上些地方色彩。吳起自魏去楚，與《左傳》有密切關係。屈原《離騷》則承《詩經》後，為古代韻文一大宗。荀子曾遊楚，喜為賦。莊、老生地近楚，其行文亦頗喜用韻。此處不深講。若以《國語》來分，則《國語》中〈魯語〉、〈齊語〉應屬東方，〈晉語〉屬中原，〈吳語〉、〈越語〉屬南方。大抵〈魯語〉文尚典雅，喜歡稱誦有關道德仁義的教訓，這是孔門儒家傳統所在。但到戰國後，鄒魯地區不占重要，那些老守家法的儒生，未免有抱殘守缺拘牽敷衍之病。〈晉語〉好講歷史，把道義教訓寄放在記事中，每篇是一歷史故事，但顯然也有關於孔門所傳的道德教訓。此後《左傳》文體益繁複，修辭益富麗，用力渲染，當是在原始材料上有荀子學派所加入的編輯潤色之功而始成。

《韓非．顯學》篇說：墨分為三，有相里氏之墨，有相夫氏之墨，有鄧陵氏之墨，並有所謂南方之墨。我疑墨學開始在東方，而相里氏之墨則顯屬三晉。鄧陵氏之墨應亦是南方之墨。則墨家衍，顯亦可分為東方中原與南方之三區域。

大體言，原始學派即初期學派之文學，多可歸屬於道義派或說教派。新興學派即中期學派之文字，則多近於雄辯派。後期學派之文字，則多近於綜合派。荀子最可為例。不僅其年代較在後，其生平足迹，生在趙，年輕時在齊，又曾西至秦，南至楚，晚年居蘭陵近魯，由他來作戰國晚期綜合派之代表最適合。《左傳》與《小戴記》中，有許多是荀卿門下之手筆。韓非、呂不韋，亦承荀卿。呂氏賓客，大概以荀卿門下人為多。如韓非〈說難〉、〈五蠹〉，李斯〈諫逐客書〉，以及前此〈樂毅報燕王書〉等，從後代人觀點衡量，這些都是最好的散文，體格局度都完成了，幾與後代散文無別。荀子固不同於孟子，他所寫都是大文章，不再用「荀子曰」字樣，並標出「勸學」「強國」「非十二子」「正論」等篇名，顯然都已是成體的論文了。

因此，我們可以說，中國古代散文最先只是辭，如孔子《春秋》。下面衍進到成章，如《論語》到《孟子》。下面再衍進到成篇，此一階段，由《墨子》、《莊子》衍進到《荀子》。逐步演進，其間確乎不容易。若從這一點來看，《老子》與《中庸》之成書，自然不能說遠在春秋之前或是春秋戰國之際所能有。而《左傳》中許多長篇記事以及長篇發議，自然也不能在孔子前已有。

若不從說教、雄辯、綜合分派，中國古代散文也可標出四個字來分別。一是樸，即平實文，注重實敘事理。二是雅，即典雅文，注重闡說教訓。三是辨，即縱橫文，注重分析是非。四是藻，即藻麗文，注重矜張藻采。此四體，亦可約略分其時代先後。最先是樸，次則歧為雅與辨，最後乃始尚藻。《論語》以前全是樸。〈晉語〉樸，〈魯語〉雅，《孟子》、《墨子》尚辨，《荀子》則喜藻。此外都可斟酌分別歸附。《左傳》則是雅而兼藻，《老子》乃是樸而兼辨。

我此篇所講，大題目是中國古代散文，題目雖似有一限界，而討論所及牽涉殊廣。如論古代學術流衍與地域分佈，即可單獨成一大題目。又如《三傳》異同先後，或《左傳》和《國語》之分合，又如《論語》、〈檀弓〉之文法比較，如《小戴記》與《左傳》之文體合闡等。從我此講中，可籀演出許多新問題來引申探究。此等問題，別人或多或少也講到，但似少從文學觀點來講的。這是我此講演中所開展的新方面。

現在再綜括來說。從前人研究古代學術，大約是分著經、子、史三部分，對於其中文學成份的一方面，則頗忽略。其實講此期文學的，大可與講經學子學史學相通發揮。尤其是講後代文學，不得不溯源到古代。若能從這裏下功夫，應可開出許多條學問的新路。因此我這一講演，相信其間實寓有開展新的學問路線之一項，這是尤其要請諸位注意的。

此文成於民國五十三年，刊載於新亞中文系年刊。

中國學術思想史論叢（一）

錢穆

本書首先推論中國上古之時，北方農作物及山居實情與今日所知之大不同，其中援史證經，多發前人所未發。再論周公對中國文化之影響與意義，探求《詩經》之源流意蘊，考辨〈西周書〉之文體，發明《易經》之旨趣，皆於理舊之中見其萌新。最後引經據史，以春秋時代人之行為事例驗證中國文化之特殊精神——道德精神，深細剖揭民族文化之生命內涵。

世界局勢與中國文化

錢穆

本書乃彙集三十年之散篇論文，共三十題，就其中一題，取名為《世界局勢與中國文化》，討論當前世界局勢之演變，及中國文化在此變動局勢中應如何自處之道。所涉方面甚廣，論題或大或小，或專或通。每題各申一義，而會合觀之，則彼此相通，不啻全書成一大論題，而義去一貫。其間各篇，雖因時立論，而自今讀之，亦無過時之感。

人生十論

錢穆

本書為錢賓四先生之講演稿合集，由「人生十論」、「人生三步驟」以及「中國人生哲學」等三編匯集而成。所論人生，雖皆從中國傳統觀念闡發，但主要不在稱述古人，而在求古今之會通和合。讀者淺求之，可得當前個人立身處世之要；深求之，則可由此進窺古籍，乃知中國傳統思想之精深，以及與現代觀念之和合。

中國歷史精神

錢穆

本書不但能夠讓你在短期間內獲得完整的歷史概念，更能幫助你深入瞭解五千年來歷史精神之所在，從而認清這一代中國人所背負的歷史使命及應當努力的方向。

古史地理論叢

錢穆

本書彙集考論古代歷史、地理長短散文共二十二篇，其主要意義有二：一則古代歷史上之異地同名來探究古代各部族遷徙之跡，從而論究其各地經濟、政治、人文進化先後之序，為治中國古代史者提出一至關重要應加注意之一節目。二為泛論中國歷史上南北兩地域經濟、政治、人文演進之古今變遷，指示出一些大綱領，同為治理中國人文地理者所當注意。

秦漢史

錢穆

史學大師錢穆，以嚴謹的史學研究方法，就學術、政治及社會各層面，深入淺出地對秦漢史加以探討。全面性的論述，不但一解秦漢史學的疑惑，更能提高讀者的眼界，是對中國歷史有興趣的讀者，不可不讀的一部佳作。

中華文化十二講

錢穆

本書乃賓四先生初定居臺灣期間，在各軍事基地之演講辭，共十二篇，大體討論中國文化問題。賓四先生認為中國文化有其特殊之成就、意義與價值，縱使一時受人輕鄙，但就人類生命全體之前途而言，中國文化必有其再見光輝與發揚之一日。

中國歷代政治得失

錢穆

本書提要鉤玄，專就漢、唐、宋、明、清五代治法方面，有關政府組織、百官職權、考試監察、財經賦稅、兵役義務，種種大經大法，敘述其因革演變，指陳其利害得失，要言不煩，將歷史上許多專門知識，簡化為現代國民之普通常識，於近代國人對自己的傳統政治、傳統文化多誤解處，一一加以具體而明白的交代，實為現代知識分子所必讀。

國史新論

錢穆

錢穆成一家之言，詮釋中國數千年歷史之經典名著。錢穆先生寢饋史籍數十寒暑，務求發明古史實情，探討中國歷史真相。並期待能就新時代之需要，為國內一切問題，提供一本源可供追溯。

中國思想通俗講話

錢穆

本書以「道理」、「性命」、「德行」、「氣運」四題及補文一篇，共五個部分，拈出目前社會習用的幾許觀念與名詞，由此上溯全部中國思想史，並由淺入深的闡述此諸觀念、諸名詞的內在涵義，及其相互會通之點，藉以描繪出中國傳統思想的大輪廓。凡此，均足供讀者作更深入的引申思索。

國家圖書館出版品預行編目資料

中國學術思想史論叢(二)／錢穆著.——二版一刷.——臺北市：東大，2022
面；　公分.——（錢穆作品精萃）

ISBN 978-957-19-3282-8（平裝）
1. 思想史 2. 文集 3. 中國

112.07　　　110016061

中國學術思想史論叢（二）

作　　者｜錢　穆
發 行 人｜劉仲傑
出 版 者｜東大圖書股份有限公司
地　　址｜臺北市復興北路 386 號（復北門市）
　　　　　臺北市重慶南路一段 61 號（重南門市）
電　　話｜(02)25006600
網　　址｜三民網路書店 https://www.sanmin.com.tw

出版日期｜初版一刷 1983 年 12 月
　　　　　二版一刷 2022 年 1 月
書籍編號｜E030360
I S B N｜978-957-19-3282-8

東大圖書公司